Director de la colección: Jenaro Talens

Carlos Aguilar

MARIO
BAVA

Cátedra
Signo e Imagen / **Cineastas**

Diseño de la colección: Manuel Bonsoms

1.ª edición, 2013

Diseño de cubierta: aderal

Ilustración de cubierta: Fotograma de *Diabolik* (1967)

Documentación gráfica: Archivo Carlos Aguilar y Archivo Javier G. Romero

Reservados todos los derechos. El contenido de esta obra está protegido por la Ley, que establece penas de prisión y/o multas, además de las correspondientes indemnizaciones por daños y perjuicios, para quienes reprodujeren, plagiaren, distribuyeren o comunicaren públicamente, en todo o en parte, una obra literaria, artística o científica, o su transformación, interpretación o ejecución artística fijada en cualquier tipo de soporte o comunicada a través de cualquier medio, sin la preceptiva autorización.

© Carlos Aguilar, 2013
© Ediciones Cátedra (Grupo Anaya, S. A.), 2013
Juan Ignacio Luca de Tena, 15. 28027 Madrid
Depósito legal: M. 2.939-2013
I.S.B.N.: 978-84-376-3096-0
Printed in Spain

*In memoriam, Antonio Bruschini
y Riccardo Morrocchi*

Agradecimientos

Roberto Curti, Federico De Zigno, Anita Haas, Pedro Fernández, Pablo Herranz, Giuseppe Lippi, Massimiliano Mingioni, Giorgio Placereani, Javier G. Romero.

El amor mata, pero no muere

> Mucha gente le tomaba a broma, pero Mario Bava era un genio.
>
> (John Phillip Law en Carlos Aguilar y Anita Haas, *John Phillip Law. Diabolik Angel*, Bilbao, Quatermass/ScifiWorld, 2008)

El imperecedero escritor portugués Fernando Pessoa distinguía dentro de cualquier índole de arte entre las categorías de originalidad y singularidad. Según su sabia valoración, la primera depende de las ideas vertidas y la segunda

Barbara Steele en *La máscara del demonio* (1960).

deriva de las emociones suscitadas. Pues bien, contemplando esta taxonomía, el finado cineasta italiano Mario Bava supone un artista original y singular al unísono.

Naturalmente, al igual que sucede con la práctica totalidad de los cineastas extraordinarios, esta fusión de originalidad y singularidad brota en un específico contexto favorable, que en todo momento resulta decisivo, determinante. Dentro del cual, en el caso concreto de Bava, la originalidad supone una aleación de paradigmas previos, y la singularidad entraña una perspectiva particular.

El contexto es la fabulosa, y por ende irrepetible, cinematografía italiana de los años sesenta —surgida al socaire de un arrollador «milagro económico» que superaba la sórdida aspereza de una posguerra que parecía interminable— en perfecta sintonía con una vitalidad nacional espumeante, que electriza sin mayor esfuerzo todo lo referido a la Cultura y el Espectáculo, no solo, ni mucho menos, el Séptimo Arte; música, literatura, pintura, estilismo, televisión, diseño, radio, cómic, moda, periodismo, revistas de todo tipo... conforman una euforia creativa arrolladora y formidable, que *il bel paese* nunca había disfrutado, ni desde luego volverá a disfrutar, y que irá decayendo a lo largo de los años setenta, a partir de *gli anni di piombo* (que lo fueron no solo en la vertiente político-social, por desgracia). *La dolce vita (La dolce vita,* Federico Fellini, 1959) anticipa, con brillantez visionaria, a la par que sintetiza, con talento profético, la Italia de los años sesenta en muchos de sus rasgos, en su imprevista condición de película-puente, no solo dentro de la obra de su singular artífice sino en el seno de toda una cinematografía, toda una cultura, todo un sentir.

Ahora bien, en dicho contexto reviste una trascendencia particular la decidida aclimatación por parte del cine italiano de una serie de géneros cuya producción tácitamente parecía reservada a Hollywood. Esta aclimatación participa de un fenómeno global del cine europeo, surgido espontáneamente a mediados del decenio previo por causa del declive de los estilemas fílmicos americanos, y aspiraba a borrar la personalidad nacional de las producciones con el mundialista ánimo de que resultaran asumibles por todos los mercados, incluso en Estados Unidos. Por supuesto, tiene lugar al mismo tiempo que se consolidan corrientes propias emergidas poco tiempo antes —La *commedia all'italiana* prototípica, que había terminado de definir su epíteto último mediante obras maestras como *Poveri ma belli* (Dino Risi, 1956), con sus no menos admirables dos secuelas, o *Rufufú (I soliti ignoti,* Mario Monicelli, 1958), que además introdujo el *jazz* en el contexto de la música italiana de cine, merced a la soberbia banda sonora de Piero Umiliani, con la modernidad que ello comportaba— y se entronizan autores patrios con la relevancia de Michelangelo Antonioni, Valerio Zurlini, Luchino Visconti o el antedicho Fellini; aun dentro de sus ligeras disonancias generacionales, adviértase que todos ellos realizarán la práctica totalidad de sus mejores películas durante los años sesenta. Empero, la antedicha producción de género no es menos significativa, a su particular y noble manera. En absoluto. Antes bien revela un interés enorme, desde todos los puntos de vista. Sobre todo, cuando se advierte que posibilitó la obra de dos talentos superlativos del cine italiano: Sergio Leone y... Mario Bava.

En efecto, al mismo tiempo que Inglaterra resucita el *gothic horror,* que de forma rápida y operativa simbolizan esas producciones Hammer gracias a las cuales Christopher Lee y Peter Cushing devienen los nuevos divos del género, y Francia y Alemania proponen sendos, y admirables, estilos de *thriller* (denominados *polar* y *krimi,* respectivamente), Italia convierte el cristiano cine histórico-legendario americano en su pagano *peplum* (después de todo, ambas cinematografías habían cultivado el género durante la época del mudo). Sin embargo, no le basta con ello. Quiere, necesita más géneros, que se vayan relevando en el favor del público, aun solapándose, tan vasta es la producción fílmica nacional. Por consiguiente, primero introduce, también, el terror gótico, y pocos años después forja el *western,* el *spionistico* y el *giallo.* ¿Existe algún denominador común entre todos ellos, que marque una diferencia esencial respecto a los modelos de Hollywood? Sin duda, salta a la vista. Estriba en el recrudecimiento de la violencia, que vira hacia el sadismo, y en la sofisticación/intensificación del erotismo, que sugiere toda índole de parafilias; una fotografía policromada magnifica ambos factores a conveniencia, al hilo de esa tan interesante cualidad artística que abruptamente podría definirse como «imitación creativa». No en vano estamos en los años de mayor esplendor estético-industrial del cine italiano: el talento hierve, la imaginación arde.

Mario Bava, como autor y creador, sobresale en tal contexto a la par que supone un fruto purísimo de este. Valiéndose de lo mucho que aprendió del padre (profesional respetado como pocos durante la época del cine mudo, por su habilidad para los decorados y trucajes), delatando la sensibilidad plástica que había plasmado durante sus juveniles incursiones en la pintura, aplicando su inapreciable experiencia como operador de cámara y director de fotografía, tanto en películas nacionales como americanas rodadas en suelo italiano. Su peculiar valía como realizador no irrumpió, pues, de improviso, caso de Orson Welles, ni fue curtiéndose a lo largo de un extenso aprendizaje en el cargo durante la primigenia etapa del medio, caso de John Ford. Antes bien, supone la cristalización de una peculiar mixtura de sensibilidad y destreza, que había ido configurándose gracias a compaginar desde adolescente los quehaceres artísticos con los técnicos, mediante un peculiar dualismo laboral/mental.

A propósito, el antedicho *peplum* se define, en todos los sentidos, gracias a dos películas en las cuales Bava compagina las funciones de director de fotografía y responsable de efectos especiales —*Hércules (Le fatiche di Ercole,* Pietro

Marisa Mell en *Diabolik* (1967).

Francisci, 1957) y su secuela *Hércules y la reina de Lidia (Ercole e la regina di Lidia,* Pietro Francisci, 1958)—, y el terror gótico brota en otra donde asume justo los mismos cometidos —*I vampiri* (Riccardo Freda, 1957), cuya realización concluyó el propio Bava, por añadidura—, de ahí que estos tres trabajos revistan una trascendencia particular a la hora de allanar el camino, conceptual y técnico, a su debut oficial en la realización, *La máscara del demonio (La maschera del demonio,* 1960). Emerge así una filmografía extraordinaria, a todas luces apasionante, enmarcada en poco más de un quindenio y tan sumamente innovadora e influyente, de puro personal, que sin ella serían impensables ramificaciones fundamentales del cine fantástico-terrorífico de los tres últimos decenios. Puesto que si, en concreto, *La máscara del demonio* brinda unos ingredientes, generales y particulares, tan novedosos que inaugura una etapa nueva en la historia del cine fantástico, el quinto largometraje de Bava, *La muchacha que sabía demasiado (La ragazza che sapeva troppo,* 1962), abre una segunda vía, italiana y por extensión de alcance mundial, cual es el *giallo,* o cine de horror en un realista ambiente urbano. Al igual que la degradación, aunque asumida e inteligente, de la séptima película del autor, *Seis mujeres para el asesino (Sei donne per l'assassino,* 1964), o sea, *Bahía de sangre (Reazione a catena,* 1971), será decisiva para la configuración del *slasher* americano, por lo común execrable, de los últimos decenios.

En resumidas cuentas, dos paradigmas contrastados, dos estilos genéricos bellos a su respectiva manera, dos filones industriales... nacen del mismo autor, de un cineasta de raza, que en lugar de limitarse a saldar con profesionalidad las correspondientes operaciones comerciales volcó su creatividad, aplicando el máximo de su capacidad e innovando desde dentro. Históricamente hablando esto representa un mérito enorme, pero a escala artística es admirable. Virtud última, y de todo punto extraordinaria, Bava coronó tales aportaciones sin el menor sesgo de pretenciosidad ni ínfulas de ninguna índole, asumiendo con llaneza e incluso desenfado su función de profesional al servicio de una industria, por añadidura en el seno de un tipo de cine que sufría un desprecio absoluto por parte de la cultura oficial y optimizando unos presupuestos en general pobres, a menudo hasta ridículos.

Considérense las siguientes y muy ilustrativas declaraciones (en su día, estúpidamente no se le prestó mayor importancia, debido al sempiterno prejuicio intelectual contra el cine de género, si se añade la enorme modestia del autor podrá comprenderse que escaseen las entrevistas):

> He hecho mis películas en quince días, veinte como mucho. Rodando siempre deprisa, con todo muy claro. Rodaba pensando en el montaje, que ya tenía ordenado en la cabeza, y sin desperdiciar nada, ni un metro de película virgen (...). Cometo el error de aceptar todas las películas que me ofrecen, en cualesquiera condiciones, y luego nunca estoy serio, me encanta bromear y esto es inconcebible para los productores. Pero llevo en el cine tanto tiempo, lo conozco tan bien, todo y a todos, que cómo podría tomarme en serio esta barraca enorme y absurda[1].

Procede considerarlo, pues, un caso insólito en la historia del cine: ningún cineasta ha obtenido tanto partido de tan poco, realmente ninguno; ni anterior, ni coetáneo, ni posterior.

* * *

---

[1] Ornella Volta, «Mario Bava habla para *Terror Fantastic*», *Terror Fantastic*, núm. 3, 1971.

La originalidad y la singularidad representan virtudes fundamentales en la obra de Mario Bava, en efecto. Sin embargo, es evidente que no se aprecian con idéntica fuerza ni entidad en todas las películas, ni revelan siempre el mismo equilibrio interno. ¿A qué se debe, si el talento del autor existía palpablemente? A grandes rasgos, pero sin tergiversar ni exagerar, puede resumirse así: la desgraciadamente breve filmografía que arranca en *La máscara del demonio* (1960) y concluye en *Shock, (Shock,* 1977) entraña el origen, la efervescencia y la agonía de la etapa dorada del cine italiano de género, en el marco del propio esplendor y declive de la cinematografía nacional. Por ende, la decadencia de Mario Bava resume y metaforiza la de un tipo determinado de cine, un contexto que, estética e industrialmente por igual, emerge con brillantez y se desmorona en la ignominia. Puede interpretarse, pues, tanto en sentido literal como metonímico: cuando él ya realiza películas malas de terror, prácticamente nadie las hacía buenas en Italia.

Ciertamente, tal filmografía se circunscribió al cine de género, y de hecho abordó la mayoría de los cultivados por Italia, dentro del necio e injustamente denigrado marco industrial que se denomina Serie B por doquier: aventuras, *thriller, western,* ciencia ficción, *peplum* —si bien a menudo mediante significativas mixturas, o cuando menos contaminaciones, entre ellos—, amén de reincidencias en el *gothic* y el *giallo* que configurase el propio Bava, tal como era de esperar. Empero, el resultado de cada obra fundamentalmente dependía no tanto del interés aplicado por Bava, para bien, cuanto, para mal, de los nefastos efectos de un contexto en progresiva degradación, repítase, dentro del cual el autor dispuso de un margen de maniobra cada vez menor, sufrió unas posibilidades decrecientes para contraatacar, para debatirse en nombre de sus mejores trabajos, sobre todo desde finales de los años sesenta. No obstante, y esto implica otro decisivo tanto a su favor, jamás capituló definitivamente con la inmundicia, pues ninguna de sus películas es desdeñable por entero, ni siquiera las peores; incluso estas brindan aciertos, intuiciones, escenas... que revelan respeto propio y esa gran, inconfundible personalidad del cineasta.

La remodelación de paradigmas previos que anteriormente se indicaba para sintetizar la originalidad en la obra de Mario Bava se manifiesta en el marco del cine fantástico-terrorífico, al suponer el género primordial dentro de la carrera del realizador, aquel donde no solo brilló de verdad sino al que debe la relevancia que atesora en la historia del Séptimo Arte. Tal remodelación consiste en crear un entramado visual y narrativo específico, absoluta y perfectamente propio, partiendo de unos puntos de referencia numerosos y que nunca se ocultan ni disimulan. En este caso, la pureza de contenidos, irrefutable, brota de la hibridación de predicamentos, evidente. A fin de cuentas, comienza a dirigir cuando el cine ha alcanzado una edad que le permite inspirarse a sí mismo, por no decir que tácitamente le obliga. De esta manera, Bava, como autor, se define a la perfección y con firmeza en su ópera prima, la citada *La máscara del demonio;* después, una vez afirmado y contrastado dentro del cine mundial mediante esta y sus siguientes películas, por lo común ya únicamente se remite a sí mismo.

Así, las primeras aproximaciones de Bava al género, aquellas que le individualizan como autor, delatan unas fuentes de inspiración y unos puntos de referencia susceptibles de amalgamarse en un corpus nuevo, propio, armónico y eficaz, tal como su obra demuestra de forma fehaciente y soberbia. En concreto, una tradición determinada del arte mortuorio occidental, principalmente pictórica, y ciertas ramas de la literatura romántico-macabra y/o folletinesca, tanto extranjera como nacional (a este último respecto, consten libros de Antonio Fogazzaro y, sobre todo,

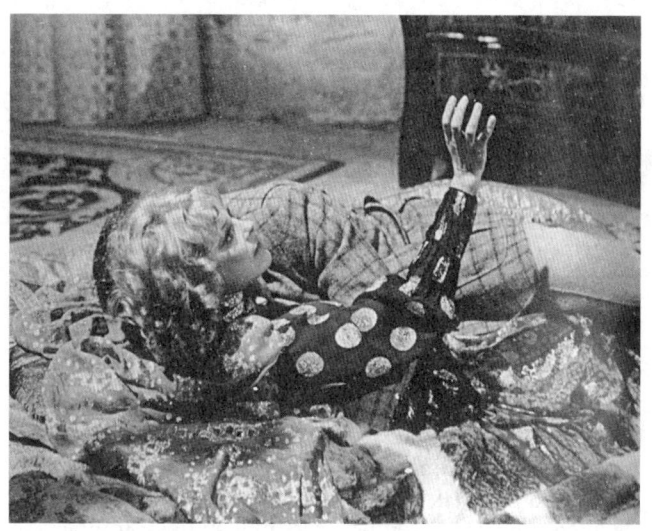

Elke Sommer en *El diablo se lleva los muertos* (1973).

Carolina Invernizio, junto al patrimonio representado por los numerosos relatos inspirados en leyendas de origen campesino, disponibles en diversas antologías) se funden y confunden en la filmografía de Bava con la memoria de bloques y corrientes del *fantastique* fílmico anterior (desde el Expresionismo Alemán a las producciones de Val Lewton para RKO, sin desoír el apogeo de Universal durante los años treinta y cuarenta), amén de puntuales ecos coetáneos (la británica Hammer, el germánico *krimi*), y sedimentos de los nacionales escarceos con el género durante el cine mudo (recuérdense las múltiples labores del padre de Bava).

Respecto a la singularidad en el punto de vista, ciertamente entraña la virtud última de Bava, habida cuenta de que potencia y magnifica la glosada originalidad surgida del eclecticismo, determinando que la fusión íntima de las partes trascienda una mera y mecánica suma. Implica una perspectiva grave, con frecuencia incluso trascendente, si bien a veces revela sentido del humor, por lo común negro, mas nunca burla. Consiste en identificar Eros y Tanatos, sendas proyecciones cósmico-mítico-filosóficas del Sexo y la Muerte, en el corazón y en la psique de los protagonistas. Pero extremando esta simbiosis hasta el frenesí, hasta una específica índole de demencia que desborda cualquier normativa. Incluso, y acaso en especial, la ley de la tumba.

¿Puede hablarse de Romanticismo Negro? Sin la menor duda, incluso es obligado, insoslayable. Las películas más relevantes, significativas y conseguidas de Mario Bava no cuentan sino superlativas y heterodoxas historias de amor, excelso por imposible. Desglosan una serie de romances tensados hasta el límite, que precipitan fuera de toda barrera moral o racional, y hasta natural, a unos personajes fuera de lo común, que viven para disfrutar su fiel y compartido sentimiento, para alimentar una pasión descomunal que sistemáticamente desemboca en la muerte violenta de uno de los enamorados, cuando no de ambos. Ahora bien, estos romances indefectiblemente palpitan dentro de la tensión, del peligro o de la zozobra, de un pánico a veces sobrenatural, a veces real, otras no se sabe bien. Un pánico provocado por ellos, en unas películas, sufrido, en otras... O provocado y sufrido al esquizofrénico unísono, con el ejemplo extremo de *La máscara del demonio,* pues la misma actriz, la turbadora Barbara Steele, encarna esta dicotomía víctima-verdugo, ambas enamoradas del mismo hombre pero cada una a su adversa manera, hasta arribar un desenlace que insinúa que a partir de entonces tal dicotomía quizá ya no lo sea.

Antitético, pues, de la inanidad, pobreza, superficialidad y hasta inexistencia de tantas tramas del género, el muy coherente cine de Mario Bava por el contrario propone fábulas densas y mira con absoluto respeto a sus desquiciados protagonistas. Magnificando a sus amantes «más allá del bien y del mal», impermeables por tanto a las tristes exigencias del tiempo y del espacio, de las leyes y de la cordura, y plasmando de un modo fascinante y privativo el tema del amor último como razón/sinrazón de la existencia física, material o ultraterrena, de toda persona especial, así como fermento del horror y de la violencia, de lo malsano y de lo vesánico, de lo inquietante y de lo fantasmagórico. Los ensimismados y ensangrentados amantes, por norma de atractiva prestancia física y en general miembros de una cierta élite social o cultural, a menudo una aristocracia literal y metafóricamente polvorienta, encerrada en sí misma, viven, pues, su pasión anómala con una intensidad fatal y fatalista. Siempre están calientes, en celo, soterrada o abiertamente, a la par que obcecados, crispados por lo inesperado, lo terrible, el pavor, la inseguridad. Pues en la poética del gran Mario Bava la pasión vibra sin cesar, exige desprecio de todo lo que resulta ajeno y desafía a la muerte. El hombre significa ímpetu y la mujer es sangre.

Esta pulsión tan exaltada y novelesca a todas luces delata la raíz mediterránea, incluso específicamente latina, de la obra de Bava, y desde luego encierra no poco espíritu operístico; por ende imparte la lección última del género gótico italiano por él inaugurado dentro del grueso de la cultura fílmica internacional. En términos de Giorgio Placereani:

> Es obligado tener en cuenta una fuerza profunda, fundamental en la definición de la cultura italiana del siglo XIX y, en consecuencia, del XX: el melodrama operístico, donde el elemento gótico está bien presente. Si no se comprende esta tradición subterránea, no puede entenderse cómo el cine fantástico italiano nace de improviso a finales de los años cincuenta, como Minerva de la cabeza de Júpiter[2].

---

[2] Giorgio Placereani, «Historia del cine fantástico italiano», *Quatermass,* núm. 7, 2008.

Valerio Valeri y Erika Blanc en *Operazione paura* (1966).

En la medida correspondiente, las películas de Bava con ambientación de época, merced a la forma de valorar los ingredientes mágicos o numinosos, revelan positivamente un cierto sesgo esotérico, soterrado y acaso inconsciente; mejor dicho, subconsciente, por cuanto emana de una tradición mítico-mística inmemorial, desde tiempos seculares tajantemente prohibida por la hegemonía católica sobre los países de la Europa mediterránea, la cual desposeyó o negó, demonizó en la acepción más literal del término, las ubérrimas propiedades primordiales de «la vieja religión». Difiere por consiguiente la obra de Bava respecto a mentalidad, introito, rudimento e idiosincrasia del cine gótico americano o británico, anglosajón, determinado en gran medida por los efectos del severísimo credo protestante. Resumiendo, poco tienen que ver, pese a parangones superficiales, Mario Bava y Terence

Fisher, ni para bien ni para mal. En términos de Jean-Marie Sabatier:

> La maldición divina así ya no es más que un inmutable estado de cosas (la palabra 'destino' suena continuamente en los diálogos), las nociones morales del Bien y del Mal dejan paso a una confrontación entre el Ser y la Nada; los elementos fundamentales de la alquimia, el agua, el aire y el fuego, sustituyen al crucifijo y el ajo; el espacio y el tiempo (que desempeñan un papel fundamental particularmente en el mito vampírico) se esfuman, la muerte deviene redención y promesa de resurrección[3].

De todos modos, irrefutablemente las escenas de asesinato y/o violencia sobresalen en grado superlativo, entrañan una significación primordial en la obra, en la poética de Mario Bava; es más, posiblemente supongan las únicas que recuerda el espectador menos atento, no en vano en su día tensaron por doquier la permisividad de los códigos de censura. Elaboradas en mucha mayor medida que cualesquiera otras en todas y cada una de las películas, por sistema, estas escenas en efecto dejan una huella imborrable, indeleble, debido a la fruición, entonces insólita, con que el criminal invariablemente se ensaña con la víctima. Su extrema sofisticación técnica y visual comporta encuadres asombrosos, espacios sorprendentes dentro de una escenografía arrebatadora, una inquietante discordancia entre perspectivas a la hora de planificar, un primoroso sentido del montaje y unos juegos de luces delirantemente fantasiosos, tanto en sus films en blanco y negro como en los posteriores que apostaron por un color estallante. Logró así plasmar una sibilina y untuosa sensualidad del horror, una

---

[3] Jean-Marie Sabatier, «Mario Bava», en *Les classiques du cinéma fantastique,* París, Balland, 1973.

Michèle Mercier en *El teléfono,* episodio de *Las tres caras del miedo* (1963).

embriagadora hermosura de la perversidad, que al espectador tanto desubica, éticamente, como hechiza, estéticamente, mediante una sugestiva, y enriquecedora, paradoja. El crimen como una de las Bellas Artes, que diría Thomas de Quincey, por añadidura incorporado con ciertas reminiscencias del lenguaje musical (el *Forte* clásico, el *Aria* operística) mas sin perder de vista nunca que, en la filmografía de Mario Bava, el único asesino es él... Forjando una estética del espanto de asumida irrealidad, en la plasmación, y tortuosa motivación, en la trama.

* * *

Lógicamente, Bava modificaba la perspectiva desglosada en función de la variante genérica abordada por cada película, mas sin alterar nunca la sustancia en un grado radical o excesivo. En este sentido, aunque muchas de sus mejores

Norma Bengell y Evi Marandi en *Terror en el espacio* (1965).

escenas estén protagonizadas sugestivamente por elementos escenográficos o naturales, adviértase, y no por azar ni casualidad, los intérpretes desempeñan un cometido crucial, determinante dentro de la expresión antropomórfica del necrofílico epíteto. Empero, no tanto respecto a la actuación propiamente dicha, pues salta a la vista que la dirección de actores no interesaba a Bava en demasía, cuanto a la hora de valorar su carisma particular y específica personalidad, de forma que el juego de la cámara y las sugerencias de la iluminación los potencien plástica y sensualmente, sin prestar gran atención a las mayores o menores virtudes histriónicas de cada cual. Así, los actores en el cine de Mario Bava carecen de cualquier índole de divismo, de autosuficiencia exhibicionista. Es más, no interpretan sino que personifican. No actúan, son. Tal criterio desde luego es flagrante en el caso de los hombres; cuenta por consiguiente para el aristocrático Christopher Lee, el apolíneo John Phillip Law, el recio Cameron Mitchell, el angelical John Richardson, el inquietante Barry Sullivan y el pletórico Telly Savalas, entresacando los actores sobresalientes en la filmografía de Bava, protagonistas de sus mejores y más emblemáticas películas. Sin embargo, dicha determinación resulta de todo punto arrolladora en las actrices, tal como verifica que no pueda concebirse, ni por ende admitirse, una panorámica del erotismo heterodoxo en el Séptimo Arte que omita la ubérrima voluptuosidad, turbadora y crujiente, de Leticia Roman en *La muchacha que sabía demasiado (La ragazza che sapeva troppo,* 1962), Daliah Lavi en *La frustra e il corpo* (1963), Michèle Mercier en *Las tres caras del miedo (I tre volti della paura,* 1963), Erika Blanc en *Operazione paura* (1966), Pascale Petit en *Quante volte... quella notte?* (1969), Edwige Fenech en *Cinco muñecas para la luna de agosto (Cinque bambole per la luna d'agosto,* 1969) y Silva Koscina en *El diablo se lleva los muertos* (1973) —apartando la insipidez de Elke Sommer en esta película y la previa *Gli orrori del castello di Norimberga* (1972)—, con menciones ciertamente especiales para la arrebatadora Barbara Steele en *La máscara del demonio*, al aportar la encarnación fílmica por antonomasia del goticismo necrófilo, la extraordinaria Marisa Mell de *Diabolik (Diabolik,* 1967), pues a ciencia cierta supone la mejor plasmación del concepto mujer-cómic en el Séptimo Arte, y las excitantemente gélidas Norma Bengell y Evi Marandi en *Terror en el espacio* (1965). No por casualidad, Bava encabezaba sus repartos con mujeres de ensueño, radicalmente apartadas de lo común, cuyas propiedades, físicas y plásticas, buscaba relacionar, homologar, identificar, a modo de continuidad tipológica, entablando un romance entre la cámara y la actriz, la técnica y la carne, el talento creador y la materia prima. Dicho romance revela, así, un mimo exquisito, una sensualidad especial, una impronta personalísima, con base en los propósitos del autor, su ideario, ese característico canon melodramático-sanguinolento que de forma subyacente también retrotrae a la «vieja religión»: la hembra, que deriva de la Gran Diosa primordial, da y quita, significa principio y fin.

* * *

La formalización de Bava reviste el concepto, consustancialmente, potenciándolo y esgrimiéndolo. *Travellings* sinuosos, que crean tensión visual abriéndose camino entre espacios elegantes o putrefactos; panorámicas que escrutan los detalles escenográficos con ojo inquisitivo, ahondando en los recovecos sombríos. Encuadres de una fuerza dramática increíble, tan arrebatadores que nunca resultan forzados en su desembozado desequilibrio; planos con una composición pictórica, palpable pero jamás avasalladora ni menos aún pomposa, dentro de los cuales intérpretes y objetos interactúan mediante un gusto exquisito. Combinaciones cromáticas de una belleza tan embriagadora, de un preciosismo tan superlativo que permiten calificar a Bava como uno de los cineastas cardinales en la aplicación del color, por encima de géneros o épocas. Amén de, con palabras de Antonio Camín, «un perfecto dominio de las posibilidades del trucaje en cuanto a la consecución de efectos especiales conducentes a dar veracidad a determinados aspectos de un personaje o a conseguir con pocos medios un decorado que en otras manos requeriría una aparatosidad mayor»[4]. Emana de todo ello un palpable desdén del realismo, del prosaísmo, incluso de la coherencia del desarrollo argumental si es preciso, en beneficio de la personal expresión plástico-emocional de los contenidos, identificada con una disposición narrativa particular, a lo largo de la cual las escenas de violencia representan una inflexión excelsa en la dramaturgia, mientras los espacios y tiempos propios del texto fílmico se contraen o dislocan mediante un encanto, un desprecio de la lógica y un propósito último que ponen en su triste sitio al prototípico cine de vanguardia, careciendo la obra de Bava por añadidura de los irritantes defectos proverbiales de este (intelectualismo aparatosamente vano, amiguismo perfectamente estéril, ensimismamiento inoperante)[5].

Es imprescindible señalar que Bava, pese a los peligros semánticos inherentes a tal planteamiento, nunca cayó en

---

[4] Antonio Camín, «Los hombres de la fantasía: Mario Bava», *Terror Fantastic,* núm. 16, 1973.

[5] En palabras de uno de los múltiples cineastas contemporáneos que admiran profundamente a Bava, el popular Tim Burton: «De todas las películas que he visto, *La máscara del demonio* es la que siempre me vuelve a la cabeza. Tiene gracia, porque aunque la reviso con frecuencia nunca consigo recordar el argumento. Sin embargo, siempre resulta turbadora, y las imágenes te arden en la cabeza. Me ha mostrado el magnetismo, el misterio y el poder del cine, así como que a veces hay cosas más importantes que una historia lineal». Reproducido de «Tim Burton», *Positif,* núm. 412, 1995.

el esteticismo huero, en el preciosismo inane, en la vaciedad pomposa, en la gratuidad rimbombante, tal como, por el contrario, sucedió con sus imitadores (en cabeza, el célebre e inefable Dario Argento) y después será tristemente común en ciertas vías del denominado «cine posmoderno», abiertas por la muy sobrevalorada *Blade Runner (Blade Runner,* Ridley Scott, 1982). Es decir, la puesta en escena convertida en puro trabajo de diseño gráfico, dentro del cual el apartado argumental no es sino un pretexto conductor para el despliegue visual, más o menos desenfrenado, más o menos arbitrario. Antes bien, en la obra de Bava la belleza, estilizada y de indescriptible fascinación, guarda un sentido tan específico como insólito en su día. Consiste en expresar y desglosar el horror, con ánimo de indicar, directa y subliminalmente por igual, que procede de una irrefrenable pasión superlativa. Sin veleidades intelectuales de ningún tipo, apartando cualesquiera mecanismos reflexivos. Por el contrario, ciñéndose a lo visceral, al instinto, a la quintaesencia.

De este modo, el específico encanto-concepto unifica una serie de películas concebidas en su mayoría por gente ajena, confiere estricta y palpable concordancia a una filmografía que, de otro modo, entraría en lo que siempre se ha denominado desdeñosamente «cine de encargo» y/o «alimenticio»[6]. En consecuencia, dicha unidad autoriza de

---

[6] Recuérdese que la etapa de esplendor de Bava tiene lugar durante el apogeo de los denominados «Nuevos Cines», a escala europea, y/o la politización extrema de signo izquierdista dentro de la Crítica italiana más considerada e influyente, y en general de toda la continental, inclusive la española, aun sufriendo esta los rigores de la dictadura franquista. En consecuencia, todo cineasta que, voluntaria o involuntariamente, se especializara en películas de género, por sistema sufría un desprecio absoluto por parte de la *intelligentsia,* fuera cual fuera el interés o la personalidad de su obra. Si se le reconocía una cierta competencia técnica o profesional, bien podía darse por satisfecho el sufrido director de cine de género, puesto que jamás se le admitía categoría de autor.

todo punto que a Bava se le pueda calificar de «autor», si se quiere a su pesar o sin plena conciencia de ello, en el purísimo sentido que acuñara la revista francesa *Cahiers du Cinéma* hacia finales de los años cincuenta. Es decir, un cineasta que a lo largo de su carrera funda y despliega, expresa y brinda un universo ético-artístico propio; inmediatamente reconocible, en su contexto, y perfectamente diferenciado, en el decurso del Séptimo Arte. Puesto que la característica entraña que conforma la autoría de Bava brilla a lo largo de su filmografía; se advierte con facilidad en la manera, típicamente onírica y delirante, de sobrevolar por encima de unos guiones por lo común deficientes, con diálogos a menudo realmente malos, e inspirados en argumentos que en rigor por lo general apenas permiten más que una hora de metraje. No obstante, Bava, indiferente al desequilibrio interno que pueda generarse, aplica su impronta con tal convicción propia y eficacia fílmica que la película resulta penetrante, envolvente, arrolladora... amén de rabiosamente personal, sin que tampoco importe ni pese en demasía que las secuencias de transición, carentes de situaciones violentas o arrebatadas en las cuales el autor pueda volcar su *trademark,* estén resueltas de forma rutinaria, a menudo hasta técnicamente zafia. De hecho, varias películas de Bava dan la impresión de contar con dos directores: el uno, genial e inconfundible; el otro, malo e intercambiable. Y de ahí que incluso sus mejores obras sean irregulares. Pero no importa. Por sistema, sobresale su sustanciosa belleza.

Irrefutablemente, la forma de proceder y trabajar de Mario Bava se degradó cuando su filmografía entró en decadencia, al hilo de la referida degeneración del contexto. En consecuencia, el *zoom,* de todos modos presente ya desde su ópera prima, empezó a resultar abusivo y predominó sobre el *travelling* de idéntica manera que la comodidad del plano/contraplano fue sustituyendo a las panorámicas. Se

Bava con Ida Galli y Daliah Lavi, en el rodaje de *La frustra e il corpo* (1963).

ahorraba tiempo en planificación, y en montaje, ventajas nada desdeñables en un realizador cuando su cine ha decaído en categoría industrial, o sea, en presupuesto y/o tiempo de rodaje, y forzosamente debe economizar por todas partes. Con todo, no sobra reiterar que incluso las peores películas de Bava, al menos las pertenecientes al género fantástico, incorporan unos personajes que viven (auto)aislados en el precioso universo de amor-espanto privativo del autor, y muestran algunas secuencias que no desmerecen en demasía de sus mejores películas. Es decir, se revelan personales y características, propias.

¿De haber contado con mejores condiciones de producción y unos guiones a la altura de su talento visual y conceptual Mario Bava se codearía actualmente con Orson Welles y Max Ophuls en el panteón de los grandes cineastas barrocos? Posiblemente sea pueril y hasta enfermizo especular con tal posibilidad. Pero también resulta inevitable. En cualquier caso, Mario Bava fue Mario Bava. Que no es poco, precisamente, en la historia del cine italiano, europeo y mundial. Al contrario.

* * *

Se indicó al principio que Sergio Leone y Mario Bava entrañan las mayores y mejores revelaciones del cine de género italiano de los años sesenta. Sin embargo, el vínculo entre ambos no se detiene ahí, en el hecho de compartir un admirable podio. Ni mucho menos. Si bien desde un momento determinado emprendieron trayectorias antitéticas (Leone creció progresivamente en prestigio cultural y fuste industrial, por el contrario Bava decayó hasta terminar rodando subproductos), es tentador, por ende irresistible, establecer cierta analogía entre ambos. Apartando el hecho de que el primer largometraje en que trabajó Bava fue el antepenúltimo realizado por el padre de Leone, *Il socio invisibile* (Roberto Roberti, 1939), así como que el cometido que desempeñase Leone en *Sodoma y Gomorra (Sodom and Gomorrah,* Robert Aldrich, 1962) en principio estaba pensado para Bava, y ya es apartar, ambos eran hijos de importantes pioneros del cine italiano, entraron en la profesión gracias a los contactos del padre y trabajaron incansablemente antes de dirigir (Leone como ayudante de dirección, de producción y guionista; Bava como operador de cámara, director de fotografía y responsable de los efectos especiales). Coinciden también en debutar en la realización en 1960, y desde entonces ambos trabajaron con un equipo relativamente fijo de colaboradores de confianza, triunfaron cultivando géneros de magra tradición en Europa, reclamaron para encabezar los repartos actores anglosajones (con quienes se entendían mediante intérpretes, pues ninguno de los dos aprendió inglés) y crearon un estilo admirable con base en heteróclitos modelos extranjeros, dentro del cual predominaba una valoración insólita de la violencia, si bien antitética entre ambos. Tras volcar con brillantez la totalidad de sus vidas en el cine, fallecieron relativamente jóvenes (Leone con sesenta años, Bava con sesenta y seis) y actualmente gozan de una reputación que nunca habrían imaginado en vida. Además, pero acaso en especial, coinciden en ser, bien a su pesar, y suscribiendo al autor de *La muerte tenía un precio* (1965), «padres de un montón de hijos de puta».

Aprendiendo a matar (1914-1959)

> Para mí, Mario Bava está a la altura de Federico Fellini, Orson Welles, John Ford y Elia Kazan.
>
> (Cameron Mitchell, en Tim Lucas, «Requiem for a Viking. Cameron Mitchell on His Bava Films», *Video Watchdog*, núm. 25, 1994)

«Crecí enredado entre tiras de celuloide»[7]. Simpática forma de describir la infancia, y no ya metafórica sino lite-

---

[7] Reproducido de Lorenzo Codelli y Giuseppe Lippi, *Fant'Italia 1957-1966: Emergenza, apoteosi e riflusso nel fantastico nel cinema italiano*, Trieste, Festival della Fantascienza, 1976.

ralmente, por parte de Mario Bava, en cuanto hijo de un técnico de importancia capital dentro de los primeros decenios de la cinematografía italiana, Eugenio Bava (1886-1966). El acontecimiento tuvo lugar el 31 de julio de 1914 en San Remo, una ciudad posteriormente célebre por su poder de convocatoria turístico y el festival de música popular que tan exitosamente celebra; la madre se llamaba Emma Carpita, y el matrimonio tuvo asimismo una hija, Elena.

Ahora bien, en su juventud Eugenio Bava no era sino un humilde artista, que compaginaba la escultura y la pintura en sus quehaceres y se ganaba la vida modestamente, realizando sobre todo estatuas de santos para iglesias, así como trabajos en mansiones de lujo. Mas no se detenían aquí sus talentos ni inquietudes, pues sus aficiones incluían la fotografía, la química, la electricidad y el afán de inventar; por añadidura, su hijo sostenía que poseía facultades de médium, así como que invirtió varios años en estudiar la teoría del movimiento perpetuo, todo ello en el conjunto de una personalidad algo bohemia, pero no por extravagante menos honesta y rigurosa. Según le definió su hijo: «Era un Arquímedes pitagórico del siglo XIX»[8].

Hacia 1908, el cine entró en la vida del primer Bava del Séptimo Arte; además, súbitamente:

> Una noche le despertaron de improviso. «¿Quién es?», preguntó; «La Pathé Cinéma», le contestaron. No crea que en aquella época el cine estaba mejor organizado que ahora: siempre ha sido igual. A media noche, los productores de la Pathé advirtieron que en la tumba donde tenían que rodar por la mañana faltaba una puerta. Mi padre esculpió una sobre la marcha, en seis horas, y así se solucionó el problema. Sí, todo comenzó una noche en una tumba[9].

---

[8] *Op. cit.*, véase nota 7.
[9] Reproducido de Ornella Volta, «Entretien avec Mario Bava», *Positif*, núm. 138, 1972.

La tentación de interpretar el debut de Bava padre en el cine cual señal premonitoria de la futura especialización de Bava hijo en el *horror* sin duda resulta demasiado fácil. Ahora bien, su elocuencia genético-artística es tan enorme y reveladora que no puede desdeñarse, antes al contrario: la escena nocturna, el escenario macabro, en el sentido estético; la capacidad de respuesta, la artesanía eficaz, en el laboral. A todas luces —mejor dicho, sombras—, Eugenio había engendrado a Mario.

Entusiasmado por la industria fílmica, que le permitía una creatividad con la que nunca había soñado y le posibilitaba unos ingresos harto mayores que en sus labores previas, Eugenio Bava se instala con la familia en Turín, la cuna del cine italiano. Enseguida entra a trabajar en Ambrosio Film y deviene un profesional de lo más considerado y socorrido, aportando además innovaciones técnicas, sobre todo en el campo de las cámaras y sus diversos objetivos ópticos. Así, compagina cometidos (escenografía, trucajes, fotografía) en no pocas películas, entre ellas auténticas superproducciones históricas, muestras de esos géneros que decenios después se denominarán *kolossal* y *peplum;* por ejemplo, y respectivamente, *Quo Vadis? (Quo Vadis?,* Enrico Guazzoni, 1913), según la novela del cardenal Henryk Sienkiewick posteriormente vuelta a llevar a la pantalla en Hollywood, y *Cabiria (Cabiria,* Giovanni Pastrone, 1914), que introduce el emblemático personaje de Maciste, y cuenta asimismo dentro del equipo técnico con nuestro singular Segundo de Chomón.

Mientras, Mario va creciendo.

> A los tres años, jugaba con trozos de cianuro de potasio, que me encantaba particularmente por su color rojo rubí, y lo alternaba con granos de hiposulfato en filas largas. A mi padre nunca se le pasó por la cabeza que pudiera envenenarme. Pero yo sabía que era venenoso, y que no

debía chuparme los dedos mientras jugaba. El cianuro y el hiposulfato servían para trabajar en la materia química del celuloide, y yo sujetaba la película por un extremo mientras mi padre estrujaba la emulsión en el lavadero de la cocina, teniendo cuidado de que no cayeran gotas en la ensalada[10].

Por su parte, Eugenio amplía sus actividades al campo de la producción fundando San Remo Film, una de las primeras productoras en la historia del cine italiano.

A finales de los años diez, la familia Bava se instala en Roma, y el padre inventa el personaje de Galaor, a imagen y semejanza de ese Maciste en cuya creación había participado tan poco tiempo antes, cosechando un éxito particular mediante *Le ultime avventure di Galaor* (Mario Restivo, 1921), en la cual asume producción, fotografía, cámara, dirección artística y efectos especiales. La profesión del padre y sus múltiples ocurrencias caseras para solventar cualesquiera contratiempos no dejan de fascinar al jovencísimo hijo:

> Eran tiempos gloriosos de pioneros, en un nuevo espacio bidimensional. No existía la especialización. Mis orígenes artesanales nacen en esta infancia transcurrida en la bodega de mi padre, entendiéndose la palabra 'bodega' en la acepción que tenía para los pintores del Renacimiento[11].

No obstante, su vocación adolescente no era tanto el cine cuanto la pintura, a la cual se entrega con fervor desde niño. De ahí procede el hecho de que, cuando accediera a la realización, procurase dibujar la totalidad de los planos antes de comenzar el rodaje, en una suerte de *storyboard*

---

[10] *Op. cit.*, véase nota 7.
[11] Reproducido de «Mario Bava», en Gaetano Mistretta y Luca M. Palmerini, *Spaghetti Nightmares*, Brescia, M&P, 1996.

a la sazón insólito en la cinematografía italiana: «Me ayuda mucho, y si no me dan tiempo a hacerlo a la hora de rodar me siento casi a ciegas»[12].

A comienzos de los años treinta, Eugenio Bava, tras la quiebra de su productora, entra a trabajar en el recién inaugurado Istituto Luce, como director del departamento de trucajes, lo cual incluía los dibujos animados y toda índole de maquillaje que incluyera caracterizaciones. Mientras, el joven Mario compagina la pintura, estudios de Bellas Artes y diversos quehaceres para el padre, en la antedicha empresa: «Mi padre y yo hacíamos de todo, y todo se resolvía con pocos medios, a base de ingenio y con un gran entusiasmo, que se veía recompensado por el resultado y no por el dinero a ganar. El motivo de mi amor-odio por los trucajes nace en aquellos tiempos, en aquellas experiencias»[13]. Debe señalarse que también hereda del padre su absoluta y desde siempre característica modestia, dentro de una educación a la par distendida y severa. Según recuerda el hijo de Mario Bava, Lamberto, primero su ayudante y posteriormente realizador asimismo:

> Siempre me contaba que solo recibió un bofetón de su padre. Fue cuando le mostró un cuadro que pintó a los trece años de edad. Al ver que estaba firmado, mi abuelo Eugenio le dio el bofetón, diciéndole «¡presumido! ¡Si Da Vinci y Miguel Ángel no firmaban sus cuadros, cómo te atreves a firmarlos tú!»[14].

A los veinte años, el joven Bava contrae matrimonio con Iole; aparte del antedicho Lamberto, que nace en 1944, la

---

[12] *Op. cit.*, véase nota 7.
[13] *Op. cit.*, véase nota 9.
[14] Reproducido de «Il talento di Mr. Bava», en *Genealogia del delitto: il cinema di Mario e Lamberto Bava, Nocturno dossier*, núm. 24, 2004.

pareja alumbrará una hija, Elena, ajena al cine. Por lo demás, en esta época Mario Bava abandona los estudios académicos, sacrifica su vocación de pintor y continúa trabajando con el padre, sobre todo para realizar títulos de crédito. No obstante, a mediados del decenio de los treinta, padre e hijo se apartan definitivamente del Istituto Luce. Eugenio «se encierra en su mundo, y poco a poco se convierte en un alquimista de las invenciones»[15], y Mario, poco después, antes de estallar la Segunda Guerra Mundial, por fin entra a trabajar en el cine, en el sentido de formar parte de equipos de rodaje, alentado por la esposa y en contra del parecer de la madre, que estimaba más seguro laboralmente que su todavía jovencísimo hijo continuara en el Istituto Luce. Primero, compagina labores de operador de cámara y director de fotografía, y a partir de 1943 se decanta por esta segunda especialidad. Será el comienzo de un quehacer incesante y entusiasta, de un esfuerzo continuado por ejercer la profesión cinematográfica, que no cejará hasta el fallecimiento.

Este primer decenio de la filmografía de Bava tiene lugar en producciones por lo común de patente modestia económica, propias de la industria fílmica de un país en pleno conflicto bélico, primero, y angustiado por una posguerra tremenda, después. Cabe destacar que entre los realizadores para quienes trabaja entonces figuran algunos con la relevancia de Roberto Roberti, como ya se indicó, Marcel l'Herbier, Roberto Rossellini, Mario Costa, Francesco De Robertis y Mario Soldati. A estos dos últimos los admiró en especial:

> De Robertis era un verdadero genio, el auténtico inventor del neorrealismo, y no Rossellini, que se lo robó todo,

---

[15] Stéphane Derderian, «Mario Bava, le conteur des ténèbres», *Fantastyka,* núm. 6, 1994.

y Soldati fue otro genio, quizá demasiado culto y literario para trabajar en el cine. Pero era una de las pocas personas inteligentes que he conocido en el cine, y todo un personaje[16].

Durante esta etapa inicial aparecen también sus primeras incursiones en la realización, en forma de documentales de breve duración, en los cuales asume igualmente la fotografía y maneja la cámara, además de montarlos personalmente, y en el propio negativo, para ahorrar el positivado; no sobra añadir que en más de uno puede aplicar su pasión por las más diversas disciplinas artísticas, verbigracia *Anfiteatro* (1947) y *L'amore nell'arte* (1950). Vive entonces en Porta Latina, y viaja siempre en bicicleta.

Al despuntar el decenio de los cincuenta, Bava asciende de categoría profesional, al atraer la atención del entonces joven, pero ya sobresaliente, productor Carlo Ponti, que presidía la firma Lux. De este modo, enseguida deviene uno de los directores de fotografía por excelencia de la cinematografía nacional, capaz de adecuarse al género que se tercie y de solventar cualquier contratiempo técnico. Igualmente, comienza a extenderse su destreza para optimizar el tiempo de rodaje y/o las limitaciones presupuestarias, virtudes especialmente de agradecer en la cinematografía de una nación todavía sojuzgada por las secuelas de la guerra. Cineastas tan magníficos como Luigi Comencini, Luciano Emmer, Mario Monicelli y Dino Risi, así como el actor/director Aldo Fabrizi —a la sazón ninguneados en el país, no digamos ya allende las fronteras—, disponen del talento del admirado director de fotografía, brillante en todos los formatos de pantalla e índole de negativo; conste asimismo que en estos años debuta con el color, mediante la película

---

[16] *Op. cit.*, véase nota 11.

de aventuras *Le avventure de Giacomo Casanova* (Steno, 1954). Acto seguido, el prestigio de Bava crece, si cabe; lo corrobora que le confíen la iluminación dos producciones de la envergadura de *La mujer más guapa del mundo (La donna più bella del mondo,* Robert Z. Leonard, 1955), con la estrella nacional Gina Lollobrigida, y *Esther y el rey (Esther and the King,* Raoul Walsh, 1960), uno de los varios *kolossals* que entonces Hollywood rueda en suelo italiano, protagonizado por Joan Collins. Recordando esta etapa de su carrera, comentó con su habitual humildad y sentido del humor: «Trabajé para muchos directores, y de todos, hasta de los más deficientes (del latín *deficere),* aprendí algo: lo que se debe hacer y lo que no se debe hacer. Aunque, pensándolo bien, creo que esto último no lo aprendí demasiado bien»[17].

No obstante, como ya se indicó en el primer capítulo, el trabajo de Bava para los directores Pietro Francisci y Riccardo Freda representa un punto de inflexión de trascendencia especial, al establecer la auténtica base de su inminente faceta de realizador. La razón estriba en que irrumpe una nueva competencia técnico-laboral en su obra, los efectos especiales, en que se iniciara trabajando para el padre; por añadidura lo hace de modo revelador y característico, al verificarse dentro de dos marcos estéticos del todo premonitorios, el *peplum* y, especialmente, el *horror*. Puesto que ambos brotan en el cine sonoro italiano justo en estas películas de Francisci y Freda, respectivamente, las mentadas *Hércules* e *I vampiri,* y casan con la sensibilidad y gustos de Bava, tal como se desprende de esta otra declaración:

> Para mí rodar quiere decir el truco, la invención, la magia. Me entran ganas de reír pensando en el Neorrealismo: menudo esfuerzo. Vas por la calle y ruedas. Del cine me

---

[17] *Op. cit.,* véase nota 7.

fascinan los problemas y sus soluciones. Crear ilusiones, efectos, sin medios. Es lo máximo[18].

Reclama, pues, una cierta atención este capítulo en el decurso de Mario Bava.

Como ya se indicó, el *peplum*, en rigor, data del mismísimo período del cine mudo, y en su producción había contribuido el padre de Bava. Hibernado a continuación, salvo que contemplemos dentro del género puntuales superproducciones históricas de Carmine Gallone y Alessandro Blasetti durante el Fascismo, experimenta una suerte de resurrección a lo largo de los años cincuenta, con base en el triunfo popular del *kolossal* americano más o menos bíblico, resurrección en la cual participan de buen grado, sin ir más lejos, Francisci y Freda. Ahora bien, la idea de recrearlo con base en la fiebre del culturismo y en una valoración popular, si se quiere populista, de la mitología grecorromana es propia, y típica, de esa etapa del cine europeo en que, repítase igualmente, ciertos géneros tradicionales de Hollywood se reconfiguran a la luz de la espumeante creatividad europea. Reproduciendo de un texto propio:

> En esencia, el *peplum* mediterráneo constituye una especie de recreación, a la luz de la idiosincrasia latina, de los rasgos predominantes de las manifestaciones americanas del género. De este modo, la violencia noble y ascética cede su lugar a la crueldad y el sadismo, la modestia de los héroes a la prepotencia muscular, su destreza a la picardía, la voluptuosidad femenina a verdadera ninfomanía, la fidelidad histórica, todo lo relativa y pintoresca que se quiera, a la hibridación de épocas y culturas, el derroche de medios a toda clase de añagazas profesionales para suplir su carencia[19].

---

[18] *Op. cit.,* véase nota 11.
[19] Carlos Aguilar, *Sergio Leone,* Madrid, Cátedra, 2009.

Respecto al terror, significativamente también había disfrutado de no poca atención por parte del cine mudo, y asimismo desapareció a continuación. A lo sumo, antes de *I vampiri*, puede mentarse, como relativo antecedente, el hecho de que, tal como expone Giorgio Placereani:

> Durante los últimos años del Fascismo, aparece un componente gótico y perturbador en algunas de las refinadas películas de los considerados «calígrafos» (Renato Castellani, Alberto Lattuada, Mario Soldati, etc.), en particular a la hora de las adaptaciones literarias o teatrales de sabor oscuro y decadente: *Gelosia* (1942) y *Il cappello da prete* (1944), ambas de Ferdinando Poggioli, y, en especial, *Malombra* (Mario Soldati, 1944)[20].

Dos buenos directores (mejor Freda que Francisci, con todo) inauguran, pues, el *peplum* y el *horror* propiamente dichos a finales de los años cincuenta. Respecto a las aportaciones específicas de Bava para ambas oberturas, no pueden establecerse con la debida exactitud. Así, en el caso de *Hércules* —al igual que de su rauda secuela, *Hércules y la reina de Lidia (Ercole e la regina di Lidia*, 1958), en la cual repiten los principales actores y técnicos, de nuevo con producción de la mentada Lux de Carlo Ponti, si bien en asociación con otra productora, Galatea, presidida por Lionello Santi— parece que Bava en efecto se centró en las labores de iluminación, en color y formato Scope, y trucajes, visuales y de maquillaje, que le reconocen los créditos. Ahora bien, determinados juegos de luces para las secuencias fantasiosas resultan tan característicos que sus admiradores furibundos le atribuyen apasionadamente responsabilidad en la realización, al menos de esas escenas. Podría ser. No obstante, Bava, cuya relación con Francisci siempre

---

[20] *Op. cit.*, véase nota 2.

Sylvia López y Steve Reeves en *Hércules y la reina de Lidia* (1958).

fue buena y databa de tiempo atrás, pues habían trabajado juntos varias veces, jamás se atribuyó haberle suplido. De hecho ni a él ni a ningún otro realizador en concreto, salvo en el caso de Freda, exceptuando lo que pueda deducirse del vago comentario siguiente: «me ha ocurrido en bastantes ocasiones tener que sustituir al director, mientras este estaba echándose la siesta»[21]. Además, conviene calibrar serenamente que aunque el juego cromático sea similar, su entraña, por ende la significación, es distinta: resulta simplemente bello, al ser superficial, en este díptico de aventuras mitológicas, por lo demás apreciable; mas deviene sublime en las películas realizadas por

---

[21] *Op. cit.,* véase nota 7.

el propio Bava, puesto que se revela específico, sustancioso, trascendente.

Harto más relevante es el caso de *I vampiri,* por supuesto. Pero no solo porque tanto Freda como Bava declararon invariablemente que este finalizó el rodaje, representando por ende su debut, aun parcial, como director de largometrajes, al amplificarse así su cometido inicial de responsable de la iluminación, en blanco y negro, y de trucajes, que incluyen diversas maquetas; por cierto, respecto a los efectos especiales, en su día asombró el momento en que la protagonista envejece progresivamente en el mismo plano, resuelto a la perfección por Bava con sus acostumbrados métodos caseros, en este caso filtros de colores para los fotogramas que muestran con caracterizaciones la progresiva decrepitud, posteriormente positivados en blanco y negro. Antes bien, el vínculo fundamental de *I vampiri* con la obra de Bava estriba en introducir una serie de rasgos —estéticos y conceptuales— privativos, incluso definitorios, en el género gótico a la italiana que se define y consolida, de verdad y por definición, tres años después mediante *La máscara del demonio*. Entre ellos, sobresale, además muy en particular, el protagonismo femenino, por añadidura dotado de una ambigüedad, incluso ambivalencia, ético-emocional que reinterpreta de modo apasionante y bajo un prisma mediterráneo las escasísimas manifestaciones al respecto que brindara previamente el cine fantástico; es decir, las que convirtieron en estrellas de la especialidad a Brigitte Helm y Simone Simon, respectivamente durante el cine mudo alemán y en producciones de RKO durante los años cuarenta. En *I vampiri,* tal personaje femenino, que abre, pues, un capítulo en la historia del género a escala mundial, es encarnado por la propia esposa de Freda, la distinguida Gianna Maria Canale, y, en términos del llorado Antonio Bruschini:

No es exactamente una vampira, sino una especie de Erzsebeth Bathory contemporánea, que permanece joven y guapa a costa de sangre ajena, y surge de un extraño connubio entre dos modelos; por un lado, la madre protectora, y por otro la hembra maldita, con ecos de la literatura de D'Annunzio. Representa, pues, un monstruo de especial crueldad, al inspirar de forma inconsciente sentimientos encontrados pero inseparables: amor-odio, atracción-repulsión[22].

En inferior medida, los otros elementos predecesores de *I vampiri* estriban en una fotografía en blanco y negro no por contrastada menos atenta a magnificar lo sombrío; una valoración dramático-metafórica del decorado, en cuanto barroca prolongación material, pero decadente, de la torturada psique de los personajes (en este sentido, fue simplemente soberbio el trabajo del director artístico Beni Montresor, que años después abordaría la realización, mas sin ninguna fortuna); un desembozado hincapié en los ingredientes melodramáticos, que los intérpretes asumen con peor o mejor fortuna según el caso; un sentido de la crueldad y de la violencia que no admite mayores concesiones; y una pertinaz sugerencia de diversas parafilias, hasta entonces poco, o nada, reflejadas en cualquier tipo de pantalla (en cabeza, la necrofilia, el incesto y el lesbianismo). Producida por Athena, regentada entre Ermanno Donati y Luigi Carpentieri, y distribuida por la entonces todopoderosa Titanus, a cargo de Goffredo Lombardo, *I vampiri* difiere empero de la filmografía de Bava en el enfoque, pues busca conciliar las propiedades del *feuilleton* y del *grand guignol* afines al, desde siempre, afrancesado gusto de Freda con un tratamiento racionalista no demasiado acor-

---

[22] Antonio Bruschini, *Horror all'italiana 1957-1979*, Florencia, Glittering Images, 1996.

I vampiri (1957).

de con los estilemas del autor de *Seis mujeres para el asesino*, de forma que el sentido del delirio fluya dentro de una cierta sobriedad. Por ende, el tono de los bloques que asumen las propiedades del género policiaco difiere de los puramente fantásticos, mas no sustancialmente; a ello contribuye la ambientación en el París moderno, en lugar de las ubicaciones decimonónicas propias del género gótico.

Las diferencias, y discusiones, de Freda con los productores de *I vampiri* en modo alguno afectaron a su relación con Bava, que se vio impelido a concluir la filmación en unos pocos días, amén de supervisar el montaje con vistas a la deseable unidad del conjunto. De ahí que volvieran a colaborar al año siguiente en *El diablo blanco (Agi Murad, il diavolo bianco,* 1958), una película de aventuras inspirada en la novela de Lev Tolstoi, rodada en Yugoslavia y protagonizada por Steve Reeves, el apuesto culturista americano que acababa de saltar a la fama precisamente gracias a *Hércules* y *Hércules y la reina de Lidia.* En este caso, parece que no surgieron mayores problemas, y ambos guardaron los cometidos inicialmente pactados: director, Freda; director de fotografía, Bava. De ahí que de inmediato acordaran un tercer film en común, regresando a ese género fantástico que parecía querer arraigar en Italia: *Caltiki, il mostro inmortale* (Riccardo Freda, 1959). Mas Freda volvió a irritarse en el rodaje con la productora, esta vez la referida Galatea, y de nuevo lo abandonó en manos de Bava. Con palabras de este: «Freda es un director estupendo, con mucho talento. Pero tiene muy mal carácter»[23].

Nueva águila de dos cabezas, sin embargo *Caltiki il mostro inmortale* no puede parangonarse con *I vampiri,* ni en calidad, pues es bastante inferior, ni en trascendencia, dado que la vena abierta en este caso apenas fructificó en la producción italiana; léase la *monster movie* de ambientación exótica, en este caso México. A lo sumo, este film destaparía una corriente industrial, que no artística, consistente en combinar argumentos de éxitos recientes del cine anglosajón con ánimo fundamentalmente mimético, planteamiento dentro del cual el cine italiano iba a sobresalir durante los decenios siguientes, no solo en el ámbito del cine fantástico. Inaugura también, por consiguiente, la triquiñuela de los seudónimos americanizantes, para convencer al público de que se halla ante un producto genuinamente americano o inglés; ni qué decir tiene que dicha fórmula fue explotada en especial por el

---

[23] Reproducido de Luigi Cozzi, «Operazione paura: Mario Bava. Interview», *Horror,* núm. 13, 1971.

estúpidamente denominado *spaghetti western*. Por lo demás, *Caltiki il mostro inmortale* aplica una premisa que no carece de cierto encanto *pulp*, en su forma de recrear *El experimento del dr. Quatermass (The Quatermass Experiment*, Val Guest, 1955), inspirándose para el monstruo en *The Blob* (Irwin S. Yeaworth Jr., 1958), dentro de un cierto regusto a la par mitológico y lovecraftiano: Caltiki es una diosa mexicana de la muerte, cuya estatua es hallada por una expedición científica; la divinidad castigará la profanación reanimando un ser monstruoso, que dormía un sueño secular en el lago subterráneo que presidía la imagen sagrada, repleto de cadáveres y joyas milenarias... Aun faltando ritmo y estilo, y sobrando ingenuidades argumentales y diálogos malos, no es peor que la mayoría de las *B Movies* americanas de este decenio de los cincuenta, de las cuales extrema la truculencia y las sugerencias morbosas, como en buena ley cabía esperar de una película italiana. En cuanto a la intervención de Bava, se aprecia en la calidad artesanal, y muy eficaz, de los efectos especiales, con un más que aceptable *monster* (el padre, un ya otoñal Eugenio Bava, colaboró en más de un trucaje, sin acreditar, que llevaba a cabo primorosamente en su propio domicilio), y se nota, sobre todo, en el tono de la fotografía, muy contrastada y con sugerencias expresionistas para los interiores de la mansión donde habita el científico protagonista; por momentos, diríase un film gótico más que una mixtura de horror legendario y ciencia ficción. Respecto al grado de participación, en este caso su versión difiere de la de Freda: Bava declaró ser el realizador de aproximadamente la mitad del metraje; en cambio, Freda aseguró que Bava filmó un treinta por ciento... no sin añadir que la película, para la cual estrenó el apañado seudónimo de Robert Hampton, era tan mala, e impropia de su personalidad, que la repudiaba. Como suele suceder en estos casos, hay expertos y colaboradores que ratifican la afirmación del uno, otros que corroboran la del otro, opiniones intermedias... Probablemente, nunca llegue a saberse con la deseable exactitud. No obstante, es irrefutable que *Caltiki, il mostro inmortale* supone una nueva incursión de Bava en las responsabilidades del director, en mayor o menor medida, aun captándose que estilísticamente guarda una tosquedad impropia del artífice de *La máscara del demonio*. A propósito, no representó el nacimiento de la ciencia ficción en el cine italiano. Salvo respetables aportaciones durante el cine mudo, y comedias tipo *Mille chilometri al minuto* (Mario Mattoli, 1940) y *Totò nella Luna* (Steno, 1957), en rigor había brotado el año anterior mediante *La morte viene dallo spazio* (Paolo Heusch, 1958), una mediocre coproducción con Francia donde la fotografía y los efectos especiales significativamente también fueron competencia de Bava.

Por lo demás, esta nebulosa zona intermedia entre los cometidos de director de fotografía y de realizador en la carrera de Bava concluye mediante otra producción Galatea, si bien de una envergadura industrial antitética de *Caltiki, il mostro inmortale*. Se trata de la superproducción histórica de aventuras *La batalla de Marathon (La battaglia di Maratona,* Jacques Tourneur, 1959), con unas impregnaciones de *peplum* que comienzan en el emblemático protagonismo de Steve Reeves, encarnando al heroico Filípides, y ahora emparejado con la sofisticada beldad francesa Mylène Demongeot, por motivos de coproducción. El rodaje transcurrió en esa Yugoslavia donde Bava y Reeves precisamente acababan de trabajar en *El diablo blanco*. Según declaró el realizador: «desfasamos el plan de filmación previsto, que era de diez semanas, porque todo iba demasiado despacio. Salía muy caro prolongar mi contrato de diez semanas, por lo cual los italianos prefirieron devolverme a Estados Unidos y terminar la película por su cuenta. Lo entiendo perfectamente»[24]. En

---

[24] Reproducido de Christopher Wicking, «Entretien avec Jacques Tourneur», *Midi Minuit Fantastique,* núm. 12, 1965.

este caso, las referencias coinciden bastante en la responsabilidad del bloque que no pudo filmar el gran Tourneur: el ejecutivo a cargo de la producción, Bruno Vailati, afrontó las secuencias submarinas, y Bava rodó las batallas. A propósito, los dos colosos de Hollywood para quienes Bava trabajó entonces se deshicieron en elogios sobre este. En concreto, Raoul Walsh declaró: «Mientras haya hombres de cine como él, jamás decaerá la producción. Solo alguien como él, que lo sabe todo de la técnica, puede renovar continuamente el lenguaje»[25]. Por su parte, Tourneur, en la entrevista antes referida, afirmó:

> Es un hombre extraordinario, un creador de verdad. Pintaba miniaturas sobre cristales para situarlas ante la cámara. Las pintó él mismo, hizo veinte o veinticinco, y con eso ahorró un montón de dinero a los productores. Celebro que se haya pasado a la realización[26].

* * *

Bellas aristócratas habitando suntuosos palacetes, con sanguinolenta sed de juventud y belleza; amenazas contra la Tierra, surgidas de ignotas fuentes interestelares; proezas itinerantes durante ensueños mitológicos de dioses y tiranos; soberanas inmortales impelidas a obtener amantes, uno tras otro y de por siempre; monstruos naturalmente hostiles al ser humano.

Mujeres de hermosura y sensualidad más allá de lo común, emoción por encima de lo cotidiano, aventuras, fantasía, locura y violencia. Sombrío blanco y negro, estallante color.

El trabajo durante las postrimerías de los años cincuenta ha marcado una senda bien precisa a Mario Bava. Positivamente.

---

[25] Reproducido de Pascal Martinet, *Mario Bava,* París, Edilig, 1984.
[26] *Op. cit.,* véase nota 24.

Ha nacido un autor (1960-1962)

Se aproximó al catafalco, dirigió una mirada al rostro de la difunta y se vio obligado a cerrar los ojos. ¡Tan terrible y resplandeciente era aquella belleza! Se volvió de espaldas y ya estaba a punto de alejarse cuando, impulsado por un extraño sentimiento, no pudo resistir la tentación de volverse para mirarla otra vez. Sintió un estremecimiento: la penetrante belleza de la muerta tenía algo de espantoso. Tal vez no le hubiera infundido tanto pánico de ser menos hermosa. Pero en su semblante no había nada apagado. Por el contrario, todo él estaba vivo y a Choma le pareció que le estaba mirando a través de los cerrados ojos.

(Nikolai Gogol, «El Viyi», en *Mitos básicos del cine de terror,* vol. 2, Madrid, Nostromo, 1973)

Barbara Steele en *La máscara del demonio* (1960).

El debut en la realización de Mario Bava, al completo y de verdad, tiene lugar dentro de la productora Galatea, con la cual había trabajado tanto y tan satisfactoriamente en años anteriores. Tal como cabía esperar, su recuerdo al respecto consiste en rebajar el grado de implicación personal con absoluta llaneza:

> Yo no quería ser director, porque en mi opinión un director debe ser realmente un genio. Además, estaba a gusto trabajando de director de fotografía, ganaba un montón de dinero. Pero años antes había leído el cuento de Nikolai Gogol *El Viyi*. Lo leí a Silvi Marina con sus hijos, que eran

muy pequeños. Entonces, todavía no existía la televisión. Los dos, pobrecitos, pasaron tanto miedo que durmieron juntos. Como entonces acababa de estrenarse *Drácula (Dracula,* Terence Fisher, 1958), se pensó hacer una película de terror, y que la dirigiera yo, ya que todo el mundo sabía que terminé *I vampiri*. Surgió así *La máscara del demonio*, y de *El Viyi* quedó solo el nombre del protagonista[27].

Ahora bien, el celo con que está realizada *La máscara del demonio* delata a ciencia cierta la fe y el interés con que el debutante director afrontó su ópera prima. Aunando en el basamento dos cualidades, de similar, pero no idéntica, envergadura. Por un lado, la herencia de *I vampiri,* en diversos niveles y sentidos, dentro del grado fílmico-conceptual. Por otra parte, una gran sensibilidad plástica, no se olvide la frustrada vocación de pintor, y una enorme cultura literaria. Puesto que Bava había leído mucho. Tal como cuenta su hijo Lamberto:

> Aunque mi padre estudió Bellas Artes, era un gran autodidacta, y especialmente un amante de la literatura, sobre todo la rusa. Sus libros nos los dividimos entre mi hijo y yo, y no nos entraban en casa. Esa literatura fantástica que no se conocía en Italia, hablamos de finales de los años cincuenta y primeros sesenta, él la tenía toda. Leía también mucha literatura policiaca y de ciencia ficción[28].

Este bagaje, y tan intenso aprecio por la materia, se ratifica ya en el primer borrador del guión, desde el momento en que está escrito por Bava en persona, con absoluto primor e incluyendo diseños de toda índole, tal como se conserva. Además se titula, todavía, *Il Viyi*. Con todo, el libre-

---

[27] Reproducido de *La città del cinema, Produzione e lavoro nel cinema italiano 1930-1970,* Roma, Napoleone, 1979.
[28] *Op. cit.,* véase nota 14.

to definitivo lo escribe Ennio De Concini, a la sazón poco menos que guionista fijo de Galatea, mas siempre supervisado por Bava, y la producción la organiza Massimo De Rita, que había conocido a este durante el rodaje del díptico sobre Hércules y años después se convertiría en prolífico guionista. Respecto al equipo técnico, Bava reúne una serie de profesionales de plena confianza, lógicamente mayor o menor según el caso, a quienes será fiel durante todo el tiempo posible, dentro de lo que marca cada caso particular, con ánimo de trabajar mediante un auténtico «espíritu de familia», cual compañía teatral estable, tal como han venido procediendo tantos cineastas gloriosos, desde el mismísimo origen del cine y a escala universal. Entre estos profesionales, sobresalen, si bien durante la primera etapa de la filmografía de Bava, Roberto Nicolosi, para la banda sonora, Giorgio Giovannini, en la dirección artística, Mario Serandrei, para el montaje, Tina Loriedo Grani, en el vestuario, y Ubaldo Terzano como operador de cámara o director de fotografía, según se tercie. A cuál más eficaz, incluso brillante, en su correspondiente cometido, perfectamente valorados por un realizador que al empezar a dirigir ya arrastraba veinte años dentro del cine.

Roberto Nicolasi, que había estudiado medicina y llegó a ejercer como dentista, antes de entrar en el cine contaba con cierto prestigio dentro del sector musical, debido a suponer uno de los primeros *jazzmen* italianos, durante ese decenio de los cuarenta en que tal índole de música penetró en *il bel paese,* en gran medida debido a la influencia americana que se derivase de la llamada Liberación. Compaginaba instrumentos diversos (piano, trompeta, vibráfono, violín, contrabajo) en sus actuaciones o grabaciones radiofónicas, y disfrutando de tal bagaje empezó a componer para el cine a mediados del decenio de los cincuenta, acreditándose con tal celeridad que enseguida abandonó las actuaciones y/o el *jazz,* de inferior remuneración. Bava contó con él debido a la estrecha relación del músico con Galatea y tras conocerse trabajando juntos en varias de las películas previamente referidas, por ejemplo *La batalla de Marathon*, *El diablo blanco* y *Caltiki, il mostro inmortale*.

Activo desde los años treinta, Mario Serandrei a todas luces representa uno de los mejores y más importantes montadores que recuerda el cine italiano en toda su historia; para formarse una idea de su categoría, basta indicar que su trabajo está inmerso en clásicos firmados por Luchino Visconti, Gillo Pontecorvo, Francesco Rosi, Valerio Zurlini, Mario Soldati, Alessandro Blasetti, Luigi Comencini, Dino Risi, Roberto Rossellini, Mario Monicelli, Riccardo Freda y Federico Fellini. Nada menos. Huelga añadir el respeto personal y la estima profesional que un montador tan cotizado y reputado debió de sentir respecto a Bava, para aceptar involucrarse en lo que, según los prejuicios al uso, industriales y culturales, no eran más que películas de género para consumir en cines de barrio; en su caso, Serandrei había coincidido con Bava en las películas de Hércules/Reeves, y su interés por *La máscara del demonio* era tal que llegó a colaborar en la versión final del guion.

De menor experiencia que el músico Nicolosi y el montador Serandrei, Giorgio Giovannini había entrado en el cine apenas ocho años antes de emprenderse *La máscara del demonio*, mas pronto fue ganando estima dentro del departamento de diseño de producción, gracias a contribuir con palpable talento en los decorados de películas de toda índole; Bava le conoció cuando trabajaron juntos en *Esther y el rey*, donde la responsabilidad de la ambientación recaía enteramente sobre Giovannini, sin auxilio alguno de los profesionales americanos que participaban en tal superproducción. Ambos se entendieron tan sumamente bien que Bava convirtió a Giovannini en el director artístico por antonomasia de su obra, cometido que este desempeñó alternándolo con trabajos para cineastas muy diversos; entre ellos, y en especial, el mismísimo Fellini.

Un caso menor sin duda entraña el de Tina Loriedo Grani, una mujer que siempre había encabezado el departamento de sastrería, sin más; empero, Bava la ascendió al cometido de diseñadora o ambientadora de vestuario, y lo desempeñó únicamente en su filmografía.

Por el contrario, reclama una atención particular Ubaldo Terzano, operador de cámara y director de fotografía. Era hijo de otro profesional de la modalidad, Massimo Terzano, con el cual Bava en sus inicios laborales trabajó varias veces; entonces, Terzano era el director de fotografía y Bava el operador de cámara. Por desgracia, Terzano padre fallece a la relativamente joven edad de 55 años, además durante el rodaje de una película con Bava, *El barbero de Sevilla (Il barbiere di Siviglia,* Mario Costa, 1946); por consiguiente, Bava hereda las funciones del fallecido para concluir la filmación. Desde muy joven, el hijo del fallecido Terzano, Ubaldo, prolonga la dedicación del padre, empezando en el cine dentro del equipo de electricistas. Asciende después a ayudante de cámara, y así trabaja, entre otros, para quien tanto faenó junto a su padre, Mario Bava; por ejemplo, en el díptico compuesto por *¡Qué familia! (La famiglia passaguai,* Aldo Fabrizi, 1951) y *La famiglia passaguai fa fortuna* (Aldo Fabrizi, 1952). Asciende después a operador de cámara, y Bava sigue contando con él, además no pocas veces; verbigracia, en el díptico sobre Hércules, *La morte viene dallo spazio, El diablo blanco* y *La batalla de Marathon*. Parece lógico, pues, que Bava le propusiera ser el operador en *La máscara del demonio,* esa ópera prima donde, por cierto, él aunará los cargos de director y director de fotografía, encargándose igualmente de los efectos especiales, si bien con la ayuda del padre en este último cometido (el otoñal Eugenio Bava diseñó y fabricó, sin ir más lejos, el espeluznante invento letal que titula la película, con los tremendos pinchos para taladrar el rostro de la víctima).

Ahora bien, Bava, sintomáticamente, no guardará idéntica fidelidad respecto a los intérpretes. Por lo menos, para los estelares. A lo sumo, va a hacerlo, y relativamente, en los secundarios. En este sentido, quienes más trabajarán con él son el sobrio Gustavo De Nardo, en cinco películas, y, en cuatro, el torvo e inquietante, inconfundible Alan Collins (es decir, Luciano Pigozzi), una especie de Peter Lorre a la italiana y/o en basto, asociado en particular a la filmografía de Anthony Dawson (o sea, Antonio Margheriti). Consten también, con tres películas, el no menos torvo, pero en este caso esquelético, Rick Boyd (léase, Federico Boido), básicamente ligado al *spaghetti western,* el apuesto Massimo Righi y, para diversos personajes de viejecita, la americana Harriet White Medin, a veces solo acreditada como Harriet White, que posiblemente suponga el primer caso de intérprete anglosajón instalado en Italia, en su caso tras protagonizar el episodio *Roma* de *Paisà* (Roberto Rossellini, 1946). En cuanto a los protagonistas, quien más repite, al ser el único que alcanza el número de tres películas, es el americano Cameron Mitchell, mas de pura casualidad: la última, *Los cuchillos del vengador (I coltelli del vendicatore,* 1966), comenzó a rodarla Leopoldo Savona; tras el abandono o destitución de este, Bava continuó, manteniendo lógicamente el reparto inicial.

Hablando de intérpretes, y volviendo a *La máscara del demonio,* la elección de Barbara Steele en verdad resultó un acierto superlativo, hasta el punto de que la película es totalmente inconcebible sin ella. Nacida en el pueblo británico de Birkenhead, en principio estudiante universitaria de Arte, había desempeñado roles contados, y muy menores, en el cine inglés, alguno bordeando la figuración, por no hablar de su abortado debut en Hollywood a las órdenes de Don Siegel, 20th Century Fox mediante. Justo entonces

Bava repara en ella gracias a unas fotos, captando en esa ignota e inexperta joven la intérprete ideal para el doble y antitético papel que debe desempeñar. Además, interesa que tanto ella como el héroe sean extranjeros, para conferir esa cobertura cosmopolita susceptible de exportación indiscriminada entonces propia del cine europeo de género. Por ende, el papel del galán se adjudica al no menos ignoto, inexperto y joven John Richardson, que además había coincidido con Barbara Steele entre los intérpretes de reparto de dos películas, *Bachiller en corazones (Bachelor of Hearts,* Wolf Rilla, 1958) y *Crimen al atardecer (Sapphire,* Basil Dearden, 1959), al formar parte del mismo grupo de promesas del cine británico.

Así, al igual que previamente lo hizo el americano Steve Reeves, y poco después lo harán los no menos americanos John Phillip Law y Clint Eastwood, dos intérpretes anglosajones con quienes el cine de su país no sabía qué hacer, es decir, los británicos John Richardson y Barbara Steele, con mucho gusto vuelan a Roma para protagonizar una película italiana de género. Él, apuesto pero un tanto átono e inexpresivo, pasa más bien desapercibido[29]. Por el contrario, ella apenas celebrarse el estreno se convierte en una

---

[29] Tras *La máscara del demonio,* pareció que John Richardson, aun siendo un tanto insípido, iba a situarse bien por su fotogenia y apostura gracias a personificar al galán de nada menos que Ursula Andress y Raquel Welch en dos exitosas producciones Hammer de aventuras exóticas concebidas al alimón, *La diosa de fuego (She,* Robert Day, 1966) y *Hace un millón de años (One Million Years B.C.,* Don Chaffey, 1966), respectivamente. Sin embargo, acto seguido su nivel profesional decayó y ya no remontaría, paseándose de forma anodina a lo largo de dos décadas, sobre todo por ese cine italiano que le brindara su primer protagonismo, en realizaciones de directores como Armando Crispino, Giuliano Carnimeo, Umberto Lenzi, Riccardo Freda, Sergio Martino y Michele Soavi. También trabajó, coproducciones mediante, para los españoles Julio Buchs y Joaquín Romero Marchent.

Bava con Barbara Steele, en el rodaje de *La máscara del demonio* (1960).

estrella del cine fantástico, por cierto la única creada por Bava, en la primera mujer con protagonismo espeluznante de la pantalla, en un arquetipo fílmico preciso..., resumiendo, en un mito del Séptimo Arte, *vero e propio*.

En efecto, jugando con una juventud en principio inadecuada, apenas veintitrés años, Barbara Steele encarnó, y nunca mejor dicho, el concepto del autor para ambos personajes con inmejorable fortuna. Esgrimiendo, óptimamente dirigida por Bava, amén de su curvilínea y elegante figura, las diversas propiedades y sugerencias de un rostro extrañamente irregular, de labios carnosos y ojos flamígeros, imposible de concretar si bello o no bello, pero en cualquier caso inusual y fascinante, capaz de desplegar una fuerza expresiva poco común, de todo punto turbadora. Así, personifica tanto a Katia (angelical y lánguida castellana de la Rusia del siglo XIX, cuyos días son melancólicamente idénticos en su cotidianidad en el castillo familiar, en Moldavia, donde habita sin más compañía que un padre anciano y el reducido servicio doméstico) como a Asa (pérfida hechicera ajusticiada de forma terrible dos siglos atrás, que resucita a consecuencia de un accidente fortuito ocurrido a dos elegantes médicos forasteros, precisamente en la cripta de dicho castillo). Es decir, gracias a la formidable idea de Bava, la misma actriz a la par que recrea un arquetipo firmemente consolidado por la gloriosa tradición de la literatura gótica y/o romántica, acaso simbolizada a perpetuidad por las célebres heroínas que creasen las hermanas Brontë —la dulce muchacha diurna y púdica, finamente vestida y de tez pálida, en poética espera del amor puro y salutífero, primero y definitivo a la vez—, introduce otro, y con arrebatadora contundencia, la hembra lúbrico-satánica, letalmente atractiva en su desafiante antítesis del virginal y lírico prototipo anterior, tentadora por definición, y heredera, culturalmente hablando, del oscuro mito de Lilith, la perversa primera mujer de Adán según la tradición hebraica (La Luna Negra, según determinada reinterpretación astrológica, el Demonio del Viernes, escuchando a la Cábala, o Nuestra Señora de la Oscuridad, bajo determinados credos esotéricos). La secular obsesión latina por la dualidad primordial femenina, por el desgarrador dilema entre castidad y lascivia, queda, pues, inquietante y esquizofrénicamente reflejada en físicos idénticos, cada cual apetecible a su manera, en el contexto de una fábula, por lógica, a la par romántica y aterradora, solar y tenebrosa, mixta. Justo debido a ello, la película de forma sutilísima, pero muy deliberada, empieza y termina insinuando una ambigüedad, o acaso ambivalencia. Puesto que la primera vez que aparece Katia, flanqueada por dogos, vestida de negro por entero junto a imponentes columnas, resulta tan inquietante, amén de deliciosamente onírica (incluso mitológica, pues evoca una de las representaciones recurrentes de la diosa griega Hécate, señora de los espectros y horrores nocturnos, reverso siniestro de Artemis), que bien se puede sospechar que se trata de Asa, perpetuada a través de los siglos mediante algún sortilegio; mientras que el desenlace no aclara por completo que la pérfida bruja fracasara en su propósito, a la par pérfido y pasional, de reencarnarse en la dulce heroína y consumar su pasión antinatural por el héroe urbano intrépido y bellido, aunque no muy despierto.

Puede rastrearse algún precedente cinematográfico, en relativa medida, si se considera que *Rapsodia satánica (Rapsodia satanica,* Nino Oxilia, 1917), melodramática variante femenina de Fausto, introduce en pleno período del cine mudo ese protagonismo femenino que decenios después resultará característico del *orrore all'italiana*. Por su parte, la formidable *Metrópolis (Metropolis,* Fritz Lang, 1922), cima irrefutable de la ciencia ficción fílmica, brinda a Brigitte Helm personificando dos personajes idénticos físicamente pero antitéticos moralmente, pues con tan artera intención un tremebundo inventor/brujo (Rudolf Klein-Rogge) crea en su fabuloso laboratorio al segundo. Ahora bien, el sentido que confirió Bava al concepto desborda cualesquiera previos, se revela de todo punto novedoso, insólito, al ser descarnadamente mediterráneo, en la mentalidad, desazonadoramente morboso, en la concepción, y arrolladoramente plástico, en la plasmación.

Desde luego, este trazado argumental y conceptual no deriva del cuento de Gogol, publicado en 1835. Mas Bava exageró al declarar que nada permaneció del relato, salvo nombres de personajes. Antes bien, el guión aprovecha algunas sugerencias puntuales, en situaciones y atmósfera, y en especial reconoce que Gogol, aun dentro de un tono costumbrista que a veces coquetea con lo jocoso y lo grotesco, pero sin caer jamás en la burla del género, ya introducía el tema de la ciega atracción viril por una sensualidad femenina sobrenatural, en un momento determinado de la trama. Del mismo modo, incorporaba el tema del desdoblamiento, bien que en el relato se plantea entre una anciana y repulsiva hechicera y una joven y hermosa tentadora, además también de forma puntual. En cuanto al personaje de El Viyi, ciertamente se convierte en un trasunto distinto en esencia y cometido: el hermano de la propia Asa, Yavutich (interpretado por Arturo Dominici), ajusticiado en su día con la hechicera por compartir ambos la naturaleza diabólica, y que resucita al llamado de esta. Por el contrario, en el relato supone una especie de homúnculo grotesco, «un ser grosero, macilento y patizambo. Estaba completamente sucio de tierra negra. Los brazos y las piernas le colgaban como nudosas y nervudas raíces. Avanzaba torpemente, tropezando a cada paso. Sus largos párpados le llegaban al suelo. Choma advirtió espantado que tenía la cara de hierro». Huelga pormenorizar qué idea de la película deriva de esta última frase[30].

---

[30] Siete años más tarde, se produjo en la Unión Soviética una adaptación de *El Viyi* perfectamente fiel al relato de Gogol, empezando por el título, *Vji* (Konstantin Erzhov y Georgi Kropachez, 1967). A pesar de su irregularidad, es una película muy estimable, que brilla en el tercio final, ambientado dentro de la iglesia donde aparecen los seres sobrenaturales, lo cual permite el lucimiento del gran experto nacional en trucajes Alexandr Ptouchko, suerte de Ray Harryhausen ruso, que asimismo supervisó la realización y colaboró en el guión. Tiempo después, *La máscara del demonio* conoció un *remake* dirigido por el propio hijo de Bava, Lamberto, y coescrito por un ya anciano Massimo De Rita, el director de producción de la versión de Bava. Sin embargo, *La maschera del demonio* (Lamberto Bava, 1989) traiciona tanto el relato cuanto su primera adaptación, sin ofrecer a cambio más que un subproducto innecesario y mentecato, que arrima la historia original al sempiterno esquema establecido por el execrable *Viernes, 13 (Friday the 13th,* Sean S. Cunningham, 1980) y sus continuaciones y estela (grupo mixto de jovenzuelos progresivamente masacrado). Por otra parte, *La máscara del demonio* conoció una adaptación al cómic, estimable pero sin aciertos especiales, con guión de Nicole Z. Orro y dibujos de Benno S. Orro.

Rodado en la zona de Arsoli, cercana a Roma, incluyendo su castillo, y el resto en estudio[31], *La máscara del demonio* brinda una elegancia técnico-formal que traduce a la perfección la soberbia categoría del concepto, mediante una valoración dramático-expresiva de los movimientos de cámara, majestuosos, en aras del perfilado fotográfico de escenarios y personajes, formidable, determinación que desde luego acaso únicamente estaba al alcance de un cineasta como entonces era Bava; es decir, con una experiencia de dos decenios de trabajo ininterrumpido, tanto manejando la cámara como encargándose de la iluminación. En términos del propio Bava: «Toda la película está rodada con la *dolly*. Había cerca de sesenta señales para las ruedas. El maquinista se volvía loco, pero con la *dolly* se hacen los planos

---

[31] Según recuerda Barbara Steele: «Mario Bava era un hombre muy discreto, muy correcto, muy reservado, extremadamente educado. Parecía un caballero del siglo XIX. A la hora de trabajar, tenía un ojo excepcional y sabía exactamente lo que quería. Lo orquestaba todo a la perfección con su extraordinario sentido del encuadre y de la iluminación, dejando que los técnicos y los actores se expresaran a su manera, sin imponerse pero orientando de forma delicada (...). Era muy serio, y tenía un gran sentido del orden, en el trabajo y en la vida. A veces también se ponía melancólico, pero jamás fue antipático, además enseguida se encariñaba con las personas y con las cosas. En aquel rodaje siempre estaba concentrado. Comía deprisa para volver cuanto antes al plató, y a veces hasta se saltaba la comida, a fin de supervisarlo todo, de retocar cosas de la iluminación o los trucajes antes de que volviéramos los demás. Nunca interrumpía su concentración a lo largo del día, y por muy dura que fuera la jornada él nunca se relajaba y siempre llevaba chaqueta y corbata. Entrar en el plató por la tarde, después de comer pasta y beber vino tinto con la simpatía de la gente de cine italiana, era como entrar de pronto en una catedral gótica. La película tenía una impronta tan sumamente monocromática que nadie del equipo osaba vestir con colores vivos en aquel plató de belleza hipnótica, que presentaba todos los elementos de una aparición mística». «Il sogno gotico. Barbara Steele», en *Le sorelle di Venere, Nocturno Dossier*, núm. 36, 2007.

como es debido»[32]. Es más, puede afirmarse que el cine de terror no había mostrado un trazado plástico tan hermoso y envolvente, incluyendo las sugerencias de la extraordinaria fotografía en blanco y negro bordada por el propio Bava, desde los tiempos del cine mudo alemán, más específicamente desde las aportaciones de F. W. Murnau y Fritz Lang, con un alarde muy especial en la impresionante escenografía de la cripta, todo un hito de los delirios necrófilo-góticos, cuyo primoroso detallismo traduce la juvenil vocación pictórica de Bava mejor que ninguna de sus películas posteriores (¿conocería el gran cineasta italiano la obra de nuestro Valdés Leal?). De hecho, la primera vez que la catacumba se desvela a los atónitos ojos del espectador entraña uno de los numerosos momentos antológicos, por tanto indelebles, que *La máscara del demonio* aporta a la historia del género, mediante un asombroso plano largo en movimiento circular de 360 grados, que nos familiariza con un espacio que será fundamental en la dramaturgia mientras resume el significado de la impresionante secuencia inicial de la ejecución, ejemplificado en el féretro y en la cruz que lo vigila implacablemente.

A propósito, la referida escena de apertura, con el inaudito *travelling* subjetivo de la terrible «máscara del demonio» aproximándose al rostro de la bella e indefensa hechicera atada a un poste de pies y manos, obligando al espectador a identificarse con el verdugo, y el fulminante martillazo sobre el rostro de la víctima, batió los récords de crueldad gráfica hasta entonces guardados por el cine, más allá de épocas o géneros, a la par que anunciaba a ciencia cierta uno de los rasgos por antonomasia del novel director / veterano profesional de cine: la muerte cruenta, preferiblemente de una mujer joven y hermosa, como propuesta es-

---

[32] *Op. cit.,* véase nota 7.

Barbara Steele en *La máscara del demonio* (1960).

tética, indiferente a la lógica o la coherencia, a lo prosaico, lo real. Del mismo modo, esta secuencia establece otra característica fundamental del cine de género italiano inmediatamente por venir, cual es la decisión de incrementar, o mejor dicho pervertir, el grado de violencia de los referentes y/o precedentes, criterio palpable también en otros momentos: los ataúdes no se abren de forma sigilosa o chirriante como era tradicional sino mediante una suerte de explosión aterradora que destroza la tapa; los vampiros no perecen merced a una estaca en el corazón, sino en el ojo izquierdo; un personaje es bárbaramente ahorcado dentro del excelso castillo, anticipando así una de las muertes proverbiales en el inminente *giallo*. No obstante, tal determinación en modo alguna es gratuita, puramente efectista, tal como llegará a serlo en tanto cine posterior, italiano o no. Antes bien, implica una respetable y concreta estética del espanto, de lo hórrido, que une y reúne con inquietante perfección lo puramente emocional con lo tremendamente físico, y cuya categoría artística y autoridad estética desbordan por entero los parámetros previos al respecto, y en su día obligaron a replantearse la consideración y el sentido del género. Incluso puede sostenerse que el rostro de Asa, tras resucitar con las marcas bien patentes que «la máscara del demonio» provocase dos siglos atrás, sintetiza y significa, a pequeña escala, la propuesta última de la obra de Bava, en líneas generales. Es decir, la desazonadora ambivalencia de cierta índole de horror, que atrae y repugna por igual, sin poderse determinar dónde acaba y dónde empieza cada una de dichas pulsiones. ¿Cuándo es más sugestivamente hermosa la faz de Barbara Steele en esta película, cuándo su inusual fisonomía atrae, incluso excita, con mayor intensidad? ¿Personificando a la impoluta Katia o a la desfigurada Asa? La respuesta se desprende por sí sola, con inquietante facilidad.

Con base en idéntico criterio, por sistema late una escabrosidad que jamás había osado el *gothic cinema*, ni siquiera en esas producciones Hammer, a menudo magníficas, y no solo las realizadas por el gran Terence Fisher, que indirectamente provocaron que exista *La máscara del demonio:* Asa, apenas resucitar, putrefacta bajo su ceñido manto, obligando al beso a uno de los dos urbanos héroes, o intentando seducir al protagonista, antes de desvelar que más allá de su lujuriosa carnalidad facial y corporal no existe sino un esqueleto consumido bajo un manto falaz; el anciano aristócrata, una vez poseído y/o vampirizado, ataca a su propia hija, en desembozada sugerencia incestuosa... Bien que el momento álgido estriba en el inequívoco parangón orgásmico del conato de transmisión de identidades entre Katia y Asa, escena que irrefutablemente marca un tajante punto de inflexión en la historia fílmica del erotismo morboso, coronada por Bava mediante una brillantez que sortea la vulgaridad y supera el ridículo: es estremecedoramente genial y genialmente estremecedora, sin más (ni menos).

De igual modo, se advierte un eclecticismo en la inspiración que de inmediato será típico, incluso privativo, del cine de género italiano, independientemente de la ramificación o variante, *western* incluido; empero, sin discordancias, trenzadas las influencias con mano sabia, en la debida armonía. No menos híbrida, entre paréntesis, resulta la confusión entre credo ortodoxo y católico que delata la película de principio a fin, acaso por desinterés de Bava en la materia. En cualquier caso, se amalgaman dos mitologías específicas, la brujería y el vampirismo, con pinceladas de éxitos puntuales, por ejemplo una secuencia de taberna típica de las antedichas producciones Hammer; añádase una escena nocturna protagonizada por una carreta fantasma dotada de dinámica propia, que remite a F. W. Murnau y a Viktor Sjostrom; la turbamulta de campesinos antorcha en mano atacando el castillo donde mora la maldad sobrenatural, evocando las producciones Universal años treinta-cuarenta; ecos puntuales de *La invasión de los ladrones de*

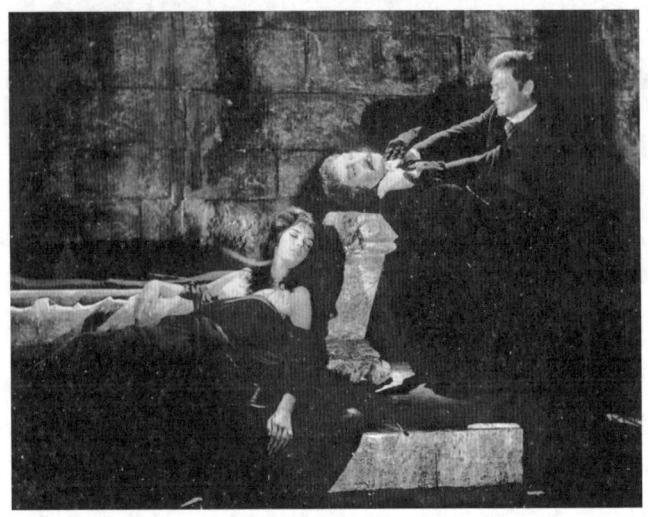

Barbara Steele, Arturo Dominici y John Richardson en *La máscara del demonio* (1960).

cuerpos (Invasion of Body Snatchers, Don Siegel, 1956) y del mito del doctor Jekyll y Mr. Hyde creado por Robert Louis Stevenson, así como de pasajes literarios de Edgar A. Poe y Théophile Gautier... Todo ello a lo largo de un desarrollo de ritmo calmo mas nunca moroso, y en el seno de una trama no por descuidada, en tristes términos cartesianos, menos envolvente, en su expresión visual, y que, por añadidura, no descarta sugerir un comentario ideológico de tipo crepuscular sobre una casta, la aristocracia, aburrida en la desesperante monotonía que entraña su anacronismo, una clase social carente de razón de ser, polvorienta literal y metafóricamente en la claustrofóbica existencia que sobrelleva entre muros de un castillo tanto literal cuanto alegórico. Virtud añadida, el espíritu de suntuoso romanticismo lírico-macabro se revela hábil y sistemáticamente enriquecido por una valoración simbólica, templadamente esotérica, de los elementos de la naturaleza, que la tradición occidental resume en cuatro, con base en la primera clasificación al respecto, debida a Empédocles: Aire, Tierra, Agua, Fuego. Obsérvese que estos principios fundamentales determinan y hasta rigen múltiples situaciones; sin ir más lejos, el espeluznante preámbulo y el equívoco desenlace.

Obra maestra, que permite e incluso reclama revisiones periódicas, *La máscara del demonio* establece un enérgico punto de inflexión en la historia del cine fantástico-terrorífico a la par que anuncia con magnificencia la irrupción de un cineasta con talento fuera de lo común. Es más, estimo que la escena donde coinciden las manos de ambos personajes femeninos, y ellas hablan entre sí, supone un momento privilegiado en la historia del Séptimo Arte.

* * *

Cuando *La máscara del demonio* se estrena en Roma, en agosto de 1960, desde algunos meses antes circulan en la nación otras dos películas italianas de terror gótico emprendidas a remolque de las producciones Hammer, de forma más flagrante. La primera es la irrelevante parodia *Agárrame ese vampiro (Tempi duri per i vampiri,* Steno, 1959), enfocada al lucimiento del cómico local Renato Rascel, y para la cual se importó al mismísimo Christopher Lee, que parodiaba así el personaje que tan poco antes le había entronizado dentro del cine europeo. En cuanto a la segunda, *L'amante del vampiro* (Renato Polselli, 1960), se trata de un film no por tosco, argumental y narrativamente, menos admirable a su manera, gracias a la diversidad de virtudes parciales que acumula, sobre todo plásticas y tonales, y que con altísima probabilidad constituye el único trabajo por considerar de su inefable director; obsérvese que ya el propio título anuncia a las claras la desembozada explicitación del componente erótico respecto a las películas británicas, que en el mismo año Bava declinase a su particular manera y será proverbial del *Orrore all'italiana*.

Empero, en el mismo mes que *La máscara del demonio* accede a las pantallas, lo hacen otras dos muestras nacionales del nuevo género del cine italiano. Curiosa y significativamente. La una es magnífica de todo punto, y supone una pequeña joya del Séptimo Arte acaso todavía por valorar en su justa medida; se trata de *El molino de las mujeres de piedra (Il mulino delle donne di pietra,* Giorgio Ferroni, 1960), debut del color en el cine italiano de terror, que reinterpreta con inconfundible personalidad patria, empezando por el eclecticismo argumental, y mediante un gusto visual exquisito, la extraordinaria *Ojos sin rostro (Les yeux sans visage,* Georges Franju, 1959), la cual era, por cierto, coproducción minoritaria con Italia. La otra, *Seddok, l'erede di Satana* (Anton Giulio Majano, 1960), en cambio carece de mayores ambiciones ni cualidades, aun poseyendo un cierto encanto, y sintomáticamente también está influida por la antedicha película del gran Franju; por cierto, algunas referencias indican erróneamente que Bava participó en su producción. El año no ha finalizado, y aterriza sobre las pantallas del país una especie de secuela de *L'amante del vampiro, L'ultima preda del vampiro* (Piero Regnoli, 1960), bien rauda, pues, escrita y dirigida por el guionista de *I vampiri,* en la cual el mismo actor (el oscuro Walter Brandi, que años después alternará la interpretación con la producción) repite su caracterización de vampiro, en modesto intento nacional de crear un émulo casero del inimitable Christopher Lee, prorrogado sin éxito alguno durante varios años más.

Ninguna de estas películas despierta mayor atención en la crítica, tampoco calan en el público. Ni siquiera las de Bava y Freda. Sin embargo, han implantado una forma de tratar el género *horror* perfectamente válida, personal y operativa, tal como se reconocerá tiempo después. Ahora bien, en el caso específico de *La máscara del demonio*, pronto surge la admiración allende las fronteras. Dentro del nivel industrial, en Estados Unidos, donde American International Pictures la distribuye con no poco éxito taquillero, retitulada *Black Sunday* y sustituyendo, innecesaria y estúpidamente, la banda sonora de Roberto Nicolosi por otra compuesta por el estadounidense Les Baxter; su visión impactará a toda una generación de cineastas locales, en un espectro que cubre desde Martin Scorsese a Tim Burton, pasando por John Carpenter. En el apartado crítico, el triunfo se verifica en Francia, donde cosecha críticas entusiastas, desbordantes de la pasión entonces proverbial en la cinefilia gala; es más, desde entonces Francia deviene el país donde mejor serán recibidas las películas de Bava, intelectualmente hablando. Otro vínculo con Leone, por cierto.

Respecto a Barbara Steele, el éxito cosechado por *La máscara del demonio* en Estados Unidos propicia que Roger Corman la incorpore en el reparto de su estupenda *El péndulo de la muerte (The Pit and the Pendulum,* 1961), segunda de las ocho películas que el prolífico director-productor americano emprende a partir de la literatura de Edgar Allan Poe. Significativamente, la intervención de la recién lanzada actriz británica, breve en escenas pero trascendental en la dramaturgia, implica cierta impregnación de *Orrore all'italiana*, que no puede ser azarosa ni casual, sobre todo cuando se advierte que carecía de tal influencia la película anterior del ciclo, *La caída de la casa Usher (House of Usher,* Roger Corman, 1960), protagonizada por el extraordinario Vincent Price al igual que casi todo el bloque.

Acto seguido, Barbara Steele regresa a Italia, se instala en Roma, aprende a hablar la lengua nacional, participa intensamente de la bulliciosa *dolce vita* local y deviene el mismísimo símbolo de la etapa dorada del cine gótico italiano, 1960-1966, mediante una serie de interpretaciones en mayor o menor medida heredadas de su emblemático papel doble en *La máscara del demonio*. Una tras otra, estas caracterizaciones robustecen y prolongan tan potente tipología, hasta el punto de reconfigurar, en cierto modo, la personalidad artística de actrices genuinamente italianas. Entre ellas, sobresalen las muy atractivas, sinuosas y carismáticas Erika Blanc y Rosalba Neri, competentes estrellas, en general, de toda laya de *bis* italiano a lo largo de los gloriosos años sesenta y setenta, que asimismo trabajaron para Bava.

Ninguna de las nuevas películas donde Barbara Steele aparece en este recurrente registro satánico-necrófilo-lujuriante supera, ni siquiera iguala, la ópera prima de Mario Bava, en ningún aspecto. Empero, tampoco son despreciables; ninguna. Antes al contrario, hablan con voz alta y propia dentro del apogeo que a la sazón adquiere el género gótico a escala mundial, no solo en Inglaterra y Estados Unidos. A este respecto, merecen también absoluta estimación las muy elogiables aportaciones de naciones de habla hispana, sobre todo México y España, con los puntales correspondientes en el admirable Fernando Méndez y el prolífico y novelesco Jesús Franco.

Desde luego, los propios títulos de las películas que Barbara Steele protagoniza en la estela de *La máscara del demonio* implican una declaración de principios que en ningún caso puede llamar a engaño, y asimismo comulgan desembozadamente con el apogeo del *fumetto* sádico-macabro: *Danza macabra* (Antonio Margheriti, 1963), *I lunghi capelli della morte* (Antonio Margheriti, 1964), *Gli amanti d'oltretomba* (Mario Caiano, 1965), *Un angelo per Satana* (Camillo Mastrocinque, 1966), *La sorella di Satana* (Michael Reeves, 1966)... Sobresalientes en una filmografía de la actriz que se abrió a otros géneros, mas sin demasiada repercusión, ninguna de ellas llega a España, al herir su privativo epíteto la quisquillosa sensibilidad de la censura franquista, salvo el estreno en pleno siglo XXI, para el circuito cultural, de *El horrible secreto del Dr. Hichcock (L'orribile segretto del Dr. Hichcock,* Riccardo Freda, 1962). En cuanto a *La máscara del demonio* y *El molino de las mujeres de piedra*, ciertamente accedieron a las pantallas ibéricas, mas con unos once años de retraso, redondeando fechas. Además, la de Bava solo en versión original subtitulada para salas de «Arte y Ensayo», teóricamente dispuestas de cara al público más inquieto y preparado de Madrid y Barcelona.

En cuanto a Barbara Steele, deja Italia hacia 1969, tras contraer matrimonio con el escritor americano James Poe (evitemos chistes fáciles con el apellido según la tipología de la actriz), bien que de breve duración, y se instala en Los Ángeles, aminorando desde entonces progresivamente su carrera de actriz a favor de una faceta nueva, la de productora televisiva. Lamentablemente, abandonó Europa harta del encasillamiento, renegando de su imagen y/o del cine de terror italiano, y frustrada porque el papel secundario que obtuvo en *Ocho y medio (Otto e mezzo,* Federico Fellini, 1963) no le procurase una continuidad dentro del cine de autor europeo más selecto. En desencantadas palabras del propio Bava:

> Pobre Barbara. Hizo un papelín con Fellini y se le subió a la cabeza. La veía siempre en el «Caffè Rosati», con sus gafitas y el libro intelectual de turno, del brazo de Moravia. No la comprendía, tenía una buena carrera por delante. No es que fuera una gran actriz, pero se las apañaba. Pero tras hacer el papelín con Fellini, empezó a rechazar ofertas. Solo quería hacer películas comprometidas, intelectuales, de nivel. Y esas películas, ¿quién se las ofrecía?[33].

Sin embargo, el mito Barbara Steele («sus ojos son metafísicos, propios de un cuadro de Giorgio di Chirico», en

---

[33] *Op. cit.,* véase nota 24.

palabras de Freda), de puro novedoso e impactante, gozó de óptima salud, entonces y con posterioridad; por ende, resulta harto entrañable, y no poco interesante, leer los múltiples textos apasionados que suscitó por doquier. También en España, aunque apenas llegara ninguna de sus películas representativas. Por ejemplo, en la soberbia revista *Terror Fantastic,* nunca suficientemente ponderada, que publicó dos artículos en su honor, uno del mismísimo Terenci Moix[34], y otro de Antonio Camín[35].

No obstante, tiempo, mejor dicho decenios, después, en plena vejez, la antigua gloria del *Orrore all'italiana* se arrepintió de sus declaraciones de otrora, y reivindicó aquella etapa de su vida. Menos mal[36].

* * *

---

[34] «En este doble sentido de muerte que domina todos los films de Barbara Steele se nos dan dos aspectos de un mismo dudoso intento de resucitar la obsesión romántica: de un lado, la fascinación del Más Allá, con su legado de criaturas deformes; del otro, la fascinación de la ruina, de todos los imperios perdidos en el arenal del tiempo. Barbara se convierte en viajera incansable hacia todos los arcanos que se perdieron más allá de la historia». Terenci Moix, «Barbara Steel fue diosa del terror», *Terror Fantastic*, núm. 1, 1971.

[35] «Sabe que no es en su cuerpo —hermoso y muy dentro de los cánones— donde radica la fuerza real de la mujer como medio de expresión erótica sino que todo su atractivo lo consigue en ese mundo de insinuaciones que puede obtener de su rostro. Es la sexualidad de unos ojos penetrantes que pueden indicar frialdad o calor, desdén o sutil invitación; son unos labios grandes, llenos, que enmarcan una de las sonrisas más bellas y al mismo tiempo más cínicas de toda la historia del cine. Es lo que podríamos llamar el erotismo de la inteligencia, el que no basa su atractivo en la exposición de mayor o menor superficie epidérmica, representa la amante perfecta, la que no tan solo ofrece su cuerpo, a la que no solamente nos impulsa su físico». Antonio Camín, «Los hombres de la fantasía: Barbara Steele», *Terror Fantastic*, núm. 20, 1973.

[36] Conste, por ejemplo, esta reciente declaración en una extraordinaria revista especializada española: «Es significativo que en esos momentos de

Una vez estrenada *La máscara del demonio,* la filmografía de Mario Bava discurrirá a lo largo de dieciocho años. De forma fluida durante el resto del decenio de los sesenta, con altibajos en los setenta. Atendiendo a sus recuerdos:

> Desde hace años, estoy al borde del agotamiento nervioso por culpa del exceso de trabajo. Primero, cuando era director de fotografía, trabajé con muchos directores, todos me querían a su lado y no podía rehusar. Después di el salto, y me hice director. Y así el trabajo tampoco me ha dado tregua. Tras mi primera película hice las demás una después de otra, sin descansar[37].

¿Exageró en esta declaración? Sin duda, mas no demasiado. Y desde luego fue bien franco y verdadero en esta otra, en la cual aparta la antedicha cuestión laboral para resumir el curso estético-temático que adquiere su obra tras *La máscara del demonio:*

> El éxito que obtuvo en América provocó que desde entonces tuviera que debatirme entre vampiros, monstruos y brujas. Y yo, que soy una persona dulce y tímida, incapaz de matar siquiera una mosca por el sagrado respeto que me inspira cualquier forma de vida, vivo sumergido en un lago de sangre que mana de vampiros y degollados[38].

* * *

---

ebullición, de lujo económico y mental, en Italia naciera la moda del cine de terror. *The Dark Side* apareció en esta época de sol, debido a que el lado oscuro de las cosas siempre logra manifestarse. Y aquellas películas de terror se hacían con una gran elegancia, los directores de fotografía italianos eran los mejores del mundo, comprendían la luz (...). Sabes, recordando ahora la frustración que sentía entonces por haber hecho tantas películas de terror, no la comprendo. En cambio, recuerdo con afecto aquel tipo de cine». Reproducido de Sergio Grmek Germani, «Barbara Steele. Un encuentro con la reina», *Quatermass,* núm. 7, 2008.

[37] *Op. cit.,* véase nota 7.
[38] *Op. cit.,* véase nota 7.

Dado que el resurgir del *peplum* se debió al éxito de *Hércules* y *Hércules y la reina de Lidia,* era de suponer que dentro de las producciones en la estela el personaje de Hércules originase sin más tardar una especie de saga propia, no necesariamente relacionada con la productora seminal Galatea, dado que el semidiós helénico, evidentemente, carece de derechos sobre la propiedad intelectual. Y así sucedió, aunque Steve Reeves se negara a personificarlo de nuevo, al preferir diversificar sus papeles dentro del género, durante una vinculación que se detuvo justo al inicio del declive, industrial y artístico, del *peplum*.

De este modo, otro culturista americano, Mickey Hargitay, toma el relevo en *Los amores de Hércules (Gli amori di Ercole,* Carlo Ludovico Bragaglia, 1959), una mediocre coproducción ítalo-francesa, cuya mayor preocupación estribaba en explotar el potencial erótico, un tanto burdo, de la exuberante rubia platino Jayne Mansfield, a la sazón casada con el fornido protagonista.

Acto seguido el productor Achille Piazzi, que regentaba la productora SPA Cinematografica, retoma las riendas del personaje, eligiendo, para devolverle la dignidad perdida en *Los amores de Hércules,* a un realizador de las inquietudes y la entidad de Vittorio Cottafavi. Surge así, primero, *La venganza de Hércules (La vendetta di Ercole,* 1960), para cuyo guión se recupera a Ennio De Concini, que había escrito el díptico de Francisci-Reeves-Galatea, y que protagoniza otro culturista americano de importación, Mark Forest; de origen italiano, su nombre auténtico es Lou Degni, a renglón seguido se convertirá en el físico por antonomasia del otro héroe cardinal del género, Maciste. En vista del éxito, al año siguiente Piazzi emprende dos películas más de Hércules, rodadas consecutivamente a fin de optimizar el protagonismo de un culturista nuevo, en este caso inglés, Reg Park. La primera se le propone de nuevo a Cottafavi, *La conquista de la Atlántida (Ercole alla conquista di Atlantide,* 1961), en vista del buen resultado de la anterior. En cambio, la segunda, *Ercole al centro della Terra* (1961), se le encomienda a Mario Bava, dado el prestigio que había adquirido dentro del género fantástico, incluyendo sus aportaciones al *peplum* como director de fotografía y técnico de efectos especiales.

El díptico realizado por Cottafavi sobresale dentro del *peplum* por su hábil, y elegante, equilibrio entre el respeto a la mitología grecolatina, un eclecticismo argumental típicamente italiano, ciertos maliciosos parangones extemporáneos, algo de ironía y esa debilidad por las intrigas palaciegas tan típica de su realizador. Mas Mario Bava descartó tal planteamiento, salvo algunos vínculos/elementos obligados por la necesidad de acogerse a un género codificado y con poder de convocatoria popular, y antes bien aplicó su específica personalidad artística, confiriendo al *peplum* un sentido en gran medida diferente. Aunando, al igual que acababa de hacer en *La máscara del demonio,* tres relevantes funciones profesionales: realización, fotografía y efectos especiales. Amén de que, recuérdese, siempre participó activamente en el diseño de la escenografía y en los decorados, sin crédito y con sus propias manos.

Respecto al equipo técnico, en este su segundo largometraje Bava únicamente logró conservar del primero al montador Mario Serandrei y al operador Ubaldo Terzano. En cambio, debió aceptar como director artístico a Franco Lolli, pues se había ocupado de los decorados en los antedichos films de Cottafavi. Dudo que lo lamentara, pues el trabajo de Lolli es digno de parabienes, como lo fue siempre. Lo mismo cabe comentar de la banda sonora, ya que fue compuesta por Armando Trovaioli, un espléndido músico con acusada debilidad por el *jazz,* que brinda una composición magnífica, tan peculiar que roza el vanguardismo, mas sin desentonar por ello en un *peplum.* Ahora bien, la aportación cardinal de *Ercole al centro della Terra* en

Christopher Lee y Raf Baldasarre en *Ercole al centro della Terra* (1961).

la filmografía de Bava, si de colaboradores se habla, estriba en Franco Prosperi; no en vano apenas conocerse aquí, Prosperi deviene el hombre de confianza de Bava, en no pocos cometidos (ayudante, coguionista, traductor-intérprete de los actores anglosajones), hasta acceder él mismo a la realización, seis años después. Decepcionando entonces, y por completo, las esperanzas justamente fundadas en alguien que tan estrechamente había colaborado con Mario Bava, en nada menos que cinco películas. Por cierto, *Ercole al centro della Terra* la escribieron entre Prosperi y Bava, en su redacción definitiva, según una primera fase de guión responsabilidad de Alessandro Continenza y Duccio Tessari, no por casualidad los dos escritores por excelencia del género, junto al referido Ennio De Concini. Con no poca desfachatez, Continenza retomó de un guión previo para otros productores, el de la citada *Los amores de Hércules,* no pocas situaciones e ideas, y hasta los nombres de la heroína y el villano, respectivamente Deianira y Lico.

El antedicho culturista Reg Park, llamado en realidad Roy Park, carecía de relación alguna con el cine; era hijo del propietario de un gimnasio, había ganado un par de veces el título de Mr. Universo y entonces gozaba de una cierta celebridad como futbolista. Neutro como actor, al menos no era irritante y, en un rol tan marcado y estático como el de Hércules, resultaba pasable en no muy inferior medida que Steve Reeves. Tiempo después, cosechó no poca popularidad, dentro del sector de la denominada «cultura física», al hacerse pública la amistad que desde siempre le había unido con el inefable Arnold Schwarzenegger, que le consideraba su ídolo y mentor, por añadidura. Por lo demás, tras este díptico, Park protagonizó otras tres películas, por supuesto en el *peplum,* y después se apartó del cine para siempre. Encarnando a su compañero de fatigas Teseo, enamoradizo y desenfadado de cara al oportuno contraste entre ambas personalidades, interviene Giorgio Ardisson, un actor apuesto y fornido, bastante limitado pero de cierto carisma y curiosa expresión cínica, que había entrado en el cine apenas dos años antes y disfrutará de cierta fama *bis* durante el resto de los años sesenta; por ejemplo, personificó al agente 3S3, uno de los émulos italianos de James Bond, en dos películas del gran Sergio Sollima. Dicho sea de paso, su caracterización (atlético, saltimbanqui, sonriente, vestido con una toga blanca y teñido de rubio) prefigura a todas luces la de Giuliano Gemma en el inminente *Los titanes (Arrivano i titani,* 1962), no por casualidad la ópera prima de uno de los guionistas de *Ercole al centro della Terra,* el antedicho Tessari; una película muy estimable *Los titanes,* por cierto, donde sorprendía su inesperado componente autoirónico, empezando por la decisión de convertir al joven romano Gemma en una reinterpretación desenfadada de los envarados héroes del género, gracias a lo cual el film obtuvo por doquier un enorme éxito popular... que, sin embargo, perjudicó a fondo y sin remedio la continuidad del género: tras *Los titanes,* resultaba difícil tomarse en serio el *peplum*. De hecho, desapareció tres años después, encima penosamente.

Ahora bien, volviendo al reparto de *Ercole al centro della Terra,* el acierto cardinal descansa en la incorporación del mismísimo Christopher Lee para encarnar al malvado Lico. Acreditado desde apenas tres años antes por sus primeros protagonismos en las producciones Hammer, justo por tal motivo Lee comenzaba a entrañar ese símbolo del cine fantástico-gótico que de inmediato detentaría sin competencia alguna, salvo el americano Vincent Price, hasta mediados del decenio de los setenta. Supone así *Ercole al centro della Terra* la segunda película italiana de Lee (de origen italiano él mismo, por añadidura) tras la mentada parodia *Agárrame ese vampiro;* entre las siguientes, todas del género, sobresaldrá precisamente la otra que protagonizase para Bava, *La frustra e il corpo* (1964). El reparto masculino se completa con Franco Giacobini, que asume el contraste cómico de cara al público infantil-juvenil, supuesto destinatario del género. Su personaje se llama Telémaco, con la misma justificación, atendiendo a las fuentes clásicas, que se denomina Teseo el personaje de Giorgio Ardisson; o sea, ninguna, supone un simple e inane barniz cultural. El contingente femenino lo cubren Leonora Ruffo y Marisa Belli para los personajes principales, sin especial entidad. En cambio, los secundarios corresponden a tres futuras glorias del apogeo del *bis:* Ida Galli, que pocos años después y a resultas del *spaghetti western* adoptará el nombre artístico de Evelyn Stewart, Gaia Germani y, por desgracia en un cometido de relleno que bordea la figuración, la magnética Rosalba Neri[39].

Por lo demás, el justamente mítico Christopher Lee, en efecto, alienta y rige la película de principio a fin, por razones de personaje, en particular, y de tipología, en general, aun siendo Hércules y Teseo, en teoría, los protagonistas. Incorpora un villano despiadado, hipócrita y de superlativa ambición, pues pretende nada menos que dominar el mundo, partiendo de usurpar el trono de Ecalia gracias a sumir en un sonambulismo letárgico a la legítima soberana, la linda y dulce Deianira, para más señas prometida de Hércules. El suntuoso palacio donde habita Lico, en principio canónico dentro del *peplum,* sin embargo, posee una puerta, aparentemente como las demás, que comunica con una enorme y espeluznante cueva, repleta de ataúdes cubiertos de polvo y telas de araña, cuyos ocupantes no son sino decrépitos muertos vivientes, acaso gules, belicosos y con capacidad de volar, a las órdenes del codicioso usurpador. Además, la empatía de Lico con su tétrica cohorte delata su naturaleza última, dado que el tirano rechaza la luz y es mortalmente sensible a cierta piedra con vida propia y propiedades extraordinarias. Añádase, sin agotar los ejem-

---

[39] De físico potente a la par que morboso, morena y voluptuosa, cual espléndido y muy mediterráneo cruce entre Ava Gardner y Barbara Steele, Rosalba Neri fue una de las actrices más magnéticas y turbadoras de la época dorada del cine europeo de género y/o las coproducciones mediterráneas. Retirada de la profesión desde mediados de los años setenta, casada con un relevante empresario, el matrimonio habita en las afueras de Roma, en un castillo que, irónicamente, parece el escenario de un *orrore all'italiana* de los buenos tiempos. Respecto a Bava, recientemente recordaba: «No me acuerdo físicamente de él, pero al pensar en Mario Bava me viene a la cabeza una especie de brujo, o de mago. Trabajando con él advertías que su cabeza tenía la particularidad de urdir imágenes extrañas y aterradoras». En Carlos Aguilar, «Rosalba Neri. Carne y sangre», *Quatermass,* núm. 7, 2008.

plos, que cierta escena le muestra aproximándose al cuello de Deianira, antes de que una sabia elipsis cercene la acción, y que perece por la acción de rayos naturales (bien que lunares, no solares), convirtiéndose en cenizas. ¿Es o no es Lico un vampiro, tal como se entiende en la tradición occidental? Nunca se aclara, pero Bava personaliza su película dentro del género, en cuanto a concepto, mediante la forma de sugerirlo bajo una perspectiva sugerentemente excéntrica y bellamente onírica, que por supuesto optimiza el éxito de *Drácula* y aprovecha el privilegio que implica contar con su protagonista[40]. Mas no por ello el autor olvida por entero *La máscara del demonio*:

> Deianira vagando por el jardín supone la versión enternecida de Katia; abundan las resurrecciones; y cuando Lico avanza amenazador, al igual que Lavutich parece deslizarse sobre una plataforma invisible, entre sombras sugestivas que recuerdan sugestivamente la pintura de Caravaggio[41].

El antedicho parangón pictórico dista de ser desorbitado, por cierto. Al contrario, los bloques de *Ercole al centro della Terra,* donde Bava se implica a conciencia como artis-

---

[40] Bava declaró que la película fue rodada con el título de *Ercole contro il vampiro,* pero este fue sustituido a última hora porque una compañía rival estaba filmando *Maciste contro il vampiro,* para no crear confusiones, en favor del definitivo debido al éxito de *Viaje al centro de la Tierra (Journey to the Center of the Earth,* Henry Levin, 1960). Con todo, se estrenó en Francia con el título de *Hercules contre les vampires* y en Alemania como *Vampire gegen Herakles,* aunque podría ser casualidad, al sugerir el contenido de la película tales títulos hasta al distribuidor menos imaginativo. Por añadidura, el referido *Puños de hierro (Maciste contro il vampiro,* Giacomo Gentilomo, 1961) cuenta con la misma actriz para encarnar a la heroína, Leonora Ruffo.
[41] Alberto Pezzotta, *Mario Bava,* Milán, Il Castoro Cinema, 1995.

ta, es decir, aquellos con un componente estrictamente fantástico o cuando menos antirrealista, prolongan en otro contexto la sensibilidad plástica de *La máscara del demonio,* acercando el tono de la película al *horror* siempre que resulta dramáticamente posible; de hecho, los intérpretes en interiores por lo común están iluminados bajo dicho criterio. Además, tal disposición se verifica con la trascendente novedad representada por un factor que desde esta película será de todo punto esencial en la obra del autor: la fotografía en color, ejecutada a base de focos, gelatinas, filtros y tinturas mediante reconocible, y brillante, mano artesanal. En concreto, combinaciones alucinantes y contrastes enérgicos entre gamas y tonos, en unas orgías lumínico-cromáticas de embriagadora hermosura pero jamás puramente decorativas, como lo fueron en el díptico de Hércules/Reeves/Galatea, ni, menos todavía, afines al siempre superficial espíritu *kitsch*. Por el contrario, guardan un sentido, el de magnificar hasta lo imposible unas historias sobre personajes fuera de lo común y pasiones extremas, según la personalidad de un cineasta especial. Es más, probablemente Bava nunca volverá a llegar tan lejos en su privativa y fetichista aplicación del color, puesto que el género estrictamente fantasioso al que pertenece *Ercole al centro della Terra* permitió que el autor se desatara, aunque no sin rigor. Por ende, los cielos naranjas, las noches azuladas, los ropajes violetas, la máscara dorada con inspiración oriental de la Sibila, ese averno policromado y neblinoso, con ramas chorreando sangre, los ríos de lava amarillentos en permanente ebullición y un Jardín de las Hespérides superlativo..., ese arrollador, pero medido, barroquismo visual, en definitiva, establece, partiendo de un estupendo trabajo escenográfico, una geografía artístico-onírica de tal entidad expresiva que supera todo lo que el Séptimo Arte había mostrado al respecto, más allá de cualquier condicionante academicista respecto a la mitología grecolatina. Además, dentro de su

Christopher Lee y Reg Park en *Ercole al centro della Terra* (1961).

modesta, pero no humilde, condición de *B Movie* para consumir bulliciosamente en los cines de barrio de la época. Con tanta guasa como acidez, y asistido por la razón, Bava comentaría: «Usé aquellos colores rojos, verdes, y todos me decían que estaba loco. Pero actualmente los usa también Fellini, y la gente grita maravillada»[42].

Las escenas sin espíritu sobrenatural, en exteriores, por lo común resultan tan sumamente rutinarias e inanes que mueven a pensar que están rodadas por una indiferente segunda unidad; de hecho, si hay una película de Mario Bava que permite sospechar que cuenta con dos directores, esa es *Ercole al centro della Terra*. No es disparatado, por ende, temerse que estuviesen a cargo de Franco Prosperi, y Bava se centrara en el rodaje en interiores, en sus decorados multicolores de sublimado cartón-piedra, que tuvo lugar en el justamente

---

[42] *Op. cit.*, véase nota 11.

mítico estudio romano de Cinecittà. Aunque existe una secuencia, en exteriores, de una crueldad sorprendente: el mequetrefe Telémaco a punto de ser descuartizado entre cuatro caballos salvajes, con sus respectivos miembros atados a las correspondientes patas por un furibundo bergante; basta espolear a las bestias... Pero Hércules y Teseo llegan justo a tiempo. Si bien escenas así abundaban en el *peplum,* aunque estuviese enfocado a una audiencia familiar, y no requerían en particular de un cineasta que estuviera especializándose en la violencia desmedida. Otros tiempos, en efecto.

Respecto al hálito romántico privativo de Bava, en *Ercole al centro della Terra* obviamente se manifiesta en el propósito de ese semidiós helénico dispuesto a descender al Hades a fin de obtener la piedra mágica necesaria para que su amada Deianira supere su desesperante estado, para rescatarla «de entre los muertos»; es decir, del poder necrófilo, ciertamente vampírico, que Lico ostenta sobre ella. De hecho, la trama arranca de tal premisa. Sin embargo, dicho ingrediente se manifiesta con harto mayor intensidad en el otro romance que muestra el desarrollo argumental, al tratarse de una pasión imposible, literalmente del *amour fou* que cantaron los surrealistas; es decir, el amor que surge entre el humano Teseo y Misiotide (Ida Galli), la bellísima y sofisticada hija de Plutón, soberano del Averno. Aun siendo bastante breve dentro del metraje, este formidable bloque se alinea con categoría propia entre las grandes pasiones irrealizables cantadas en la obra de Bava, intercalando una breve subtrama con imprevistos ecos de *western* (la amistad entre amigos amenazada por un amor que no puede llevarse a cabo). Por añadidura, origina un momento sublime: ella sacrifica sus sentimientos borrando la pasión en él mediante un beso simple y casto; acto seguido se volatiza, y Teseo ya nunca recordará nada de la sobrenatural Misiotide, quedando libre para volver con su sencilla prometida mortal, Giocasta (Marisa Belli).

Añádase que el conjunto curiosamente está presidido por una índole de *Sense of Wonder* que, acaso sin premeditación, en cierta forma remite al género literario conocido como *Sword & Sorcery*, simbolizado a perpetuidad por el personaje de Conan que creara Robert E. Howard, si bien dicha denominación la acuñó otro escritor, Fritz Leiber. Asimismo, *Ercole al centro della Terra* supone un ejemplo purísimo, y espléndido, de lo que en otro trabajo denominé «cine fantástico de aventuras», debido al talento mediante el cual aplica los elementos esenciales del género. Reproduciendo de dicho libro:

> Pese a la relativa indeterminación del género, existen unos atributos específicos de la Aventura Fantástica. Dentro de ciertas películas se manifiestan con timidez, en otras mediante arrogancia. Laten en un grado a veces inconsciente, a veces subconsciente. Pero se captan, pueden reconocerse, están ahí. Generalizando, estos atributos se despliegan en cuatro cualidades, por supuesto conectadas entre sí, significativamente escoradas hacia lo esotérico: la trascendencia de la Naturaleza, la pugna entre el Hombre y la Magia, el imperativo de la Iniciación y la valoración del Paganismo[43].

Realizada en aproximadamente cuatro semanas, con un presupuesto bajo y sin mayores ínfulas, *Ercole al centro della Terra*, sin alcanzar la primorosa excelencia de *La máscara del demonio*, al guardar esta categoría de quintaesencia, brilla dentro de la filmografía de su autor, del *peplum* y hasta del cine fantástico europeo: ¿cuándo se habían visto muertos vivientes como los que aquí crease Bava?

* * *

---

[43] Carlos Aguilar, *La espada mágica. El cine fantástico de aventuras*, Madrid, Calamar, 2006.

Poco después de finalizar *Ercole al centro della Terra,* Bava regresa al acogedor seno de Galatea para rodar su tercer largometraje, *La furia de los vikingos (Gli invasori,* 1961). En este caso, ajeno al género fantástico, y con un presupuesto superior al de sus películas previas. Al igual que el año anterior en *La máscara del demonio,* la organización corre a cargo de Massimo De Rita. Escuchémosle:

> Lo que cualquier director hacía en diez días, Bava lo hacía en tres. Gastaba poquísima película virgen. Todos los directores de entonces hacían ocho tomas de cada plano, Visconti llegaba a hacer hasta treinta. En cambio, a Bava le bastaba con cuatro. Tenía una relación de honradez con los productores, no quería hacerles malgastar un dinero que les serviría para otra película. Era un director válido y honesto[44].

El propósito de Galatea estriba en aprovechar el enorme éxito que estaba cosechando por doquier la superproducción de Hollywood *Los vikingos (The Vikings,* Richard Fleischer, 1958), acaso la cima del cine de aventuras en más de un siglo de Séptimo Arte. Ciertamente, ya se les había anticipado una productora rival, Tiberius, mediante *El último vikingo (L'ultimo dei vichinghi,* Giacomo Gentilomo, 1960), con el protagonismo de dos actores americanos, Cameron Mitchell y Edmund Purdom, según el comentado recurso italiano de importar intérpretes de Hollywood para homologar, aun superficialmente, el film con sus modelos extranjeros de cara a la comercialización, interna y externa. Empero, Galatea se había ocupado de la distribución de *El último vikingo,* no poco exitosa, a escala nacional e internacional. Por ende, su ánimo para *La furia de los vikingos,* que emprende en coproducción con Francia, estriba

---

[44] *Op. cit.,* véase nota 14.

en asemejarse a la magistral película de Fleischer todavía en mayor medida, en parecerse desde el propio argumento, sin mayor pudor. Por consiguiente, el guión, escrito en la primera fase entre Piero Pierotti y Oreste Biancoli, y a continuación retocado y enriquecido por el propio Bava, parte de idéntica premisa (durante una masacre en un poblado, dos hermanos bebés son separados por los enemigos correspondientes, británicos y vikingos, y en su juventud ambos combaten entre sí, en los bandos respectivos, ignorando su condición fraternal) y progresa en similar dirección (cuando ambos descubren que son hermanos, es demasiado tarde), con algún que otro plagio puntual (el protagonista escalando un muro de la fortaleza enemiga sirviéndose de las armas que desde abajo le arrojan sus subordinados; hachas en *Los vikingos,* flechas aquí), guardando por añadidura el mismo sustrato, por así decirlo, histórico-ideológico: los vikingos constituyen un pueblo salvaje y sanguinario, pero valeroso y, a su manera, noble y honesto; en cambio, los británicos son hipócritas, taimados, prepotentes, gratuitamente sádicos e incluso se traicionan entre sí por ciega ansia de poder.

Acreditado por sus interpretaciones, bien que nunca protagonistas, para cineastas con la categoría de Martin Ritt, Jean Negulesco, Samuel Fuller, Robert Wise o Raoul Walsh, el adusto Cameron Mitchell había debutado justo con *El último vikingo* en ese cine europeo dentro del cual tanto iba a trabajar a lo largo de los años sesenta, sin ir más lejos repitiendo con el propio Bava. Fue contratado, pues, por Galatea para repetir un rol de líder vikingo, en esta llamado Iron. En cambio, para desempeñar el personaje de su hermano/rival, Erik, retoma Bava un actor con quien acababa de trabajar en *Ercole al centro della Terra,* Giorgio Ardisson, de nuevo teñido de rubio. Curiosamente, este también aparecía en *El último vikingo,* si bien con un personaje muy menor. La parte femenina de *La furia de los*

Andrea Checchi y Cameron Mitchell en *La furia de los vikingos* (1961).

vikingos atañe a la gran actriz francesa Françoise Christophe, que confiere una gran dignidad al personaje de la atribulada reina británica, y a Ellen y Alice Kessler, dos jóvenes gemelas alemanas relativamente célebres por cantar/bailar siempre a dúo (cinco años consecutivos de estrellas en el célebre «Lido» de París, por ejemplo), que habían debutado ante la cámara en su país a mediados de los años cincuenta y se instalaron en Italia a primeros de los sesenta. Para los papeles secundarios, Bava recupera de *La máscara del demonio* al excelente Andrea Checchi, para que encarne al villanesco barón Rutford, y de *Ercole al centro della Terra* a Raf Baldasarre y Franco Giacobini, ambos en caracterizaciones similares (esbirro patibulario y traicionero el uno, atontado simpaticote el otro), completando el reparto con una breve colaboración del gran Folco Lulli, cuya caracterización remite a la de Ernest Borgnine en *Los vikingos*.

Respecto al equipo técnico, se reúnen los principales de *La máscara del demonio,* la «compañía Bava» de entonces al completo (Ubaldo Terzano, operador; Roberto Nicolosi, músico; Mario Serandrei, montaje; Giorgio Giovannini, decorados; Tina Loriedo Grani, vestuario), con Franco Prosperi de ayudante de dirección. Por tercera vez consecutiva, Bava aúna las funciones de realizador y director de fotografía; en cambio, no consta crédito alguno en el apartado de los efectos especiales. ¿Se ocupó el propio Bava, de nuevo? Seguramente.

Amén de los interiores en estudio, el rodaje tiene lugar en hermosos parajes agrestes alrededor de la ciudad de Lavinio, en Anzio, y Tor Caldara, actualmente reserva natural, representa el país de los vikingos. ¿Un soplo de aire fresco, pues, en la obra de Bava, tras las claustrofóbicas *La máscara del demonio* y *Ercole al centro della Terra?* Más bien no, en realidad. De nuevo, el autor estéticamente se revela más a gusto en interiores, diseñados e iluminados con exquisito primor, que en exteriores, si bien las secuencias rodadas en estos, junto al mar o en montañas, son casi tan impecables, en técnica y planificación, como las filmadas en decorados, lejos así de la tremenda desigualdad entre unas y otras que por desgracia lastraba *Ercole al centro della Terra.* Sin embargo, *La furia de los vikingos,* aun siendo más uniforme, en todos los sentidos, carece de la exuberante imaginación de la película previa de Bava, con la cual comparte el vínculo interno de pertenecer al género de aventuras, cada una bajo la forma y el estilo correspondientes, si bien más de una secuencia de esta, y varios detalles concretos, evocan irrefutablemente el *peplum*. Naturalmente, dichas limitaciones se deben al imperativo de Producción de mimetizar todo lo posible *Los vikingos,* para no defraudar las expectativas del público, y sin duda Bava las acató, aplicando sensatez laboral. Sin embargo, *La furia de los vikingos* dista de suponer un mero sucedáneo, por ende tristemente previsible, sin más entraña ni ambición que el objetivo crematístico. A todas luces, tal era, más o menos, el propósito de Galatea. No obstante, Bava, con elegancia humana y artística, correspondió a la propuesta profesional entregando una obra maestra. Perfectamente personal, por añadidura.

Es totalmente injusto, pues, e irracional, el escaso aprecio que *La furia de los vikingos* cuenta entre los admiradores del autor de *Las tres caras del miedo*. Debe reivindicarse esta gran película, en el contexto del cine italiano, en general, y de la obra de Mario Bava, en particular. Nunca decepciona. Los personajes arden, en sus fines y pasiones, sin tiempo para reflexionar. Los decorados vibran, de pura fuerza expresiva, de excelso sentido pictórico, con eventuales pinceladas de cómic. El color es magnífico, exultante pero matizado, fantasioso mas no sin rigor. La realización es perfecta, de un espíritu clásico que no volverá a manifestarse en la filmografía de Bava y con un sentido del encuadre soberbio en su formato Cinemascope. El ritmo está bien guardado, no resulta moroso ni atropellado. La interpretación es de todo punto verosímil, con intérpretes de no poco carisma.

Con esto y con todo, su virtud prioritaria estriba en la personalidad artística. Puesto que el epíteto específico de la obra de Bava late bajo la superficie de *La furia de los vikingos*. Además, no tan recónditamente. Se palpa, en primera instancia, en la atmósfera, en un tono que acentúa lo telúrico, lo pútrido, lo macabro, lo subterráneo, mediante esos personajes de vikingos que apenas piensan más que en matar y morir, que pertenecen con pleno orgullo a una cultura directamente sangrienta, fúnebre, de dioses despiadados, leyes taxativas y guerreros inclementes. Empero, la impronta de Bava refulge en particular en otro ingrediente, menos aparente pero más enjundioso. Se trata del romance, jamás acaramelado ni tampoco frenético, mas siempre intenso y puro, que une al protagonista, el recio Iron (Mitchell), con la bella Daia (Ellen Kessler), un sentimiento imposible de canalizar ni consumar debido a la tajante normativa vikinga respecto a la irreconciliable función social de cada uno: líder guerrero él, sacerdotisa vitalicia, ella. Ese desgarrador binomio amor imposible / muerte violenta propio del autor recorre, pues, la médula de su tercer largometraje, de forma perfectamente característica y mediante estricta coherencia con el resto de su obra, nutriendo la trama, determinando el desarrollo y posibilitando un desenlace inolvidable en su poético romanticismo extremo: el *drakkar* con el cadáver de él en llamas haciéndose a la mar sin más compañía que ella. Bien podría definirse la sustancia, cuando menos en esta y otras de las mejores películas de Bava, mediante el título de un olvidado film alemán: *El amor se paga con la muerte.*

Por otro lado, las policromadas secuencias de la espantosa, y sádicamente sofisticada, tortura británica de la araña contra la bella e indefensa cautiva vikinga guardan una cualidad de todo punto específica, al anticipar como ninguna otra rodada por Bava hasta entonces ese esteticismo de la perversidad que estallará clamorosamente en *Seis mujeres para el asesino,* así como, por extensión, las demencias del *fumetto* sadoerótico a la sazón incubándose en la cultura popular italiana (el despiadado Diabolik nació al año siguiente, la pérfida Satanik dos temporadas después). No se minusvaloren estas secuencias, pues.

No obstante, la mejor, la más memorable aportación de *La furia de los vikingos* estriba en el hecho de que el protagonismo femenino recaiga en dos guapas y jóvenes gemelas, por cuanto remodela inesperadamente un ingrediente cardinal de *La máscara del demonio,* de formal sutil y aportando otro significado. En el sentido de que las dos Barbara Steele de allí, la seráfica y la vesánica, ambas morenas, devienen aquí dos muchachas, ambas rubias, igualmente bondadosas, honorables, dulces... No existe antinomia mo-

Tony Kendall y Alice Kessler en *La furia de los vikingos* (1961).

ral, pues. Por supuesto, también coinciden el vestuario, peinados, complementos... Son exactas, incluso en la personalidad, la voz; sin embargo, ello no libra de crear peligrosa confusión entre sus personalidades a causa de sus físicos idénticos. Y, dado que están interpretadas por unas estrellas del cante y el baile, no falta una escena musical para el lucimiento espectacular de ambas, con fondo coral y coreografía de Leo Coleman, en la enorme gruta donde moran los vikingos.

Al principio, parece que Bava desaprovecha las posibilidades que le permite contar con dos gemelas de cara a desviar la trama, enriqueciéndola, por derroteros obsesivos y esquizofrénicos. Cual novela del extraordinario tándem que formaron los franceses Pierre Boileau y Thomas Narcejac, la cual imprevistamente se ambientase en inesperado y exótico contexto... El hecho de que precisamente las hermanas Kessler acabaran de protagonizar en Francia la adaptación de uno de los mejores libros de dichos autores, *Les magiciennes* (Serge Friedman, 1960), desde luego refuerza esta apetencia con no poca intensidad. Ahora bien, no sucede así, se trataba de una falsa impresión. A su debido tiempo, se advierte que Bava en absoluto malgasta tal sugerencia. Es más, una confusión de identidad entre ellas permite el mejor momento de *La furia de los vikingos*. Se trata de una secuencia en verdad sublime, que brilla con intensidad cegadora en la obra del autor e incluso en el cine italiano de los años sesenta, sea del tipo que sea: Iron está agonizando por culpa de una flecha enemiga, y en sus delirios postreros suplica ver a su amada Daia por última vez; dado que esta es prisionera de los británicos, su hermana Rama se hace pasar por ella, le acaricia con dulzura y reconforta, le habla de amor tiernamente... y posibilita así que el líder vikingo expire feliz. Soberbia de guión, la idea y los diálogos, y de realización, el encuadre y la fotografía, esta secuencia, épica, lírica y dramática al unísono, además irradia por la genial decisión de estar montada entre planos que muestran otras acciones simultáneas y muy distintas (Erik escalando la fortaleza enemiga, los tambores vikingos sonando, Daia encadenada en la mazmorra británica), en un entrelazado de emociones diversas tan conmovedor como angustioso, que aporta un clímax superlativo. ¿La idea de disponer en paralelo estos planos partió de Bava o de su soberbio montador Serandrei? Parece imposible saberlo. En cualquier caso, verifica la excelsa categoría ética y estética de *La furia de los vikingos*.

Por último, resulta muy curioso advertir que los ecos de tragedia griega que *Los vikingos* incorporaba de forma subyacente se reciclan en *La furia de los vikingos* bajo impregnación de las dos principales adaptaciones cinematográficas de *Macbeth:* la americana de Orson Welles, evocada en el decorado de una sala de la fortaleza británica, de una austeridad gélida que choca y hasta chirría en la estética barroca habitual de Bava; la japonesa de Akira Kurosawa, que desplazaba el original shakespeariano hacia la era *meiji* nipona, merced a la muerte del villano, asaetado por flechas que ensartan su torso por todas partes, exacerbando la iconografía tradicional de San Sebastián. Dicho sea de paso, ambas influencias puntuales de culturas foráneas imprevistamente traducen y resumen a la perfección sendos rasgos básicos de la obra de Mario Bava: escenografía y violencia.

Película, pues, nacida de intenciones en principio poco prometedoras, sin embargo *La furia de los vikingos* prolonga y matiza los múltiples e insólitos méritos de *La máscara del demonio* y *Ercole al centro della Terra,* reforzando una categoría y una personalidad artísticas propias. Más cuidada que las previas películas de Bava en el desarrollo narrativo y la congruencia argumental, por fuerza menos arriesgada en cuanto a creación de imágenes y sentido del delirio, en todo caso se trata de una película admirable.

El resumen idóneo de un visionado de *La furia de los vikingos* bien puede pertenecer a Pascal Martinet: «Casi hace olvidar la película original de Fleischer»[45]. Mas *Los vikingos,* aun siendo excelente, carece de una secuencia tan portentosa como la referida de la muerte de Cameron Mitchell. Ventajas del planteamiento «imitación creativa», cuando existe de por medio un genio como Mario Bava.

* * *

La furia de los vikingos se estrena en Roma a mediados de 1962, y cosecha un éxito comercial harto respetable, con unas cifras que superan la recaudación sumada de los

---

[45] Pascal Martinet, *Mario Bava,* París, Edilig, 1984.

dos previos largometrajes de Bava. Al igual que *La máscara del demonio,* en Estados Unidos la distribuye la American International Pictures regentada entre Samuel Z. Arkoff y James H. Nicholson con una banda sonora parcialmente nueva a cargo de Les Baxter; el título americano es *Erik, the Conqueror.* Por cierto, no supondrá el fin de la estela italiana de *Los vikingos,* en absoluto. Sin ir más lejos, el propio Bava aportará otra entrega en tal filmografía, *Los cuchillos del vengador,* por añadidura otra vez con Cameron Mitchell de protagonista.

En este momento tan magnífico de su carrera, una óptima oferta económica impulsa a Bava a incorporarse en una coproducción ítalo-francesa de la firma Lux, con intereses americanos de por medio: Joseph E. Levine como productor ejecutivo, Donald O'Connor de protagonista y Henry Levin de director. Profesionales de no poco renombre, para un rodaje de varios meses en Túnez, desahogado económicamente, dado que Levine aporta un adelanto de distribución con vistas al mercado americano, según los intereses en el cine italiano que estaba demostrando desde pocos años antes. Sin ir más lejos, el año anterior había intervenido en otra coproducción ítalo-francesa de Lux asimismo enmarcada en el género denominado «fantasía oriental», *El ladrón de Bagdad (Il ladro di Bagdad,* Arthur Lubin, 1960), protagonizada por el todavía taquillero Steve Reeves y para la cual igualmente se importó un director americano, que además había cultivado el género en Hollywood.

Surge así *Le meraviglie di Aladino* (1961), cuarto jalón en la filmografía de Mario Bava. Mas no se trata de ningún *remake,* como lo era la antedicha película, sino que parte de las policromadas recreaciones hollywoodienses de los más emblemáticos personajes de *Las mil y una noches,* en cuanto a inspiración general, mas contemplando, respecto a sabrosos detalles particulares, la extraordinaria superproducción británica *El ladrón de Bagdad (The Thief of Bagdad,* Michael Powell, Tim Whelan y Ludwig Berger, 1939), un empeño especial del mítico productor Alexander Korda, con escenografía del mismo director artístico que la versión muda, y primera, de la historia, *El ladrón de Bagdad (The Thief of Bagdad,* Raoul Walsh, 1924), el no menos mítico William Cameron Menzies.

Ahora bien, aunque es obligado considerar esta película dentro de la filmografía de Bava, existen controversias respecto a su auténtico grado de participación, en mayor medida incluso que en sus colaboraciones con Riccardo Freda. Así, la copia italiana indica al principio «Un film di Henry Levin» y al final «Regia, Mario Bava». Entonces, ¿está dirigida entre los dos? ¿Se trata de una componenda con fines administrativos? Por su parte, la versión americana acredita la realización a Levin. Ambas coinciden, eso sí, en atribuir a Bava los efectos especiales. En cuanto a los admiradores de Bava, no hay concordancia posible entre quienes sostienen que este se limitó a los trucajes, rodando a lo sumo planos de continuidad sin importancia, y quienes afirman que rodó la totalidad del metraje, o casi, y Levin poco más hacía que intervenir de coordinador y/o intérprete del cineasta italiano con el protagonista Donald O'Connor (no poca confianza debía existir entre ambos, si se piensa que Levin rodó varias entregas de la saga de la mula Francis que había popularizado a O'Connor, de ahí que un momento determinado de *Le meraviglie di Aladino* aluda a ella mediante un gag fugaz). El embrollo se completa con la carencia de declaraciones de Bava al respecto.

Desde luego, si permitimos pronunciarse a la «política de autores» se impone la primera opción, porque *Le meraviglie di Aladino* no acusa la personalidad del autor de *La máscara del demonio,* salvo en momentos muy contados... que tampoco tienen por qué pertenecerle necesariamente. Tal impresión la refuerzan las declaraciones de Franco

Milton Reid, Donald O'Connor y Mario Girotti en *Le meraviglie di Aladino* (1961).

Prosperi, fiables si se considera que nunca ha delatado esa secular debilidad de tanta gente de cine, sea del país y de la generación que sea, por desorbitar, tergiversar y hasta mentir en las entrevistas:

> Mario fue el director de la segunda unidad y yo era el ayudante de Henry Levin. De vez en cuando yo tenía que estar de intérprete entre Levin y Bava. Rodamos en Túnez, durante tanto tiempo que fue allí donde Mario y yo entablamos realmente amistad. Era un hombre bueno, verdaderamente bueno, y lo sabía todo de cine, realmente todo[46].

---

[46] *Op. cit.*, véase nota 14.

Poca atención entonces justifica *Le meraviglie di Aladino* a la hora de abordar la obra de Mario Bava, considerando, pues, que no fue su auténtico director. Encima, constituye una obra de visión decepcionante, una mixtura de aventuras y humor desangelada y apenas eficaz, dentro de un tono guasón que remite sobre todo a *Las mil y una noches (Arabian Nights,* John Rawlins, 1942) y gira alrededor de la dudosa comicidad de O'Connor, dentro de esa línea memobufa que desplegaran otros humoristas americanos tan poco frecuentables como él y, para mayor parangón, de cierta similitud física (Bob Hope, Danny Kaye). La participación de Duccio Tessari en el guión sugiere que de alguna forma *Le meraviglie di Aladino* pretendió aplicar a la «fantasía oriental» la misma perspectiva que *Los titanes* respecto al *peplum*. Sin embargo, no hay comparación posible: la ironía sana de *Los titanes* deviene patochada necia en *Le meraviglie di Aladino*.

En cambio, se indicó antes que guarda algunos momentos que encajan en la obra de Bava. Y así es. Se trata de ciertas escenas protagonizadas por un creador de muñecos tamaño natural (Raymond Bussières), muy curiosas y con algunos planos tan magníficos que diríase estar viendo otra película. Copiando, por supuesto, de la segunda versión de *El ladrón de Bagdad* —esa inolvidable muñeca viviente letal (Mary Morris), que el pérfido visir (Conrad Veidt) regala al califa (Miles Malleson)— dicho personaje y sus extravagantes creaciones, en la atmósfera de un laboratorio en una Arabia de ensueño, que parece la recreación policromada de cualquier cubículo de mago expresionista, casan con la estética bizarra de Bava. Por no añadir, que debe hacerse, que los maniquís muy pronto van a desempeñar un vistoso y bien palpable cometido en la obra del cineasta italiano. Ítem más, los sugestivos planos de la voluptuosa muchacha amordazada y colgada del techo prolongan con fruición el espíritu morboso-fetichista pre-*fumetto* que desplegaba la referida escena de tortura en *La furia de los vikingos*. Y si de erotismo de habla, existen diversos toques *sexy* más o menos maliciosos, diseminados aquí y allá, que sin duda encenderían las plateas de entonces y a todas luces desentonan en un planteamiento, sobre el papel, de diversión familiar-juvenil. Entre ellos, sobresalen, y con diferencia, la intervención de una tribu de amazonas cuya emperatriz evoca la Antinea que crease el gran escritor francés Pierre Benoit, y, sobre todo, la asombrosa, por inesperada, decisión de vestir únicamente con las bragas, eso sí tupidísimas, el personaje del letal maniquí femenino, cuyo pecho cubre la frondosa cabellera por ambas partes. Imprevista perversión mediterránea de la muñeca viviente de la segunda versión de *El ladrón de Bagdad,* inolvidable e inconcebible en cualquier producción coetánea de Hollywood, que exacerba casi hasta la grosería las posibilidades de lectura del personaje como recreación del arquetipo «vagina dentada», y que, también, anuncia el cine/cómic-delirio propio de la Europa de los años sesenta, a punto de explotar en un continente en pleno «milagro económico».

Lástima, ciertamente, que la totalidad de *Le meraviglie di Aladino* no apostara por este tono, este espíritu fantasioso y delirante, en lugar de preferir la farsa inane, la *pochade*. Sobre todo, cuando se piensa en los considerables medios de producción invertidos, y los técnicos tan talentosos implicados: Levin en la dirección, Tessari en el guión, Tonino delli Colli en la fotografía (con su hermano Franco de operador), Flavio Mogherini de escenógrafo, Maurizio Lucidi de montador, el propio Bava... Amén de un reparto que contiene la imprevista, y poco feliz, colaboración del mismísimo Vittorio De Sica encarnando al genio de la lámpara, al gran Aldo Fabrizi —amigo personal de Bava, por cierto, con quien trabajó en varias películas durante los años cincuenta, entre ellas la extraordinaria *Guardias y ladrones (Guardie e ladri,* Mario Monicelli y Steno, 1951)—

y un Mario Girotti inconsciente de la popularidad que ganaría bien poco después gracias al *spaghetti western* con el nombre artístico de Terence Hill. Con todo, si de intérpretes se habla, cabe destacar la intervención de la beldad francesa Michèle Mercier, dado que pronto se convertiría en la estrella del cine galo de aventuras exóticas, encarnando a la voluptuosa Angélica que creara el matrimonio compuesto por Serge y Anne Golon en una exitosa serie de cinco largometrajes. Otra anticipación, pues, que anotar entre las virtudes parciales, o cuando menos curiosidades, de una película mala pero no del todo desdeñable.

* * *

Comprensiblemente, *Le meraviglie di Aladino, The Wonders of Aladdin* para la distribución americana, fracasa por doquier. No puede añadirse que acto seguido cayó en el olvido, porque nunca llegó a ser conocida. En España ni siquiera se estrenó y apenas se ha visto en algún pase televisivo.

Por su parte, Bava, que a buen seguro consideró tal película como un paréntesis alimenticio en su carrera, para saldar con dignidad profesional y olvidar a continuación, supera la decepcionante experiencia regresando de inmediato al familiar seno de Galatea. La propuesta estriba en afrontar un film policiaco, partiendo de una sinopsis de apenas cuatro páginas, titulada *L'incubo* y escrita por Sergio Corbucci (director él mismo, y desde diez años atrás). Según parece, Bava no exige más que rodar en blanco y negro, convencido de que así la película obtendrá la fascinación visual que requiere, tal como sucediese en *La máscara del demonio,* y compaginar las funciones de realizador y director de fotografía, como en sus tres películas previas. Ultimado el acuerdo, el guión propiamente dicho, al igual que en *La máscara del demonio,* lo escribe Ennio De Concini, con aportaciones puntuales de Eliana De Sabata (novia de este, entonces) y Mino Guerrini, que dos años después devendrá director. Acto seguido, la versión operativa para el rodaje la perfilan entre Bava y su fiel Franco Prosperi, que además vuelve a asumir el cometido de ayudante de dirección. Respecto al equipo técnico, repite la «compañía Bava» (Ubaldo Terzano, Roberto Nicolosi, Mario Serandrei, Giorgio Giovannini, Tina Loriedo Grani), de nuevo con Massimo De Rita como director de producción.

El protagonismo recae sobre una pareja joven. Ella está interpretada por Leticia Roman, llamada realmente Leticia Novarese e hija de Vittorio Nino Novarese, un reputado figurinista y decorador, muy cotizado para las producciones con ambientación de época, si bien se amoldó en géneros diversos; de cierto talento interpretativo y atractivo *sui generis,* por desgracia su carrera de actriz fue discreta e irrelevante —el intento de convertirla en una estrella particular que significara *Fanny Hill* (Russ Meyer, 1964) sufrió un gran fracaso— y apenas cubrió el decenio de los sesenta, finalizando mediante intervenciones televisivas en series americanas, tras instalarse en Estados Unidos. En cuanto al actor, anglosajón como en las previas películas de Bava, se trata de John Saxon, nacido en Brooklyn de emigrantes italianos (su nombre verdadero es Carmine Orrico). Promocionado previamente en Hollywood como «joven valor», aunque no acababa de cuajar, había protagonizado ya una película italiana, *Agostino (Agostino,* Mauro Bolognini, 1961), según la novela de Alberto Moravia y junto a la egregia Ingrid Thulin. Tras trabajar con Bava, conocerá una carrera a la par regular e irregular, por lo común dentro del cine de género y sobre todo en películas de acción, gracias a la cual actualmente es un actor de, relativo, culto; reincidió en el cine italiano, básicamente durante el apogeo del denominado *Poliziottesco* durante los años setenta, si bien trabajó también para Enzo G. Castellari, Dario Argento y Antonio

Leticia Roman y John Saxon en *La muchacha que sabía demasiado* (1962).

Margheriti. Aparte de ellos dos, el único personaje con relevancia es el de la criminal demente, y recae en la gran Valentina Cortese, a la sazón en la mejor etapa de su carrera. Con todo, cabe destacar que entre los intérpretes secundarios figuran cuatro que reincidirán con Bava: Dante di Paolo, Lucia Modugno, Milo Quesada (argentino, que al año siguiente se instalará en Madrid) y, sobre todo, Gustavo De Nardo.

Titulada definitivamente *La ragazza che sapeva troppo (La muchacha que sabía demasiado* en España, según traducción literal, y *The Evil Eye,* en Estados Unidos, donde vuelve a distribuirla American International Pictures con una banda sonora en gran parte distinta, que por supuesto compone Les Baxter, y el metraje abreviado), con esta la cuarta película de Mario Bava irrumpe el *giallo,* como ya se indicó. Sin embargo, la denominación procede de la crítica especializada francesa, como sucediera significativamente en el caso del *peplum*, puesto que en Italia el concepto *giallo* (amarillo, en español) aglutina cualesquiera variantes y modalidades del género policiaco *(mystery, thriller, hard boiled, chiller...* recurriendo a la terminología especializada anglosajona). Así pues, puede aplicarse correctamente, en literatura, a Raymond Chandler y a Arthur Conan Doyle, a Edgar Wallace y a David Goodis, a José Giovanni y a Agatha Christie, amén de, por supuesto, a los escritores nacionales, en cabeza el gran Giorgio Scerbanenco. Y esgrimo ejemplos literarios porque literario es el origen de la definición, dado que arranca de las primeras colecciones especializadas, cuya portada era de emblemático y chillón color amarillo. Nacidas a finales de los años veinte, fueron, fundamentalmente, *I Libri Gialli Mondadori* (continúa publicándose, por cierto, representa una institución en la cultura popular nacional), *Collezione Gialla* y *Gialli a puntate*. En cuanto a la génesis estricta de la asociación color-género, la mejor explicación que conozco es la de Raffaele Crovi[47].

---

[47] «Antes de adoptar el adjetivo *Giallo* para identificar el género narrativo vinculado con una investigación, hubo una tentativa de usar la definición *Romanzo Dettetivo* (sugerida por G. A. Borgese) o el término *Thriller* (a ser posible traducido como *Mozzafiato*, según una indicación del lingüista Bruno Migliorini) o *Romanzo del Brivido* (según una hipótesis sugerida por Alberto Rossi, en un artículo aparecido todavía en 1931). Pero con el título de la colección de Mondadori de 1929 (de la cual se ocuparon tres grandes editores de la época: Luigi Rusca, Enrico Piceni y Lorenzo Montano), el adjetivo dio paso oficialmente al sustantivo: de *Romanzo Giallo* se derivó en *Giallo*. En 1936, Alberto Tedeschi, gran experto en el género, declaró en una carta dirigida al lector del periódico *Il Cerchio Verde:* "el origen de este término más que hepático se remonta al hallazgo publicitario de un editor americano, que años antes había lanzado al mercado una colección de novelas policiacas y de temas misteriosos con unas portadas de un amarillo deslumbrante, oso decir que alucinante". Así fue como las novelas policiacas y sensacionalistas fueron

Ahora bien, cinematográficamente hablando, se entiende por *giallo* el cruce entre códigos del género terrorífico y del policiaco alumbrado por el cine italiano a inicios de los años sesenta, Bava mediante, popularizado por Dario Argento, a comienzos de los setenta, y extinguido a mediados de los ochenta, descontando prolongaciones puntuales a cuál peor. Partiendo del enigma de turno, con frecuencia un asesinato, y de las pesquisas subsiguientes y/o nuevos crímenes, en la infraestructura, y enfatizando la angustia de las víctimas, a ser posible de género femenino y belleza vistosa, y la rebuscada aparatosidad de los sangrientos crímenes, en la supraestructura, se configura un estilo de *horror* realista y urbano, de todo punto reconocible, que será privativo de la cinematografía italiana, si bien influirá en las extranjeras, incluyendo la americana y la española, y no solo mediante coproducciones. Naturalmente, no carece de admirables precedentes foráneos. En especial, *La escalera de caracol (The Spiral Staircase,* Robert Siodmak, 1946), *Mientras Nueva York duerme (While the City Sleeps,* Fritz Lang, 1956), *Screaming Mimi* (Gerd Oswald, 1958) y *Un grito en la niebla (Midnight Lace,* David Miller, 1960), en Hollywood, así como, en Europa, el denominado *krimi,* es decir, la nutrida producción alemana sobre la literatura del británico Edgar Wallace, que había surgido poco antes a raíz de *La banda de la rana (Der frosch mit der maske,* Harald Reinl, 1959). Entre paréntesis, la coproducción hispanofrancesa *La mano de un hombre muerto* (Jesús Franco, 1962)

---

bautizadas en América y Alemania, después en Inglaterra (colección *Yellow Jackets)* y en Francia (colección *La Masque)* y a continuación en Italia con el color del limón». Raffaele Crovi, *Il Giallo italiano, Almanacco del Giallo,* 1998. Asimismo, en países de habla hispana, bien puede añadirse, tal como verifican colecciones del género tipo la argentina de la editorial Tor *(Serie Amarilla)* o las españolas de Molino *(Biblioteca Oro)* y Maucci *(Colección Amarilla).*

contiene un par de escenas (sendos asesinatos, de una anciana y de una joven), que no desentonarían, por estilo y espíritu, en, sin ir más lejos, *La muchacha que sabía demasiado,* curiosamente rodada en el mismo año y también en blanco y negro. ¿Afinidades electivas?

Respecto a la idiosincrasia formal, lingüística y narrativa, el *giallo* se caracteriza por identificar la puesta en escena, sofisticada y a menudo hasta extravagante, con la trama, por definición abstrusa, por no decir tramposa, inverosímil y con frecuencia incluso absurda. Todo ello potenciado por un sentido del espacio-tiempo cinematográfico absolutamente novedoso, tan elástico y alucinado que desazona y desubica a conveniencia, y sazonado por un sentido morboso del erotismo, cuando no escabroso y/o pervertido, dentro de una sensualidad general que comienza en la escenografía, los maquillajes femeninos y el diseño del vestuario, y prosigue en la valoración fetichista de ciertos objetos significativos. La explicación del mal que nutre el argumento fluctúa entre la demencia esquizofrénica, por lo corriente consecuencia de un tremebundo trauma infantil, y la codicia más rastrera, si bien a menudo ambas contrariedades convergen de forma privativa. Por último, la banda sonora privilegia el reverso aterrador de diversos sonidos cotidianos (ascensores en inesperado movimiento, ventanas que se baten, llamadas de teléfono a deshora, sonoros taconazos en la calzada, etc.), y despliega una música a la par inquietante y sensual (con frecuencia incluye susurros, gemidos o jadeos). Se configura así una novedosa estética del pavor urbano, que funde y confunde lo real con lo irreal, y cuyo interés, artístico y sociológico, es harto mayor de lo que la crítica oficial, y la intelectual, consideró en su momento. Aunque también es verdad que el *giallo* se degradó mucho y demasiado pronto, en mayor medida incluso que el *spaghetti western,* lo cual contribuyó decisivamente a que fuese despreciado casi por doquier.

Pero Bava forja el *giallo* en *La muchacha que sabía demasiado* sin mayor conciencia de estar concibiendo un género que aportará no pocos y diversos beneficios a la cinematografía italiana, amén de convertir en todo un director-estrella a su discípulo Dario Argento. Justo igual que le había sucedido solamente dos años antes con *La máscara del demonio* respecto al cine gótico a la italiana. En principio, tal como declaró:

> Se trataba de hacer una película romántico-policiaca. No me apetecía, pero acababa de salir fresco de una crisis nerviosa de seis meses y necesitaba dinero. Por lo cual acepté. Ahora bien, un planteamiento como el que me ofrecieron solo podía funcionar si tienes de protagonistas a James Stewart y Kim Novak. Como no era el caso, abordé la trama con la mayor seriedad posible, y rodé la película como una historia macabra auténtica[48].

No se puede describir mejor el tratamiento de una trama que comienza con una señal de pésimo agüero (la protagonista, una joven americana que acude a Roma para conocer la ciudad disfrutando las vacaciones, asiste a la detención en el aeropuerto del narcotraficante que se había revelado un encantador compañero de viaje en el avión) y prosigue de forma realmente nefasta: la primera noche en la ciudad, la heroína asiste al fallecimiento de la anciana, amiga de la madre, en cuya casa iba a alojarse, primero; le roban el bolso a golpetazos, después; y acto seguido presencia el asesinato de una mujer, a cargo de un hombre que le hunde un enorme cuchillo en la espalda, sin móvil aparente. Todo ello junto a la hermosa iglesia Trinità dei Monti, que corona la popular escalinata de la Piazza di Spagna. Tan fulminante arranque sin duda puede, y debe, interpretarse como

---

[48] *Op. cit.*, véase nota 11.

una feroz perversión de *Vacaciones en Roma (Roman Holiday,* William Wyler, 1953), que había difundido una imagen pintoresca y encantadora de la capital italiana a escala mundial, una comedia a la cual *La muchacha que sabía demasiado* además alude flagrantemente en las escenas en que la pareja estelar (un John Saxon pasable aunque no precisamente adecuado para personificar a un médico, y una muy convincente Leticia Roman, que a menudo recuerda a Barbara Steele, porque Bava bien se encarga de que así sea, pero en otras ocasiones más bien parece nuestra Soledad Miranda) se dedica al turismo y/o a intimar progresivamente, en lugares tan emblemáticos como la Piazza Navona, el Foro Romano, la Piazza Venezia y la playa de Ostia. Mas, previsiblemente, Bava rueda tales escenas sin mayor interés, como si se tratara de simples trámites, volcándose antes bien en las partes del guión que le motivan; es decir, las que transcurren en ambientes cerrados e implican tensión, pavor y peligro. Se aprecia así el hecho de que si, en principio, el proyecto consistía en perpetrar un poco ambicioso *thriller* con una historia de amor y pinceladas de humor, Bava lo asume y/o personaliza incorporando elementos que enriquecen la premisa, somatizando las fuentes fílmicas antes indicadas pero, también, remitiéndose soterradamente a *La máscara del demonio,* por disímil que sea el contexto histórico y cronológico, al igual que ya lo hiciera dentro del no menos antitético *peplum* mediante *Ercole al centro della Terra:* la singular casona donde se instala la heroína tras el imprevisto fallecimiento de la anciana guarda todas las trazas de un castillo gótico, misteriosa habitación cerrada incluida, y su iluminación juega con los contrastes entre luz, poca, y sombras, muchas, apostando por la profundidad de campo en los encuadres y mediante ese ya reconocible estilo del autor, que apunta a la quintaesencia, la abstracción. No estamos, pues, tan lejos, en espíritu, del «gótico a la italiana». Y momen-

John Saxon y Leticia Roman en *La muchacha que sabía demasiado* (1962).

tos tan delirantes y sugestivos, visualmente, como la aparatosa trampa que prepara la heroína a base de entrecruzar hilos a lo largo del pasillo, remiten de soslayo a la mitología ancestral que posibilitara el *peplum,* cuando se advierte que evoca dos mitos femeninos helénicos, casi homónimos y vinculados por la significación guardada por el hilo (Aracné, descrito por Ovidio e inspiración de Velázquez para su mítico cuadro *Las hilanderas,* y Ariadna, que proveyó a Teseo de su ovillo para guiarse dentro del laberinto subterráneo cretense donde acechaba el Minotauro).

Desde luego, dicho decorado/escenario es tan magnífico y detallista, Bava lo mima en escenografía e iluminación hasta tal punto, que en verdad parece sufrir siempre que la cámara debe abandonarlo para salir a exteriores. En cualquier caso, gracias a tan felices determinaciones de potenciar y oscurecer un planteamiento ligero, propias de la personalidad del realizador, la Roma de *La muchacha que sabía demasiado*, exceptuando las contadas escenas románticoturísticas y apartando el hecho de que la banda sonora incorpore una canción del popular Adriano Celentano, deviene un escenario de pesadilla, aterrador e imprevisible, sofocado por un criminal demente que asesina por pura locura homicida siguiendo las letras del alfabeto (idea esta, la del *Alphabet Killer,* que por supuesto sería copiada dentro del *thriller* americano): el apellido de las tres primeras víctimas empezaba por A, B y C, y fueron asesinadas por tal orden, el de la protagonista es Davis... Procede, pues, actuar por cuenta propia, superando el escepticismo generalizado, y la pareja protagonista desde luego lo hace, a lo largo de un desarrollo narrativamente fluido y perfecto de atmósfera, que privilegia los espacios o bien desolados o bien siniestros (la banda sonora acompaña muy bien, y a su merced el músico Nicolosi con frecuencia revive su juvenil dedicación al *jazz),* sin hallar los héroes más ayuda que un periodista que se ocupó del tema (muy buena interpretación de Dante di Paolo) pero cometió el atroz fallo de inculpar a un inocente. Por supuesto, los referidos ingredientes del *giallo* intervienen, todos y cada uno, en mayor o menor medida y perfectamente amalgamados, brindando hallazgos de guión, no solo plásticos, tan memorables como la cinta magnetofónica con el sonido de una máquina de escribir.

En cuanto al referido ingrediente humorístico, cuenta dentro del conjunto todavía menos que el turístico, y se reduce a un manojo de gags tan poco afortunados y superfluos como las intervenciones de Franco Giacobini en *Ercole al centro della Terra* y *La furia de los vikingos,* amén de cierta guasa a costa de diversos estamentos (policías, médicos, sacerdotes) y de la narrativa policiaca *pulp* (a veces, se escucha una voz en *off* con parlamentos discretamente paródicos). Empero, no es gratuito que el título suponga un guiño chistoso-oportunista al mismísimo Hitchcock (elegido a ultimísima hora, pues incluso en los primeros bocetos del lanzamiento aparece todavía el ya referido de rodaje, *L'incubo*, o sea, *La pesadilla),* considerando que, tal como escriben Ramón Freixas y Joan Bassa:

> El humor no busca tanto obtener la risa del espectador cuanto paliar la aguda tensión de la narración (inyectando zozobra, miedo en el ánimo de los personajes y del espectador), permitiéndoles coger aire para acto seguido sumergirles de nuevo en la espiral de la pesadilla... al modo y manera de Alfred Hitchcock[49].

También puede integrarse en un registro irónico la insinuación final de que, en efecto, todo lo ocurrido no fue más que una tremebunda y paranoica «pesadilla», sufrida por una ingenua jovencita americana por haber fumado droga inadvertidamente, tras leer durante el viaje un impresionante libro de suspense titulado *The Knife* y mientras trataba de asumir la relación amorosa que iba surgiendo con un apuesto médico italiano. Sin embargo, estimo harto preferible considerar que este desenlace no desmiente el tétrico y escabroso metraje anterior, en absoluto; antes bien, conviene interpretarlo, aun dentro de su ligereza, como la primera y consciente aplicación por parte de Bava de un epíteto que comenzará a prodigarse en su obra, y con la debida gravedad, desde su película siguiente, *La frustra e il corpo*. Es decir, la ambigüedad respecto a la realidad de lo visto o narrado, la confusión entre lo objetivo y lo subjetivo, la plasmación de diversas verdades complementarias.

Respecto a la pasión tortuosa y demente característica en la obra de Bava, aquí desde luego no falta, pero se manifies-

---

[49] Joan Bassa y Ramón Freixas, «Mario Bava. Deseo y escalofrío», en *El Giallo italiano,* Madrid, Nuer, 2001.

ta como en *Ercole al centro della Terra*. Entiéndase, fuera de la pareja protagonista. En este caso, la vive/sufre a escondidas el pudiente y aparentemente respetable matrimonio de mediana edad autor de los crímenes, y llega a un extremo que aún no había reflejado la obra de Bava: el marido mata a la tercera chica estrictamente por amor conyugal, para salvaguardar a la esposa, asesina de las dos primeras; este es el crimen que presencia la heroína al principio. Una idea de guión brillante de todo punto, henchida de la tortuosidad escabrosa y siniestra del *giallo*, que Argento plagiará, tal cual, en su mediocre ópera prima, *El pájaro de las plumas de cristal (L'uccello dalle piume di cristallo*, 1969). Entre paréntesis, Sergio Corbucci, argumentista del film como se recordará, propuso a Bava demandar a Argento por el plagio. Pero Bava prefirió abstenerse, y Corbucci desistió. A propósito, dentro de todos los rasgos y elementos del *giallo* que Bava introduce en *La muchacha que sabía demasiado*, acaso sea justo este, léase una concepción específica de la demencia homicida, el que sobresale de forma más nítida y profética, amén de escalofriante. Se encarna en el personaje que borda una genial Valentina Cortese, suerte de esquizofrénica/psicópata, simpatiquísima, altruista y sociable por lo común, pero asesina de chicas cuando llega el desquiciado momento, que habita la referida mansión de espíritu «gótico a la italiana» y cuenta con la protección de su abnegado y fiel marido, que no es sino el juez que confirmó la equivocada acusación del periodista, a fin de cerrar el caso en beneficio de la esposa condenando a un inocente a un sanatorio mental de por vida. Cuando se descubre que ella es la «asesina del alfabeto», todos y cada uno de sus planos suponen una obra maestra de eficacia aterradora (¿cómo olvidar su expresión cuando agita los dados con las letras?), y enfrentan al espectador con el más genuino y desarmante horror venático; llama la atención, de forma subliminal pero poderosa, que Bava ilumine en esta escena a la soberbia Cortese de forma plana, sin matices, y en cambio a la cándida heroína que asiste espeluznada a tan atroz revelación la sombree de forma inquietante, cual hechicera de una película gótica. Justo la antítesis de la lógica plástica, lo cual precisamente por ello ultima el carácter desazonador, particular e inolvidable de la secuencia. Por último, la idea de que los amantes criminales al final se maten mutuamente anticipa el desenlace de *Seis mujeres para el asesino,* no por casualidad la película que define el *giallo* de forma definitiva, al extremar *La muchacha que sabía demasiado* en diversos sentidos.

Rodada en los estudios de la productora-distribuidora Titanus, para los interiores, y, obviamente, en la propia Roma en los exteriores, estrenada durante la primavera de 1963, *La muchacha que sabía demasiado* guarda un interés estético-histórico que no deriva de la intuición, aunque no falte, sino que brota del talento visionario y de la categoría artística. Mediante tan magnífica e imperecedera película, nace un género en el cine italiano y muere el blanco y negro en la obra de Mario Bava.

De colores se engalana la muerte (1963-1964)

> Miré a Sdenka y vi que sus facciones, por bellas que fueran, tenían el aspecto de la muerte, que sus ojos no veían y su sonrisa no era más que la mueca que la agonía había dejado impresa en un cadáver. Al mismo tiempo noté en la habitación un olor nauseabundo, como de tumba mal cerrada. La espantosa verdad se alzó ante mí.
>
> (Alexis Tolstoi, «La familia Vourdalak», en *Narraciones terroríficas,* vol. 1, Barcelona, Acervo, 1961)

Los cuatro primeros largometrajes de Mario Bava han notificado que el antiguo operador de cámara y director de fotografía es ahora un realizador admirable, con unas dotes especiales para el género fantástico. Es más, *La máscara del demonio, Ercole al centro della Terra, La furia de los vikingos* y *La muchacha que sabía demasiado* han revelado en apenas dos años una personalidad artística tan peculiar que procede hablar de todo un autor. Mejor valorado fuera que dentro de esa Italia a menudo tan escéptica, cuando no cínica, con los genios nacionales, al menos mientras están vivos y en activo.

Afirmado, pues, en su excepcionalidad, contrastado de todo punto, Bava ya no tiene por qué aceptar influencias ajenas. Antes bien, desde ahora él es su propia influencia. No en vano *La máscara del demonio* y *La muchacha que sabía demasiado* han creado sendos géneros nacionales, el gótico y el *giallo,* dentro de los cuales la primera nunca será superada, y la segunda solo por otra película del propio Bava, *Seis mujeres para el asesino.* Añádase que *La furia de los vikingos* continúa representando el cenit de la filmografía sobre tan legendaria ralea, insuperada incluso por el propio Bava en *Los cuchillos del vengador,* apartando la seminal producción americana *Los vikingos.* ¿Y cuántos *peplums* hay mejores que *Ercole al centro della Terra?*

Una nueva etapa, así, brota en la filmografía de Mario Bava, y comprende *La frustra e il corpo* (1963), *Las tres caras del miedo* (1963), *Seis mujeres para el asesino* (1964) y *La strada per Fort Alamo* (1965). Artísticamente, respecto a la fase anterior representa la ratificación conceptual y prolongación matizada en los tres primeros títulos, desde las perspectivas correspondientes, con el anodino paréntesis traspiés que supone el cuarto, fruto del apogeo industrial del *western* europeo. Profesionalmente, el factor esencial que permite individualizarla cual bloque estriba en que Ubaldo Terzano, el fiel operador de cámara de la etapa anterior, es ascendido por Bava a director de fotografía. Respecto a la cámara propiamente dicha, dos veces se ocupa de ella el propio Terzano, aunando funciones, para *La frustra e il corpo* y *La strada per Fort Alamo,* y en las otras se encargan diferentes operadores (Enrico Fontana, en *Las tres caras del miedo*, y Mario Mancini, en *Seis mujeres para el asesino).*

La frustra e il corpo, Las tres caras del miedo y *Seis mujeres para el asesino* exacerban, si cabe, y sofistican, en cierto modo, la asombrosa e inaudita, característica paleta cromática que estableciera *Ercole al centro della Terra*. Ahora bien, ¿supone esto una modificación fundamental? Planteado en otros términos, ¿cambia realmente la estética de Bava desde que Terzano firma la fotografía? En rigor, no. A buen seguro tal intensificación cromático-expresiva era iniciativa del propio Bava, que continuaba iluminando en persona, al igual que en la etapa anterior, mientras Terzano seguía sus dictados, como el técnico a las órdenes del artista que fue todas las veces que colaboraron, dicho sea con el debido respeto a un profesional inveterado. Dado que la larga y fructífera relación entre ambos terminó mal, y Terzano siempre se ha negado a hablar de Bava, ciertamente no es posible confirmarlo. Pero resulta significativo que tras la ruptura Terzano nunca volviese a ser director de fotografía y tornara a trabajar de operador de cámara. En este sentido, Dario Argento le contrató, a buen seguro debido al profuso trabajo de Terzano con Bava, para *Rojo oscuro (Profondo rosso,* 1975).

La primera película de esta etapa, *La frustra e il corpo,* se le propone a Bava fuera de Galatea y en coproducción ítalofrancesa, con Federico Magnaghi de productor mayoritario y Elio Scardamaglia como productor ejecutivo, planteándose con vistas principalmente a ese mercado extranjero, sobre todo anglosajón, que acogía mejor las muestras del terror gótico italiano que la propia Italia. Tanto es así que se le pide que use un seudónimo anglófono, tal como venía haciendo desde finales de los años cincuenta su viejo amigo/rival Riccardo Freda, sin ir más lejos; no sin guasa, Bava elige John M. Old («viejo»). Idéntica añagaza se amplía al resto de los técnicos, entre los cuales Terzano es el único que permanece de las películas anteriores del director. No debió quejarse Bava, de todos modos: la escenografía es de Ottavio Scotti, un gran decorador socorrido en las producciones de época, entre las cuales figura la mismísima *Senso (Senso,* Luchino Visconti, 1954); el montaje se le encarga a Roberto Cinquini, que en esos años desempeñaría tal función en clásicos patrios como *Seducida y abandonada (Sedotta e abbandonata,* Pietro Germi, 1963) y *Por un puñado de dólares (Per un pugno di dollari,* Sergio Leone, 1964); y la música corresponde a uno de los mejores compositores con que ha contado la nación, el formidable Carlo Rustichelli, cuyo raro talento y tremenda versatilidad (compuso para cineastas tan dispares como Billy Wilder y Pier Paolo Pasolini, Dino Risi y Bernardo Bertolucci) a lo largo de cuatro decenios de actividad ininterrumpida todavía aguardan la consideración que merece dentro del campo de la música de cine. En cuanto al guión, corresponde básicamente a Ernesto Gastaldi, prolífico como pocos dentro de su generación, que ya había escrito alguna muestra del cine gótico nacional y que también abordó la realización, si bien en contadas ocasiones y sin mayor trascendencia; acreditado a veces, por ejemplo aquí, como Julien Berry, participó Gastaldi asimismo en *La frustra e il corpo* de ayudante de dirección. Con todo, en la fase final del guión contribuyeron uno de los productores, Ugo Guerra, y Luciano Martino, poco después productor asimismo. El hermano de Martino, Sergio, que no mucho más tarde también ascendió en el sector, convirtiéndose en realizador, intervino como inspector de producción. Y en calidad de productor minoritario se involucró el oscuro Alfredo Leone, sin ninguna relación familiar con Sergio, que reincidirá tres veces en la filmografía de Bava.

Daliah Lavi y Christopher Lee en *La frustra e il corpo* (1963).

El rodaje se lleva a cabo con un presupuesto ajustado en un plazo de tres semanas. Según escribe Gastaldi, «los productores nos pidieron explícitamente una película que se pareciera a *El péndulo de la muerte,* y eligieron a Bava como director para ahorrarse el sueldo del director de fotografía»[50]. Una confidencia que confirma en su fulminante crudeza tanto el peculiar vínculo estético, a manera de vasos comunicantes, que existía entre el americano Corman y el italiano Bava durante los primeros años sesenta, como la anteriormente expuesta sospecha de que Ubaldo Terzano era acreditado como director de fotografía por razones ajenas a su cometido verdadero en el rodaje.

---

[50] Ernesto Gastaldi, *Voglio entrare nel cinema. Storia di uno che ce l'ha fatta,* Milán, Mondadori, 1991.

El papel principal masculino recae en Christopher Lee, en su segundo y último trabajo con Bava; nada más lógico, estimando que, como ya se indicó, a la sazón representaba el purísimo equivalente en Europa de Vincent Price, emblema de las recreaciones de la literatura de Edgar A. Poe por parte de Corman. Es decir, un icono, el símbolo mismo del género gótico continental. Además, así los productores optimizaban que Lee estuviera rodando otra película patria, *El justiciero rojo (La vergine di Norimberga,* Antonio Margheriti, 1963), por añadidura también coescrita por Gastaldi, dentro de la nada desdeñable representación del actor inglés en el cine fantástico italiano del decenio. No obstante, el protagonismo absoluto recae en una mujer, en mayor medida que en cualquier película anterior de Bava. Gran acierto, este personaje se adjudicó a Daliah Lavi, una actriz israelí revelada por *Dos semanas en otra ciudad (Two Weeks in Another Town,* Vincente Minnelli, 1962) —majadera respuesta de Hollywood a *La dolce vita*— y que acababa de protagonizar en Italia la muy interesante *El demonio (Il demonio,* Brunello Rondi, 1963), cuya producción habían presidido también Federico Magnaghi y Ugo Guerra. Hermosa, morena, sinuosa, distinguida, con expresivos ojos grandes y mucho talento, dos años después cubriría la parte femenina de nada menos que *Lord Jim (Lord Jim,* Richard Brooks, 1965); sin embargo, paradójicamente desde entonces Daliah Lavi fue perdiendo categoría profesional, hasta eclipsarse no mucho más tarde, a comienzos de los años setenta. El tercer personaje en orden de relevancia está a cargo del italiano Tony Kendall, llamado realmente Luciano Stella y entonces poco más que debutante, que pronto gozará de cierta celebridad encarnando el personaje del Comisario X en una serie de seis películas; en España protagonizó dos *horror movies* del singular Amando de Ossorio, dicho sea de paso. Para el resto del reparto, Bava recupera a Ida Galli de *Ercole al centro della Terra* y a Gustavo

De Nardo de *La muchacha que sabía demasiado,* introduciendo asimismo en su filmografía dos intérpretes que reincidirán, la veterana Harriet White Medin y, en su socorrido rol de criado siniestro, el orondo e inquietante Alan Collins.

Regresando al guión, es importante destacar que por primera vez en su filmografía Bava no participa en él, en ninguna fase. Sazonado con rasgos de las dos películas que poco antes Riccardo Freda había realizado, precisamente, con Barbara Steele —es decir, *El horrible secreto del Dr. Hichcock* (1962), esta por añadidura escrita por Ernesto Gastaldi, y *Lo spettro* (1963)—, versa sobre la escabrosa relación de desprecio y deseo aunados que une a la hermosa Nevenka (Lavi), «de cabellos negros como ala de cuervo, piel blanca como la nieve y labios rojos como la sangre», con el arrogante y perverso Kurt (Lee), un antiguo amante que regresa al castillo a orillas del mar Báltico donde ella habita con su escasa familia, casada ahora con el apuesto Cristiano (Kendall); el raudo y misterioso asesinato de Kurt no parece impedir que este, demacrado y despiadado, se persone de vez en cuando a Nevenka, reivindicando el derecho viril sobre ella a base de latigazos, que la joven sufre y disfruta por igual... Sin embargo, no por estar escrita y concebida por manos ajenas, esta película resulta menos personal en la obra de Bava. En absoluto. Es más, representa una de las mejores y más características de su obra, así como, por extensión, un hito del «gótico a la italiana». En el sentido de que confirma en concepto/espíritu la previa incursión de su autor en el género, esa seminal e insuperable *La máscara del demonio* (fundamentalmente, la relación íntima entre lo pútrido y lo carnal), pero añade o remodela sus elementos, en el tratamiento formal y en el entramado argumental, con objeto de no estancarse, de no resultar meramente derivativa; basándose, como primera medida, en lo que puede comportar en la fotografía cambiar de un blanco y negro expresionista a un policromatismo embriagador.

Así, retomando la ambientación en un aristocrático y apenas habitado castillo decimonónico, que se sitúa en una abstracta ubicación en la Europa del Este donde el credo católico y el ortodoxo se confunden, amén de las exigidas reminiscencias de *El péndulo de la muerte, La frustra e il corpo*, en el estrato argumental, en concreto respecto a la morbosidad hermanada con el romanticismo, enriquece el adjetivo necrofílico de *La máscara del demonio* incorporando en primerísimo término un ingrediente de todo punto novedoso: la pulsión sadomasoquista, enfermiza y tenaz, anunciada por un título de lo más tajante *(El látigo y el cuerpo*, nada menos, en una película de 1963). Mientras que, respecto a tono y atmósfera, *La frustra e il corpo* diluye la virulencia de *La máscara del demonio* en un trazado plástico de un exquisito preciosismo multicolor, la despliega en un clima de romanticismo negro más delirante todavía que en *Abismos de pasión (Abismos de pasión,* Luis Buñuel, 1955), puesto que el contexto gótico lo permite, exaltado hasta una crispación que, sin embargo, nunca desbarra estúpida ni gratuitamente. Al respecto, la extraordinaria banda sonora de Carlo Rustichelli —superior a las de Roberto Nicolosi de las películas previas de Bava, con todo magníficas— resulta de todo punto consustancial, al determinar el sentido último de las imágenes con una bellísima cualidad mágica digna de superlativas simbiosis como las de Federico Fellini y Nino Rota o Sergio Leone y Ennio Morricone, por no apartarse del cine italiano. En términos de Ángel García Romero:

> Una indiscutible obra maestra del género. Toda la partitura gira en torno a un maravilloso concierto para piano y orquesta titulado *Windsor Concerto,* de evidente afiliación al romanticismo del xix, y, por lo tanto, perfecto para ilus-

trar esta desesperada y perversa historia de amor más allá de la muerte. Dado que el film de Bava se preocupa más por la creación de una atmósfera romántica y enfermiza que por la narración de unos hechos concretos, la música ejerce un papel prácticamente idéntico: la trágica melodía del *concerto,* sus obsesivas armonías, los decadentes solos de piano y sus apasionados *crescendos* con la orquesta a pleno rendimiento, no buscan una continuidad narrativa que apoye los gestos o las emociones de los protagonistas sino una representación abstracta de los sentimientos extremos que estos albergan en sus oscuras almas[51].

Por añadidura, Bava, para brindar el necesario desenlace superlativo, retoma de *La muchacha que sabía demasiado* la incertidumbre entre una explicación racionalista, prosaica y que tiende al psicoanálisis (Kurt/Lee y sus despiadados pero placenteros latigazos suponen la proyección de ciertos remordimientos, del sentido de culpabilidad que acusa la joven casada Nevenka/Lavi por haber amado previamente a un sádico criminal), y la aceptación de lo sobrenatural (Kurt/Lee constituye un fantasma de purísima carnalidad, que no puede abandonar el mundo de los vivos sin arrastrar a Nevenka/Lavi para que pueda prolongarse tan peculiar pasión en el más allá, y ella es el único ser humano en sensitivo grado de verlo y sentirlo). A propósito, la secuencia en que esta tensión/contradicción estalla por fin, con la pareja protagonista perfecta en sus respectivos cometidos, atesora un gusto tan exquisito que entra con todos los honores en la abultada antología de momentos privilegiados en la obra de Bava: Daliah Lavi primero abrazada a Christopher Lee, sin que nadie vea a la pareja; después abrazada, y no menos apasionadamente, al vacío, ante la mirada per-

---

[51] Ángel García Romero, «El fonógrafo del pánico», *Quatermass,* núm. 7, 2008.

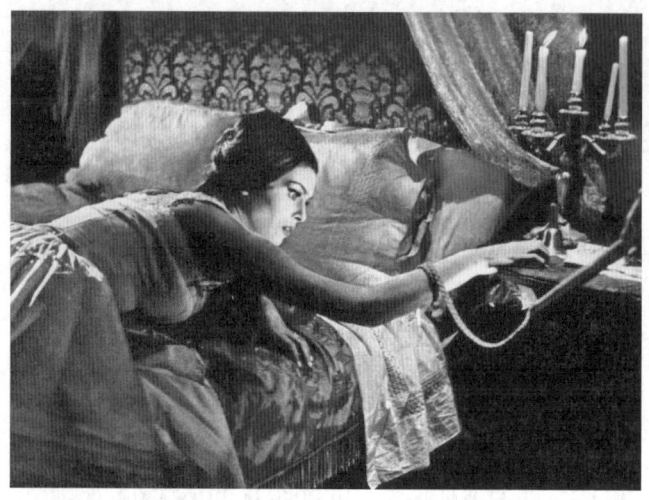

Daliah Lavi en *La frustra e il corpo* (1963).

pleja y aterrada del marido, sublimado todo por la genial banda sonora de Rustichelli y coloreado por la no menos genial paleta de Bava. Glorioso, inolvidable.

A propósito, debe destacarse que *La frustra e il corpo* supone la película de Mario Bava de mayor cualidad pictórica, que ya es decir, y a menudo recuerda a determinados cuadros de Alberto Martini, uno de los pintores más peculiares del siglo pasado en Italia, aunque quizá por casualidad o concordancias tácitas, como sucedía con nuestro Valdés Leal en *La máscara del demonio*. En cualquier caso, la hipnótica hermosura sensual que guarda de principio a fin hace sentir que no es una película rodada, sino pintada, como si la pantalla fuera un lienzo. Plasmándose de tal viso una atmósfera a la par palpable e impalpable, patente y difusa por igual, de colores imposibles y estallantes, atmósfera que se disfruta y saborea de forma casi táctil, y que predomina notablemente sobre un desarrollo narrativo pedestre, en el cual las incidencias argumentales parecen improvisarse sobre la marcha, como si se rodara por orden cronológico sin un guión propiamente dicho y según la inspiración del momento. Citando ahora a Pezzotta:

> Bava colorea los decorados, alternando las luces naturales (velas, lámparas, fuegos) y las irreales, que parecen formar parte de la escenografía (los colores preferidos son el amarillo, el azul, el morado y el verde, en general usados en combinaciones de dos, a veces de tres). Del mismo modo, Bava llena la atmósfera de sonidos: los silbidos reales-imaginarios del látigo, el viento omnipresente, pero también el mar, una presencia bastante anómala en una película de terror[52].

No sobra añadir que dentro de esta atmósfera especial el *off* de los latigazos, cual metonimia obsesiva y aterradora de la relación, supone un acierto tan magnífico como el sentido fetichista que una cámara siempre sinuosa, y suntuosa, le presta a determinados objetos significativos (la rosa, la daga), recorriendo pasillos y salones, criptas y alcobas, escrutando por doquier en un característico y angustioso *ostinato* claustrofóbico. Aunque, como indicaba la cita antedicha, el desarrollo puntualmente se abre al mar. Un mar rocoso y encapotado que aparecía esporádicamente en *El péndulo de la muerte,* cierto, pero que, pues de Bava se habla, remite por su fotogenia telúrica a determinadas escenas de *La furia de los vikingos,* no en vano se repite la localización en Tor Caldara, y exalta hasta el delirio obsceno la primera y más insólita escena de placer sadomasoquista que encierra *La frustra e il corpo,* con Christopher Lee destrozando el majestuoso vestido de Daliah Lavi a latigazos:

---

[52] *Op. cit.,* véase nota 41.

si el inicio de *La máscara del demonio* había batido los récords de cruenta violencia explícita en la pantalla, esta lo hizo respecto a morbosidad sadoerótica.

Huelga añadir que, irrefutablemente, y a buen seguro con consciencia, Bava veía a Barbara Steele en Daliah Lavi. Mas el remedo, valga el término cuando se habla de actrices de tan alta categoría, funciona a la perfección, y no se echa de menos a la actriz británica que Bava convirtiera en la soberana del género. En cuanto a Christopher Lee, cuyo personaje al principio parece el protagonista y tras su raudo asesinato aflora solo en momentos puntuales, sorprendentemente, sin duda asume su rol más ingrato y extremo hasta entonces, con la prestancia física y la expresión vesánica oportunas; al igual que en su primera encarnación de Drácula, su presencia/personaje rige la película por completo, pese a intervenir en pocas escenas. Años después, delatando franca campechanería, confesaría respecto a la película: «Nunca entendí realmente lo que estábamos haciendo»[53]. Por cierto, el hecho de que aparezca por lo común aislado en el encuadre, en contraplanos, aporta sutilmente un matiz valiosísimo... Especificando, tal vez se debió al imperativo de optimizar los pocos días que el gran actor inglés tenía disponibles para la película, y de ahí que seguramente todos sus planos se rodaran seguidos; sin embargo, esta determinación recuerda y subraya a escala subliminal la purísima cualidad de extrañamiento, de ente irreal, literal y metafóricamente excluido, que caracteriza al personaje. O sea, Mario Bava hizo de la necesidad, laboral, virtud, estética. Proeza solo al alcance de los maestros de la denominada Serie B.

Película tan inesperada como inaudita, pues el Séptimo Arte jamás había mostrado el sadomasoquismo con talante

---

[53] Reproducido de Jonathan Rigby, *Christopher Lee. The Authorised Screen History*, Londres, Reynolds & Eran, 2001.

necrofílico, o una sumisión femenina tan desorbitada que invoca la ultratumba, ni por ende el gótico italiano había llegado tan lejos en sus contenidos privativos, *La frustra e il corpo* lógicamente sufrió diversos encontronazos con Censura, bien que estos se han desorbitado en determinadas fuentes y/o por los admiradores de Bava más irracionales. En cualquier caso, ya parece increíble que autorizaran, para empezar, el propio título. No es más que una película de terror, sin duda pensaron.

Estrenada a mediados de 1963, apenas cuatro meses después de que lo hiciera *La muchacha que sabía demasiado,* el fracaso que *La frustra e il corpo* sufrió en Italia fue absoluto. En cambio, allende las fronteras *(Night Is the Phantom* en Inglaterra, *What?* en Estados Unidos, el idéntico *Le corps et le fouet* en la coproductora Francia) se convirtió, *sotto voce,* en lo que posteriormente se denominaría «película de culto», confirmando la aureola de Mario Bava como cineasta fascinante y especial. En España no se estrenó nunca, por supuesto.

* * *

Sin que haya expirado este año, Bava vuelve al seno de Galatea, a fin de realizar otra película de terror, *Las tres caras del miedo*. Esta vez American International Pictures en cierto modo marca su gestación, sin conformarse solo con la distribución, tal como habían procedido con otras producciones Galatea, sin ir más lejos las rodadas por Bava *(La máscara del demonio, La furia de los vikingos* y *La muchacha que sabía demasiado).*

El propósito de los distribuidores americanos estriba en revalidar el éxito que habían cosechado tres años antes con la ópera prima de Bava, esgrimiendo como primera medida un título parecido; así, evocando el *Black Sunday* con que *La máscara del demonio* circuló en los Estados Unidos, esta se denominará *Black Sabbath*. La otra determinación, de mayor enjundia, consiste en que la película reúna tres episodios con un referente literario, en la línea de lo que Roger Corman acababa de hacer para ellos con *Historias de terror (Tales of Terror,* 1962), dentro del ciclo dedicado al acervo literario de Edgar A. Poe. Por añadidura, Samuel Z. Arkoff y James H. Nicholson gestionan que el episodio principal, o sea, el que debe recordar en lo posible a *La máscara del demonio* y más les interesa por expectativas de éxito, esté protagonizado por dos actores americanos a la sazón activos en sus producciones: el joven Mark Damon (que, si de Bava se habla, diríase un cruce entre el John Saxon de *La muchacha que sabía demasiado* y el Tony Kendall de *La frustra e il corpo)* y el anciano, mítico Boris Karloff, que disfruta de una postrera juventud profesional, si bien gracias sobre todo a la televisión, pues presenta una serie de terror, la muy interesante *Thriller,* producida por el canal NBC y emitida entre 1960 y 1962 con elevado índice de audiencia; de hecho, Karloff abre *Las tres caras del miedo* mediante una presentación similar, con objeto de que esta película europea se homologue con *Thriller* de cara al público americano. Por lo demás, Arkoff y Nicholson también allegan un adelanto de distribución, para facilitar el rodaje.

Cerrado el trato, en el cual se agrega de forma minoritaria una productora francesa, deben elegirse tres autores prestigiosos y susceptibles de generar los correspondientes relatos de terror. Emerge entonces esa picaresca nada impropia de la mentalidad italiana, al menos en ciertas vertientes. Puesto que las historias —*El teléfono, La familia Wurdalak* y *La gota de agua*— se acreditan a Guy de Maupassant, Alexei Tolstoi y Anton Chejov, nada menos, pero en verdad no existe inspiración alguna respecto al primero ni al tercero. ¿Se eligió a Maupassant como concesión a la coproductora Francia y a Chejov en homenaje a la pasión de Bava por la literatura rusa? Carezco de cualquier confirmación fehaciente, pero es harto posible. Y solo conozco otro caso de tal catadura, *La noche de los asesinos* (Jesús Franco, 1973), cuyos créditos atribuyen a Edgar A. Poe la autoría de la obra en que se inspira declaradamente el argumento, *El gato y el canario*, escrita y firmada por John Willard.

En concreto, tal como indican fuentes ajenas a los títulos de crédito, *El teléfono* parte de un relato del ignoto F. G. Snyder, según ciertos críticos colaborador del mítico *Alfred Hitchcock Magazine*. Ahora bien, nada se conoce ni se encuentra sobre el tal Snyder por parte alguna, aparte de esta fácil vaguedad. ¿Y si fuera un nombre inventado? No sería de extrañar, desde luego. Ninguna objeción, en cambio, a *La familia Wurdalak*, prestigioso y magnífico relato efectivamente escrito por Alexei Tolstoi, pariente del celebérrimo Lev autor de *Guerra y paz*, y disponible en diversos idiomas[54]. Por último, el verdadero autor de *La gota de agua* es P. Kettridge. Ahora bien, este es el seudónimo del italiano Franco Lucentini (uno de los que usó, mejor dicho), una gloria menor de la literatura nacional del siglo XX, que durante cerca de cuarenta años dirigió la mítica colección fantacientífica *Urania* (que tanto gustaba a Bava y que si-

---

[54] *La familia Wurdalak* fue divulgado en Occidente gracias a la mítica *Anthologie du Fantastique* (París, Le Club Français du Livre, 1958), compilada por Roger Callois (escritor, sociólogo, crítico y traductor, que perteneció al movimiento surrealista en sus inicios). En España, apareció por primera vez tres años después, en *Narraciones terroríficas* (Barcelona, Acervo, 1961), germen de una colección formidable que se prolongó a lo largo de la década de los sesenta, con varias reimpresiones de cada tomo, y cuya entrega final, la novena, apareció en 1970. Curiosamente, si de Bava se habla, esta última contenía *El Viyi*. Después, *La familia Wourdalak*, con ligeras diferencias en la grafía del patronímico según la traducción, ha conocido otras ediciones españolas, una de las cuales lo reúne con el otro cuento de terror del autor, *El vampiro*: *El vampiro. La familia del Vurdalak*, Madrid, Alianza, 2009.

gue publicándose, dicho sea de paso) junto a un colega y amigo, Carlo Fruttero, con el cual escribió igualmente ficción policiaca; por ejemplo, la novela que inspiró *La mujer del domingo (La donna della domenica,* Luigi Comencini, 1975)[55].

Aclarado el barullo de las fuentes literarias, conste que el libreto lo escribe Marcello Fondato, un caso como tantos otros de guionista válido, y mucho, que se equivocará estrepitosamente abordando la realización, poco tiempo más tarde. Una vez aprobado, este guión se retoca y matiza, en manos de Ugo Guerra (coproductor y coguionista de *La frustra e il corpo,* recuérdese), Alberto Bevilacqua (otro caso como el de Fondato, sin ir más lejos) y el propio Bava, trabajando juntos y deprisa en una casita en Chianciano, famosa localidad toscana[56].

Acto seguido, Bava comienza a preparar la película, recuperando su equipo característico de la etapa anterior (Serandrei, Nicolosi, Giovannini, Grani, Terzano), pero con un ayudante de dirección nuevo, Giuseppe Berta.

Director y productores, por cierto, han urdido el rodaje con vistas a que puedan reciclarse elementos de dos previas películas en colaboración, en perfecta sintonía con American International Pictures, cuyas producciones de terror realizadas por Corman reiteraban en lo posible los decora-

---

[55] En lengua española solo se encuentra un relato escrito por Lucentini como P. Kettridge, *De las tres a las tres y media;* pero se trata de una edición venezolana, la antología *Breviario del estremecimiento* (Caracas, Monte Ávila, 1970).

[56] Según recuerda Bevilacqua: «Era otoño, con un ambiente espectral. Trabajábamos sobre todo de noche en aquella casa, para ambientarnos, porque en *Las tres caras del miedo* debía emerger la noche, la oscuridad. Nos reuníamos para escribir en una habitación muy pequeña, dominada por el perro de Bava, grandísimo, que siempre estaba a nuestros pies y nos miraba fijamente. Y debo decir que más que las cosas que inventábamos en el guión, al menos a mí me daba miedo ese perro», *op. cit.,* véase nota 14.

dos y el vestuario, incluso planos específicos (olas rompiendo sobre la playa, el recurrente incendio final). Así, en *La familia Wurdalak* pueden reconocerse determinadas escenografías, sobre todo las ruinas con las columnas, y fragmentos musicales, de *La máscara del demonio,* y en *El teléfono* el decorado principal, o sea, la casa del maduro matrimonio homicida, de *La muchacha que sabía demasiado.*

Ahora bien, en cuanto a planteamiento, *Las tres caras del miedo* se diferencia por completo de *Historias de terror,* tanto por partir de autores distintos para cada episodio como debido a que los tres transcurren en contextos diversos, sin nexo alguno. En este sentido, *Las tres caras del miedo* discrepa igualmente de los previos, y contados, «omnibus films» del género, según la graciosa definición británica, puesto que por sistema todos guardaban algún tipo de vínculo —desde clásicos mudos alemanes como *Las tres luces (Der Müde Tod,* Fritz Lang, 1921) o *El hombre de las figuras de cera (Das Wachsfigurenkabinett,* Paul Leni, 1924), a los ingleses *Al morir la noche (Dead of Night,* Charles Crichton, Alberto Cavalcanti, Basil Dearden y Robert Hamer, 1945) y *Three Cases of Murder* (Wendy Toye, David Lady y George More O'Ferrall, 1954)—, así como de los que un año después comenzaría a producir la londinense Amicus Films, a partir de *Doctor Terror (Dr. Terror's House of Horrors,* Freddie Francis, 1964). Por idéntico motivo, *Las tres caras del miedo* difiere también de la coetánea moda nacional de las películas por episodios, en general encuadradas dentro del género cómico, en unas ocasiones con todos los segmentos realizados por el mismo director, como *Monstruos de hoy (I mostri,* Dino Risi, 1963), en otras a cargo de varios, por ejemplo *Boccaccio 70 (Boccaccio 70,* Mario Monicelli, Luchino Visconti, Federico Fellini y Vittorio De Sica, 1962), las dos películas, y magníficas, que implantaron el fenómeno. En resumidas cuentas, el único denominador común en *Las tres caras del miedo* estriba en la idiosincrasia de Mario Bava, pues apenas puede considerarse un vínculo el hecho de que cada episodio refleje las correspondientes muertes bajo los respectivos mecanismos del terror, ya que se revelan disímiles en todos los sentidos y niveles: en el primero, las personas que fallecen son las imprevistas, y lo hacen por acciones violentas y reales, que el espectador ve a las claras, en una ciudad coetánea; en el segundo, perece todo el *dramatis personae,* a consecuencia del contagio de una maldición secular y sobrenatural, en la «Rusia profunda» del siglo XIX; en el tercero, situado de nuevo en la actualidad mas en ambientes bien distintos de los que muestra el primero, una mujer muere, pero de cara al espectador la causa permanecerá escindida entre la explicación racional (suicidio a causa de los remordimientos y/o la paranoia) y la irracional (estrangulamiento por parte del cadáver de una anciana vengativa). Oportunamente, la música de Nicolosi explica la diversidad, tonal, dentro de la concordancia, estética, tal como resume García Romero:

> *El teléfono* y *La gota de agua* utilizan recursos puramente jazzísticos: un combo para saxo, contrabajo, marimba y percusión en el primer título, y un sonido más atmosférico resuelto con órgano, platillos y timbales en el segundo. Por otro lado, el grueso de la partitura pertenece al segmento de *Los Wurdalak,* cuyo espíritu salvaje y primitivo se consigue gracias a una pequeña orquesta en la que viento y timbales son los protagonistas. La ausencia de una melodía definida y el uso de armonías asonantes crean la oportuna sensación de miedo y desasosiego, mientras que el efecto lejano de una trompa, como si fuese un reclamo para cazadores, subraya la monstruosa amenaza que se avecina[57].

---

[57] *Op. cit.,* véase nota 51.

Michèle Mercier en *El teléfono,* episodio de *Las tres caras del miedo* (1963).

El primer episodio, *El teléfono,* es el mejor, lo cual, como es lógico, perjudica el visionado del resto: *Las tres caras del miedo* empieza tan sumamente bien que se revela incapaz de mantener la altura inicial. Sirviéndose del decorado principal de *La muchacha que sabía demasiado,* como ya se indicó, pervierte esta película merced a una premisa genial e inauditamente morbosa: la madura lesbiana Mary (Lydia Alfonsi) mediante llamadas impostadas atemoriza a su joven y bella examante Rosy (Michèle Mercier, presente en *Le meraviglie di Aladino)* con la posibilidad de ser asesinada por el criminal Frank (Milo Quesada, el falaz narcotraficante de *La muchacha que sabía demasiado),* antiguo conocido común recién huido de prisión. El único fin de Mary para aterrorizar a Rosy es que esta le pida acudir a su casa, debido al pánico, y así poder volver a acostarse con ella.

Y, en efecto, Rosy reacciona de tal modo y Mary acude con prontitud... Desde luego, el guión recuerda mucho a esos relatos policiacos americanos de los años cincuenta en los cuales el retruécano final, surgido a menudo de una casualidad desorbitada, o bien arroja una nueva luz sobre todo lo anterior o bien asombra mediante una paradoja desarmante; maestros a quienes hoy se concede la debida relevancia cultural, como el genial Cornell Woolrich o el eficaz Robert Bloch, sobresalieron en este estilo, entre otros que cultivaron, por lo cual no es imposible que, en efecto, el supuesto F. G. Snyder existiese y hubiera publicado en el *Alfred Hitchcock Magazine,* revista especializada precisamente en tal índole de historias. Sin embargo, el enfoque artístico-conceptual revela a Bava y solo a él, en su estado más puro y en plena forma, brindando una filigrana soberbia, un estilizado ejercicio de concentración, con tres personajes exclusivamente, en el cual se aúna una formalización fluida y magnífica, a base de planos largos en movimiento con perfecto dominio del reducido espacio escénico, con una sensualidad embriagadora / una morbosidad envolvente, donde el propósito estriba en extremar, más que prolongar, el sentido último de *La muchacha que sabía demasiado,* matizado a su particular manera en *La frustra e il corpo.* Es decir, una personal estética del pánico femenino, de la belleza cercada, perseguida, amenazada, que de forma perversa resulta tanto más atractiva cuanto mayor es el peligro que sufre, bien encarnada en la interpretación de Michèle Mercier (en su rol por supuesto puede verse a Leticia Roman o Daliah Lavi). Esta insidia enfermiza establece la impronta del *giallo* todavía en mayor medida que *La muchacha que sabía demasiado;* por consiguiente, implica un gran paso adelante en la decidida instauración del género. Por si fuera poco, Bava añade una triquiñuela argumental que se prodigará (el desenlace inesperado y paradójico, en este caso la supervivencia de la joven amenazada y la muerte del criminal y de la intrigante) e incorpora una parafilia que asimismo abundará (el lesbianismo), subrayando, por añadidura, el fetichismo en el asesinato (Frank estrangula a Mary con una media de Rosy) y el sentido obsceno del impulso homicida: «Quiero verte morir», afirma por teléfono la voz amenazadora, con saña y vesania, a esa preciosa joven que habita sola en un coqueto apartamento, en esa suerte de independencia femenina que desde *El teléfono* será habitual, también, en las hermosas víctimas del *giallo*. No falta tampoco el desencantado comentario social, o cuando menos ideológico, al que igualmente recurrirá el *giallo,* pues se insinúa que la protagonista no es sino una egoísta prostituta de lujo, que denunció al torvo Frank para inculparle en solitario oscuras actividades compartidas, y la madura lesbiana tampoco parece precisamente intachable, ya que participa del pasado de ambos. Ahora bien, lo que ya no volverá a verse dentro del género es un desarrollo así de ingenioso dentro de un trazado formal tan espléndido: historia, color, intérpretes, cámara, planificación, vestuario, escenografía, música, ritmo... conforman una pequeña obra maestra que extiende *La muchacha que sabía demasiado* y anuncia *Seis mujeres para el asesino,* mas atesorando una admirable categoría propia.

Segundo episodio de *Las tres caras del miedo, La familia Wurdalak* acusa cual lastre la obligación de asemejarse a las películas de Corman sobre Poe, así como la de respetar un relato egregio. La creatividad y la personalidad de Bava, tan especiales, quedan coartadas, un tanto cohibidas, sin que compense la recuperación de escenografías y fragmentos musicales de *La máscara del demonio,* como se indicó, justificada por un vínculo histórico-geográfico-genérico, ya que Alexei Tolstoi escribió el relato en 1839 (bien que se publicó póstumamente, en 1884, nueve años después del fallecimiento del autor), y Nikolai Gogol hizo lo propio con *El Viyi* en 1835; apenas unos años de diferencia median entre el uno y el otro, pues. A propósito, y siguiendo la descripción efectuada en el propio cuento, un relato retrospectivo que en su vejez el superviviente protagonista refiere en una reunión social:

> Los vourdalaks o vampiros de los pueblos eslavos no son, en opinión de las gentes, más que cuerpos muertos que salen de sus tumbas para chupar la sangre de los vivos. Hasta aquí sus costumbres son las mismas que las de los demás vampiros, pero tienen una particularidad que los hace especialmente horribles y es que los vourdalaks, señoras mías, prefieren chupar la sangre de sus padres, parientes y amigos más allegados e íntimos, que, una vez muertos, se convierten en vampiros a su vez, de suerte que se dice que en Bosnia y Hungría hay pueblos enteros convertidos en vourdalaks[58].

Mark Damon y Boris Karloff, en efecto, son los protagonistas, y aquí radica otro inconveniente, puesto que el uno resulta átono, se revela el peor galán con que había contado la obra de Bava hasta la fecha, y el otro si bien convence en los planos mudos, impactando por razones de presencia y expresión, decepciona cuando habla, pues sobreactúa[59]. Con todo, el mayor defecto es de tipo formal, consiste en una linealidad narrativa carente de la fuerza debida, al sofocar la imaginación calenturienta de Bava en el género fantástico sin recuperar a cambio el espíritu clásico

---

[58] Alexei Tolstoi, «La familia Vourdalak», en *Narraciones terroríficas,* vol. 1, Barcelona, Acervo, 1961.

[59] Sin embargo, Bava se deshizo en elogios sobre Karloff: «Era un auténtico señor. Nunca un retraso, nunca un capricho. Jamás dijo una palabra de más, ni molestó a nadie. Estaba muy viejo y sufría de artritis. Por eso, yo le hacía trabajar únicamente de dos a cuatro. Era muy buen actor y muy buen profesional, él mismo encontraba su luz». Reproducido de *op. cit.,* véase nota 11.

Boris Karloff en *La familia Wurdalak,* episodio de *Las tres caras del miedo* (1963).

de *La furia de los vikingos*. Por ende, *La familia Wurdalak* tampoco iguala, para colmo de males, el elegante tono sugestivo de las películas de Corman que debe emular, con sus neblinas irreales y sus personajes desquiciados en góticos ambientes crepusculares. Mas todo ello no significa que este episodio sea fallido por entero, pues Bava crispa con interesante espíritu latino la pulcra sobriedad cartesiana de Corman, mediante su personal forma de recargar la imagen y acentuar el cromatismo, y, pese a las rémoras antedichas, y a un desarrollo algo arrítmico, transmite con propiedad el tétrico encanto del relato de Tolstoi, en general, reflejando, en particular, momentos muy inquietantes, verbigracia el descrito en estos párrafos:

> Mi mirada cayó sobre la ventana y entonces vi al infame Gorcha, apoyado en una estaca ensangrentada, que me

miraba con sus ojos de hiena. En la otra ventana estaba Jorge, que, en aquellos momentos, se parecía a su padre de un modo espantoso. Los dos parecían espiar mis movimientos y yo no dudé ni un segundo que se abalanzarían sobre mí a la menor tentativa de huida[60].

Empero, Bava acentúa en especial, tal como cabía esperar, la innovación básica del guión respecto a la previa filmografía vampírica, muy importante. Es decir, la atracción-repulsión entre los wurdalaks y sus seres queridos, en el sentido de que, al formar parte de la misma familia, se debaten entre el ansia de contagio irracional, para formar parte de una comunidad con lazos de sangre, y el propósito de defensa racional, con objeto de mantenerse dentro de la humanidad. Esto permite, por añadidura, sugerencias morbosas en cuanto a vínculos antinaturales o incestuosos, otro enlace, pues, a *La máscara del demonio,* dentro de un planteamiento singularmente acre y hasta subversivo, que jamás había osado el género gótico: los miembros de una familia vampirizándose entre sí, aniquilándose mutuamente, en una pútrida endogamia autodestructiva. Mario Bava batía un nuevo récord, en efecto. Ubicada en un ambiente rural, iletrado, supersticioso, esta desoladora negrura estalla a más no poder en un desenlace diametralmente opuesto al del relato, única diferencia apreciable entre cuento y guión: el héroe no sobrevive para contarlo, sino que es vampirizado igualmente, en concreto por esa bella y cándida Sdenka (Susy Andersen) con la cual pretendía emprender una vida nueva bien lejos del poblacho donde sucede la acción. Huelga aclarar que este cierre, amén de prefigurar el de *El baile de los vampiros (The Fearless Vampire Killers,* Roman Polanski, 1967), que no sería poco, se integra de todo pun-

---

[60] *Op. cit.,* véase nota 58.

to en la relación de amores fatales que nutre la obra de Bava, reinterpretando, además, el de *La frustra e il corpo:* si allí el hombre arrastraba a la mujer a ultratumba, con objeto de gozar allí la compartida pasión a perpetuidad, aquí es la mujer la que integra al hombre en el vampirismo, con idéntico móvil[61].

No faltaba, por cierto, la pasión fatal en el episodio previo, dentro de la novedosa orientación lésbica, considerando que el objetivo de Mary para aterrar a Rosy era volver a tenerla en sus brazos, al menos durante una noche; y lo consiguió, mas a costa de su vida. Sin embargo, tan arrebatados y ardientes impulsos, en principio de amor y al final de sangre, faltan por completo en el último episodio de *Las tres caras del miedo,* dado que en *La gota de agua* no hay más que codicia, inquina y revancha, salvo que quieran considerarse contrapuntos positivos la intervención episódica de tres personajes puramente de contorno (la doncella, la portera, el inspector). La protagonista es una enfermera a domicilio, a la cual encarna la actriz francesa Jacqueline Pierreux, madre del inefable, y emblemático, Jean-Pierre Léaud, vista en diversas películas españolas de los años cincuenta; por ejemplo *Tarde*

---

[61] Nueve años después, un otoñal Giorgio Ferroni, director de uno de los hitos del cine gótico italiano, el mentado *El molino de las mujeres de piedra,* realizó una segunda adaptación fílmica de *La familia Wurdalak,* en coproducción con España. Se trata de *La noche de los diablos (La notte dei diavoli,* 1972), rodada entre Calatayud y Roma con el protagonismo de Gianni Garko, divo del *spaghetti western,* partiendo de un guión que trasladaba la historia al presente. El admirable resultado, eficaz y atmosférico, justifica una urgente revalorización del film, penúltimo de su realizador y bien por encima del nivel medio que guardaba entonces el cine fantástico mediterráneo. Conste también que *La familia Wurdalak* supuso un episodio de la serie de Televisión Española *El quinto jinete* (José Antonio Páramo, 1975), inspirada en ilustres cuentos del género terrorífico. Con el protagonismo de Francisco Valladares y Charo López, este no era precisamente de los mejores, pero se deja ver con respeto, aunque solo sea por el loable voluntarismo.

de toros (Ladislao Vajda, 1955), *La gran mentira* (Rafael Gil, 1956) y *Despedida de soltero* (Eugenio Martín, 1957). Cierta noche, le piden que asista a una de sus pacientes, pero cuando acude la enferma acaba de fallecer; era una anciana, y el valioso anillo que porta atrae la atención de la enfermera, que no vacila en robarlo, extrayéndolo esforzadamente del rígido dedo... El acoso vengativo que desde entonces sufre la protagonista, desquiciándola progresivamente, sobre el papel recuerda a Dostoievski, uno de los ídolos literarios del director, y a Poe, en nueva alusión a *Historias de terror*. Ahora bien, en imágenes vuelve a revelarse patrimonio exclusivo de Mario Bava. Desde el propio diseño del cadáver, deliberadamente artificioso e irreal (responsabilidad por cierto del padre, un ya anciano Eugenio Bava), con esa expresión grotesca y absurda, cruel y necia por igual, hasta un desenlace que prolonga la dicotomía entre psicosis humana y acción sobrenatural de las previas películas del autor, sin olvidar una escenografía abigarrada en los dos espacios dramáticos, contrapuestos con contundencia y a cuál más claustrofóbico, en un privativo esteticismo de la sordidez (el modesto domicilio de la enfermera versus el inmenso pero destartalado *palazzo* donde habitaba la anciana), todo en *La gota de agua* delata la idiosincrasia de Bava. Los rasgos psicoanalíticos apreciables en previas películas del autor aquí se manifiestan en la presencia inquietante de diversas muñecas que metaforizan una infancia jamás superada en las dos protagonistas, trastornadas ambas por su correspondiente índole de soledad; desde este *sketch* las muñecas supondrán por cierto uno de los iconos del *giallo,* enésimo hallazgo que atribuir a Bava. El toque esotérico que no suele faltar en la obra del autor emerge, primero, en la introducción del espiritismo dentro del argumento, y, después, en el sentido amenazador y nefasto que guarda el sonido de una mosca, tan obsesivo como el de ese goteo que proporciona el título, pues evoca en el subconsciente colectivo occidental la inmemorial figura demoníaca

Jacqueline Pierreux en *La gota de agua,* episodio de *Las tres caras del miedo* (1963).

de Belcebú, literalmente «el señor de las moscas», asociado por definición con la suciedad más viciada (en tiempos seculares, tales insectos llegaron a considerarse emisarios de dicha entidad satánica). Nueva fémina en peligro mortal en la filmografía de Bava, la enfermera a la postre fallece estrangulada (¿por el cadáver revivido con ánimo de venganza o por sus propias manos?) tras enloquecer a consecuencia de una serie de ruidos aterradores, según un sentido de la banda sonora que jamás había revelado tal relevancia dramática en la obra del autor. Cuaja así decididamente una temática que Bava había insinuado con anterioridad y retomará con frecuencia: la demencia autodestructiva, a ser posible de un personaje femenino. Nada gratuita, en este caso, por cuanto versa, con espíritu desolador pero sin complacencia chabacana, sobre la decrepitud humana; física, ética, psicológica... en todos los frentes y niveles. En términos de Pascal Martinet:

> Un viejo gramófono donde muere un vals de Strauss, pasillos largos repletos de objetos abandonados y donde moran gatos inquietantes, muñecas rotas por manos caprichosas que sobresalen en cajones entreabiertos. ¿Cómo no ver en esto la única y verdadera cara del miedo, la de nuestros temores enterrados más profundamente?[62].

Sin lugar a dudas, y en todos los sentidos, *Las tres caras del miedo* supone en la obra de Mario Bava el equivalente de *Le plaisir* (1953) en la de Max Ophuls. Basada esta, por cierto, en tres relatos de Guy de Maupassant, pero de verdad.

Finalizado el tercer y último episodio, Boris Karloff despide *Las tres caras del miedo,* al igual que la había presentado. Pero ahora no vestido de traje, como en la introducción y/o en *Thriller,* sino caracterizado de su personaje en *La familia*

---

[62] *Op. cit.,* véase nota 45.

Wurdalak y subido a un caballo que progresivamente revela ser de cartón y estar anclado en el suelo del *set;* la visión de un manojo de técnicos removiendo hojarasca ante unos ventiladores y dando vueltas alrededor de caballo y jinete, al abrirse el encuadre, ultima la secuencia, insólitamente burlona. ¿Qué se pretendió cerrando de tal guisa *Las tres caras del miedo*? ¿Acaso desmitificar el proceso de creación cinematográfica? En absoluto, respondía a una expresa imposición de los distribuidores-coproductores americanos para amainar el encadenado de tan amargas historias, desagradablemente sorprendidos ante un conjunto desolador en altísima medida, cuando ellos esperaban, sin más, una *horror movie* con coartada cultural pero enfocada a un público juvenil (cambiaron también muchos diálogos, así como el orden de los episodios). Y Bava respondió de tan desopilante guisa a la orden de un final guasón... En cualquier caso, un tanto inoportuna y majadera sí que resulta la escena, de ahí que fuese cortada en algunas versiones; es más, ni siquiera gustó a quienes la impusieron... Sin embargo, prefiguró, con llaneza, la conclusión, petulante, del insoportable *La montaña sagrada (The Holy Mountain,* Alejandro Jodorowsky, 1973), o experimentos deconstructivos de la pedantería de *Vampir. Cuadecuc* (Pere Portabella, 1970). Y resultó de todo punto insólita en la época. Un cierto respeto merece, pues. Además, ¿qué otro director especialista en cine de terror habría osado terminar así su película?

* * *

Tras el fracaso comercial de *La frustra e il corpo,* el éxito que *Las tres caras del miedo* obtiene por doquier reconcilia a Mario Bava con las taquillas. Él la consideraba su mejor película.

Significativamente, tras *La muchacha que sabía demasiado* y *El teléfono,* ningún otro director italiano se atreve a prolongar tal vía, a cultivar el recién nacido *giallo*. Todavía no. A lo sumo, surgen algunos cruces entre esta línea y la gótica, modestísimas además, tipo *Crimine a due* (Romano Ferrara, 1964) o *Delitto allo specchio* (Jean Josipovici y Ambroglio Monten, 1964), ambos con John Drew Barrymore, hijo del mítico John Barrymore y no por casualidad el *psycho killer* de *Mientras Nueva York duerme,* una de las películas americanas mentadas respecto al basamento del *giallo*. En cambio, prosigue fructífera la vía abierta en *La máscara del demonio,* mediante una cierta cantidad de películas, con o sin Barbara Steele, por lo común estimables y entre las cuales no faltan coproducciones con España, tipo *Horror* (Alberto De Martino, 1963) y *La maldición de los Karnstein* (Camillo Mastrocinque, 1964). Supuso un momento glorioso para el cine italiano, sin duda alguna:

> Vampiros, espectros, brujas, científicos locos y sádicos, monstruos horrendos, chicas medio desnudas, laboratorios increíbles, ambientes sobrecargados, blanco y negro crudo o violentos contrastes entre colores. Estos eran los simples pero eficaces ingredientes que daban cuerpo a las fantasías oscuras de Cinecittà, enfatizados por la sugestiva música de célebres compositores. Un mundo arcano y envolvente, que sabía transformar en espacios míticos y misteriosos el castillo del príncipe Borghese en Artena (Roma) o el de Balsorano (Abruzzo), escenarios turísticos sublimados por las películas de género, sobre todo de terror. Una atmósfera fascinante e inolvidable para los espectadores que acudían a los cines de barrio de entonces, por desgracia incomprensible e inexplicable para los actuales jóvenes asistentes a las multisalas de centros comerciales[63].

---

[63] Riccardo Morrocchi y Stefano Piselli, *La dolce paura,* Florencia, Glittering Images, 2005.

No resulta extraño, por ende, que sea el propio Bava quien avance en el segundo género por él creado. Surge así, en 1964, *Seis mujeres para el asesino,* en ese régimen de coproducción múltiple que tan beneficioso será entonces para la industria fílmica europea. Resumido por el cineasta español Eugenio Martín, que por cierto en el mismo año de *La muchacha que sabía demasiado* había rodado un *mystery* hispano-ítalo-alemán con ramalazos de *giallo,* el admirable *Hipnosis* (1962):

> El sistema de coproducción europea permitía reducir riesgos a los productores, porque se aseguraban una serie de mercados donde la película tenía la protección oficial correspondiente, así como una amortización prácticamente asegurada. Si además la película funcionaba en taquilla, podía hablarse de un buen negocio[64].

Merced a esta fórmula, Italia, sin ir más lejos, en los años sesenta superaba fácilmente los doscientos largometrajes anuales, por inconcebible que suene en nuestros días. Volviendo a *Seis mujeres para el asesino,* por parte italiana produce la efímera Emmepi Cin, a cargo de Massimo Patrizi y Alfredo Mirabille, que había participado de forma minoritaria en *Las tres caras del miedo*. Francia vuelve a sumarse en una película de Bava, pero ahora nada menos que Georges de Beauregard, que durante los años anteriores había producido a cineastas como Jean-Pierre Melville, Claude Chabrol, Jean-Luc Godard y Jacques Demy. El resto lo aporta la productora alemana Monachia Film.

Dentro del equipo técnico, el realizador conserva de su película anterior a Terzano para la fotografía, Serandrei en el montaje y Grani en el vestuario. La dirección artística

---

[64] Reproducido de Carlos Aguilar y Anita Haas, *Eugenio Martín. Un autor para todos los géneros,* Granada, Retroback / Séptimo Vicio, 2008.

Cameron Mitchell y Eva Bartok en *Seis mujeres para el asesino* (1964).

compete ahora a Arrigo Breschi, un decorador que había destacado en la filmografía de Dino Risi y acababa de participar en la escenografía de *La pantera rosa (The Pink Panther,* Blake Edwards, 1963), y en la banda sonora el gran Carlo Rustichelli repite con Bava tras *La frustra e il corpo,* mediante una composición antitética de esta, dada la enorme versatilidad del músico, pero no menos magnífica, que asimila con voz propia, e inquietante, la fiebre del *latin jazz,* con toques de mambo incluso en su sentido de la percusión, destacando un extraordinario, inolvidable solo de trompeta en el *leitmotiv.*

En cuanto a intérpretes, el papel principal lo cubre una actriz estupenda, Eva Bartok, que por desgracia no alcanzó el nivel merecido dentro de la profesión. De porte regio y expresión marcada, hermosa y distinguida, era de origen húngaro, se llamaba en realidad Eva Ivanova Szöke, y sufrió una vida novelesca y borrascosa. Tras protagonizar junto a Burt Lancaster *El temible burlón (The Crimson Pirate,* Robert Siodmak, 1952), parecía en efecto que iba a situarse bien alto en el sector; por el contrario, desde entonces empezó a decaer, por razones diversas. En todo caso, su formidable protagonismo en *Seis mujeres para el asesino* queda para la historia y supone el papel más admirado, por ende recordado, de su cosmopolita filmografía. A su lado, el americano Cameron Mitchell, entonces muy activo dentro del cine europeo, repite con Bava tras *La furia de los vikingos.* El resto del reparto corresponde al alemán Thomas Reiner, encarnando al inspector a cargo del caso (a buen seguro no es casual que se parezca a Heinz Drache, uno de los comisarios por excelencia del entonces aún coleante *krimi),* e intérpretes vistos ya en la filmografía previa de Bava (Dante di Paolo, Massimo Righi, Harriet White Medin, Franco Ressell, Alan Collins).

Al igual que en *Las tres caras del miedo,* el guión está escrito por Marcello Fondato. Pero la versión definitiva de nuevo la perfila el propio Bava, en colaboración en este caso con el ignoto Giuseppe Barillà. En idéntica medida que en las películas anteriores del director, el rodaje se efectúa en inglés, con sonido de referencia, con vistas a su distribución en Estados Unidos por parte de Allied Artists, que entonces explotaba en América cine europeo de toda clase, con el título de *Blood and Black Lace (Sangre y encaje negro),* en obvia e irónica paráfrasis macabra del celebérrimo éxito teatral *Arsenic and Old Lace (Arsénico y encaje antiguo,* cuya adaptación cinematográfica de Frank Capra en España se tituló *Arsénico, por compasión).*

Un tanto banal parece el argumento, a primera vista: una serie de jóvenes y hermosas modelos son bárbaramente asesinadas; el móvil estriba en hallar un diario que recoge ciertos manejos en la casa de modas para la cual trabajan por parte de la propietaria, la condesa Cristina (Bartok), y el administrador, Morlacci (Mitchell), amantes secretos y artífices de la aparentemente accidental muerte del marido de la aristócrata. Empero, apenas se rasque un poco bajo la superficie, tal banalidad revela un sentido en absoluto trivial, patente por añadidura en un doble nivel de significación, el general y el singular. Así, dentro del primer grado, *Seis mujeres para el asesino* sugiere la espantosa cara opuesta de *La dolce vita,* producida cinco años antes, a la cual además recuerda en ciertos fragmentos musicales: la Italia del *miracolo,* la burbujeante Roma de los años sesenta, repleta de hombres apuestos y mujeres maravillosas, que goza del consumismo y se abre a la opulencia, originando en particular ese fenómeno de la moda que desde entonces resultará fundamental en la economía e imagen patrias... esconde insuperadas contradicciones antropológicas de base, un atavismo sórdido y cruento susceptible de originar casos tan repulsivos como el aquí reflejado: el lujo, superficial, encubre la sordidez, profunda, tal como la alegría del borracho oculta su desesperación. Obviamente, en este sentido, y en todos, como ya se indicó, *Seis mujeres para el asesino* constituye la descarnada exacerbación de *La muchacha que sabía demasiado*. Mientras que en su grado singular de significación, inmerso lógicamente dentro del previo, *Seis mujeres para el asesino* guarda una desoladora alteración del discurso que vertebraba la filmografía previa de Bava: el amor turbio y desatado de sus películas anteriores, hermoso a su especial e hiperbólica manera, ha mutado en su entraña, revela una degeneración infecta en esta nueva pareja de amantes, puesto que para ellos la pasión no es autosuficiente, no los sitúa más allá de la sociedad ni del contexto; por el contrario, conlleva codicia, intrigas, criminalidad y una maldad abyecta. Por añadidura, la querencia ahora ni siquiera es compartida, puesto que a la postre el hombre revela una perfidia tan ruin que origina una traición inconcebible para la mujer, y, en sorprendente y amargo retruécano para el desenlace, se revela que la sexta «mujer para el asesino» no es sino la protagonista, la confiada pareja del criminal. Naturalmente, este hallazgo también ensucia la explicación final de *La muchacha que sabía demasiado;* léase, el hecho de que el marido comete un crimen más para desviar las sospechas acerca de su psicopática esposa, guiándose por amor ciego. En este caso, es la mujer quien asesina, además dos veces, para exculpar al hombre, pero este corresponde con una traición mortal cuyo objeto estriba en no compartir el botín con ella. Los tiempos han cambiado, pues, pero a peor, desde las pasiones arrebatadas del género gótico, incluso desde la comparativamente ligera, y positiva, *La muchacha que sabía demasiado,* de ambientación asimismo moderna. Ahora la codicia lo ha corrompido todo, empezando por la pasión. Así, el fatalista romanticismo negro proverbial en Bava no falta en *Seis mujeres para el asesino,* mas se concentra en la protagonista, que a su modo fue ingenua y a la postre resulta patética, e irradia en el inolvidable desenlace de reminiscencias operísticas, con ella agonizando con el rostro surcado por las lágrimas y ensuciado por la sangre, enamorada incluso en su agonía, cariñosa con su amado traidor hasta después de matarlo (la película concluye con ambos muertos y el auricular del teléfono que llamaba al inspector columpiándose, del mismo modo que al inicio se columpiaba el cartel que identifica la casa de modas). La soberbia interpretación de Eva Bartok, controladamente melodramática, en eficaz contraste con la hombría reconcentrada y el hieratismo impávido que emana Cameron Mitchell, honra la fuerza y entidad de tal personaje hasta el punto de convertirlo en un hito en la historia del cine italiano, más allá de la filmografía de Mario Bava.

Oportuna e inteligentemente, este discurso crítico, en la reflexión social, y desencantado, en la ideología propia,

Cameron Mitchell y Arianna Gorini en *Seis mujeres para el asesino* (1964).

contempla una significativa antítesis básica entre la pareja protagonista, carismática y decidida, en cierto modo suerte de seres superiores que a la postre revelarán su auténtica y lamentable naturaleza rastrera, y el resto de los personajes, seres inferiores directamente, en el sentido de ser pusilánimes, mezquinos o grotescos, pero con pasiones que ocultar o secretos que guardar, justo al igual que los distinguidos amantes secretos. Tal denominador común entre unos y otros, dentro de una serie de alusiones bastante sutil, verifica la lectura de *Seis mujeres para el asesino* propuesta por Giorgio Placereani:

> El tema central de la película es la confusión de los cuerpos: los cuerpos de los actores, los *dummies* de los cadáve-

res, los maniquís antropomórficos y, sobre todo, el asesino enmascarado, una figura sin rostro y sin identidad, hasta el punto de que son dos personas. Este tema se manifiesta ya durante los títulos de crédito, que equiparan los intérpretes con los maniquíes (pose hierática, iluminación irreal)[65].

Por supuesto, el hecho de que el asesino esté enmascarado y vista siempre idéntica indumentaria de sombrero, gabardina y guantes negros (plagiada hasta la saciedad dentro del *giallo*, como el resto de los ingredientes y elementos de *Seis mujeres para el asesino*, no sobra repetirlo una vez más) aporta un atributo metafísico muy interesante y que desborda la antedicha incertidumbre entre físicos e identidades, habida cuenta de que representa la Muerte en abstracto, implica la encarnación de la peor pesadilla, un ente que puede personarse donde y cuando se le antoje y existe solo para asesinar, de las formas más atroces y dolorosas que imaginarse pueda; el hecho de que los cadáveres aparezcan de forma truculenta en lugares injustificados, por ende imprevisibles, corrobora tal epíteto aportando un matiz de horror absurdo que subraya la demencia sádica de los crímenes. Dicha máscara, límpida y sin rasgo alguno, así, tanto despersonaliza como personaliza, no oculta sino que anuncia y enuncia, es una alegoría y un signo. Aun derivando del *krimi*, sin olvidar su intervención (re)cubriendo a Edith Scob en *Ojos sin rostro*, la máscara criminal jamás había encerrado tal significación, por cierto: debió esperar a Mario Bava. Obviamente, de ella, si se quiere del *giallo* que *Seis mujeres para el asesino* termina de codificar, tomaría buena nota el *slasher* americano, partiendo del éxito de *La matanza de Texas (The Texas Chainsaw Massacre*, Tobe Hooper, 1973) y *La noche de Halloween (Halloween*, John

---

[65] Giorgio Placereani, «Seis mujeres para el asesino», *Quatermass*, núm. 7, 2008.

Carpenter, 1978). Ítem más, la máscara remite por más de un concepto, en concreto y en abstracto, al otro icono fuertemente obsesivo de la película; es decir, el maniquí, desnudo o vestido, a la par humano e inhumano, impersonal pero real, de color beige simulando piel o en tonos rojos que evocan la sangre. Un fetiche como pocos se recuerdan, que tanta trascendencia había encerrado dentro del arte surrealista pero que, si de cine se habla, antes de *Seis mujeres para el asesino* únicamente había brindado tal grado de protagonismo en la genial *Ensayo de un crimen* (Luis Buñuel, 1955). Y que reivindicará su lugar de honor durante el resto de la filmografía de Bava.

Huelga añadir que los asesinatos representan la magnificación, por ende la constatación, de la sustancia de *Seis mujeres para el asesino,* por igual superlativa y desengañada. Todos son estudiadamente distintos, de una atrocidad como no se había visto jamás en la pantalla; en extraño y significativo respeto de una cierta racionalidad, son harto más feroces los tres primeros cometidos por el hombre (rostro destrozado contra un árbol a base de golpes, rostro perforado por un guantelete metálico que evoca «la máscara del demonio», rostro achicharrado en una plancha al rojo vivo), que los dos últimos perpetrados por la mujer (asfixia provocada por un cojín, estrangulamiento junto a una bañera). Sin embargo, no sobra agregar que el pertinaz esteticismo de todos y cada uno de ellos introduce un efecto de distanciamiento artístico de tal lirismo que roza la desdramatización, con una mención especial para esa sangre que comienza a extenderse por el agua de la bañera donde flota la última víctima, en un plano realmente antológico de poesía del horror, que incluso supera la célebre escena de *La noche del cazador (The Night of the Hunter,* Charles Laughton, 1955), con el cadáver de Shelley Winters sumergido en el río. Este planteamiento suponía el *trademark* de Bava desde su primera película, por supuesto, pero jamás se había plasmado con tan asombroso y eficaz refinamiento. Téngase en cuenta que justo entonces en Estados Unidos surge, digamos oficialmente, el *gore*, mediante subproductos perpetrados por Herschell G. Lewis, tipo *Blood Feast* (1964) o *2.000 Maniacs* (1965), a cuál más zafio y necio, pura basura descerebrada. La comparación entre tales engendros y *Seis mujeres para el asesino* es inevitable, y deja a Mario Bava en el puesto de honor que le corresponde.

Lógicamente, si *Seis mujeres para el asesino* extrema los contenidos y propiedades de *La muchacha que sabía demasiado,* el hecho de apostar por la fotografía en color también debía suponer un paso adelante en las experiencias de Bava al respecto. Y así sucede, además en un grado ímprobo de delirio multicolor sin mayor sentido que la estética propia. En términos de Alberto Pezzotta:

> Si el irrealismo cromático de la película precedente de Bava tenía su justificación en la naturaleza fantástica de los acontecimientos, aquí reina el puro arbitrio. Sea cuando ruedan en interiores con las luces artificiales, o en exterior-noche, Bava y Terzano dan la impresión de colorear más que de iluminar, llenan los encuadres de bloques de color (en general son dos o tres: verde/violeta, amarillo/malva, azul/verde/violeta), que no tienen ninguna justificación racional[66].

Es imprescindible destacar que Bava aplica este embriagador *gaudeamus* policromado con el propósito último de relacionar una serie de ambientes y espacios, decorados con mano maestra y valorados en planos bellos y sofisticados donde la cámara apenas deja de moverse, que si bien respetan un cierto realismo respecto a la Roma de la época, para

---

[66] *Op. cit.,* véase nota 41.

Eva Bartok en *Seis mujeres para el asesino* (1964).

resultar plausibles en un primer grado, en última instancia apuntan a una intemporalidad de estudiada discordancia, la cual, en un juego estético de contraste barroco, remite de todo punto al género gótico que inaugurase el propio Bava en Italia. Obsérvese, en este sentido, que la vasta y señorial casa de modas que centra la acción cuenta con una puerta secreta que accede a un pasadizo secreto, polvoriento y fantasmagórico, como el castillo de *La máscara del demonio* y el palacio de *Ercole al centro della Terra*, de igual modo que podría pertenecer a un alcázar la vivienda-estudio del anticuario (Dante di Paolo, repitiendo bien su juego de *La muchacha que sabía demasiado:* nerviosismo, corbata floja, un cigarrillo tras otro). Es decir, Mario Bava consolida decididamente el *giallo* partiendo soterradamente del *gothic*. De ahí que en sus manos el nuevo género resulte tan ubérrimo y sustancioso.

* * *

Sin superar, ni tampoco alcanzar, el éxito comercial de *Las tres caras del miedo* en ningún país, con todo *Seis mujeres para el asesino* es bien acogida en las taquillas, especialmente en esa Francia coproductora cuya crítica joven se deshace en elogios. La extrema violencia de la película propicia algunos encontronazos de la prensa oficial con Bava, que en cambio no trascienden en demasía.

Ahora el *giallo* existe, de verdad. Sin embargo, su producción no se desatará hasta cinco años después, debe esperar todavía al triunfo de *El pájaro de las plumas de cristal*. A buen seguro porque la mediocridad de esta permite fácilmente la mimesis, y en cambio *Seis mujeres para el asesino*, de puro especial, no admite el remedo.

* * *

Seis mujeres para el asesino ha supuesto un punto de inflexión en la historia del cine italiano, así como en el decurso de Mario Bava. Tanto es así, que ni el propio autor volverá a estar a la altura, jamás: representa su mejor película, tras *La máscara del demonio*. Lo cual no implica que a partir de entonces la obra de Bava pierda todo interés, de ningún modo. Aún ofrecerá películas admirables, en particular *Terror en el espacio*, *Operazione paura*, *Diabolik* y *El diablo se lleva los muertos*.

Llama la atención, eso sí, que tras una película tan personal y especial como *Seis mujeres para el asesino*, tan violenta, morbosa y agria, el autor se embarque en un proyecto absolutamente antitético. En concreto, un *western*, positivo y solar, enfocado a una audiencia general e incluso familiar, que no se estrenó en España, *La strada per Fort Alamo* (1965). Encima, sin seguir la estela marcada por el estruendoso éxito de *Por un puñado de dólares,* que hubiera sido la opción lógica, pues esta obra maestra remodeló por completo y a fondo el género del Oeste, sino evocando los clásicos de Hollywood; el propio título alude a la superproducción *El Alamo (El Alamo,* John Wayne, 1961), bien que el argumento no tiene nada que ver. De hecho, *La strada per Fort Alamo* pertenece a los últimos *westerns* europeos concebidos bajo dichos parámetros miméticos, en sintonía con los que se habían producido en el continente hacia el comienzo de los años sesenta. Entre estos, sobresalieron los surgidos de significativa inspiración literaria en España y Alemania (José Mallorquí y Karl May, respectivamente), sin revelar otra fuente que los clásicos de Hollywood, por contra, en Italia; en este bloque, el ejemplo por excelencia descansa en *Las pistolas no discuten (Le pistole non discutono,* Mario Caiano, 1964), coproducción hispano-ítalo-alemana, y en absoluto desdeñable, protagonizada por el mítico personaje del sheriff Pat Garrett, a quien encarna un maduro Rod Cameron (viejas glorias o jóvenes ninguneados eran normalmente los actores americanos que entonces recalaban en Roma).

El productor mayoritario de *La strada per Fort Alamo* es Achille Piazzi, que tan poco tiempo antes posibilitara *Ercole al centro della Terra* para la SPA. De cierta relevancia en su día, gestionada por empresarios milaneses pero en realidad propiedad de un cardenal, esta productora había desaparecido poco antes, y Piazzi sobrevivía emprendiendo películas de género modestas mediante una firma propia. Por parte italiana, participa en *La strada per Fort Alamo* otro productor, el inefable Pier Luigi Torri —que después sería encarcelado por sus actividades dentro del narcotráfico, con su selecto club romano «Number One» como centro de las operaciones, y que durante cuatro años fue pareja de Marisa Mell, protagonista de *Diabolik*—, y en coproducción francesa se agrega Comptoir Français du Film, regentada por Robert de Nesle y responsable de múltiples películas de nuestro Jesús Franco durante los años setenta, amén de distribuidora para el país galo de *Ercole al centro della Terra*.

Dentro del equipo técnico, Bava consiguió conservar a Terzano y Serandrei, de *Seis mujeres para el asesino;* pero fue la última vez que trabajó con ambos, perdiendo así dos de los mejores colaboradores con que contó nunca. Además, recuperó de sus primeras películas a Franco Prosperi, como ayudante y partícipe en un guión dentro del cual esta vez el director no intervino para nada. Por otra parte, cabe destacar que la escenografía corre a cargo de Demofilo Fidani, poco después director y por añadidura de bastantes *westerns,* pésimos, y que la banda sonora corresponde al mismísimo Piero Umiliani, uno de los mayores talentos con que ha contado la música de cine europea, responsable de la introducción definitiva del *jazz* en la producción fílmica italiana, tal como se indicó capítulos atrás. En cuanto al reparto, está encabezado por Ken Clark, uno de tantos jóvenes y apuestos actores americanos que no habían prosperado en Hollywood y pululaban entonces por Roma, suspirando porque se repitiera con ellos el caso de Clint Eastwood; acudió para sumarse al *peplum,* ya en su agonía, y disfrutaría de una efímera gloria dentro del *spionistico,* mayormente por encarnar al agente 077 Dick Malloy, en coproducciones como *La muerte espera en Atenas (Agente 077, missione Bloody Mary,* Sergio Grieco, 1965) y la muy estimable *Operación Lady Chaplin (Missione speciale Lady Chaplin,* Alberto De Martino, 1966). Flanquean a Clark por parte francesa Jany Clair y Michel Lemoine (actor poco después en películas del antedicho Jesús Franco, y en los años setenta director de pornos *soft);* en roles secundarios

Bava recupera a su fiel Gustavo De Nardo, para el papel más extenso que jamás le reservó, y a Gerard Herter, el villano progresivamente monstruoso de *Caltiki, il mostro inmortale*.

Posiblemente, Bava aceptó dirigir *La strada per fort Alamo* debido al trabajo común con Piazzi en *Ercole al centro della Terra,* acaso por sentirse en deuda de alguna manera. La remuneración en una película tan pobre desde luego no pudo representar un incentivo. Por si acaso, recuperó el seudónimo de John M. Old que le encubriera en *La frustra e il corpo*.

Rodada en formato Scope y casi por completo en exteriores (los interiores, paupérrimos, se filmaron en el poblado *western* de los romanos estudios Elios), *La strada per Fort Alamo* no es tan mala como se escribe por lo corriente. Antes bien, se deja ver con simpatía, e incluso despierta no poca admiración a causa del partido que extrae Bava de un guión mediocre y de unos medios escasos, con objeto de que el conjunto resulte respetable y el desarrollo no aburra. Puede verse este film, y de hecho así debe interpretarse, como una suerte de homenaje, pobre pero honrado, a diversos paradigmas del *western* clásico, que el guión entrelaza sin talento pero con destreza: un héroe (Ken Clark) que luchó en el Sur, se ve impelido a integrarse en una banda de forajidos, primero, a suplantar la identidad de un teniente nordista, después, y acaba asumiendo que la guerra ha terminado y encontrando el amor, recuerda de todo punto a los personajes de Andre de Toth y Budd Boetticher; un sargento astuto y socarrón que fuma en pipa (Gustavo De Nardo), un jovenzuelo simpático e inconsecuente (Kirk Bert) y un oficial severo hasta la tiranía ciega (Antonio Gradoli), remiten a determinados personajes de John Ford personificados por Victor McLaglen, Harry Carey Jr. y Henry Fonda, respectivamente; un villano lujurioso y neurasténico (Michel Lemoine) evoca ciertos malvados de Anthony

Ken Clark, Jany Clair y Michel Lemoine en *La strada per Fort Alamo* (1965).

Mann y William A. Wellman; la heroína (Jeny Clair), desclasada y despreciada por las demás pasajeras, emula a Claire Trevor en *La diligencia (Stagecoach,* John Ford, 1939)... Añádase la presencia hostil de los indios (por cierto, nada mal caracterizados y bastante verosímiles), muy poco común en un *western* europeo. No obstante, este dechado mimético concluye mediante un gracioso y eficaz detalle de picardía latina, inconcebible en las americanas películas de referencia y que delata su procedencia específicamente italiana: el héroe mira los abundantes fajos de billetes robados flotando en las cristalinas aguas del río y comenta a la chica: «desde ahora, mi dinero será limpio».

No es una película despreciable, pues, *La strada per Fort Alamo,* aunque indiscutiblemente sea insustancial y epidérmica, amén de sufrir lastres tan graves como la pésima banda sonora, indigna del talento de Umiliani, un vestuario a veces ridículo y unos diálogos con frecuencia propios de la novelucha más descastada («Tienes suerte, hoy el médico me ha prohibido matar a nadie»). Sucede que, sobre todo, se advierte que en ningún momento Bava desdeña el proyecto asumido, se capta que el realizador aporta, cuando menos, oficio e interés, merced a un impecable, y laudable, sentido de la dignidad profesional. De hecho, su trabajo supone la mayor virtud del conjunto. En términos de Marco Giusti: «Lo mejor procede de la imaginación visual del director. Las noches estrelladas de una América de cartón que nos ofrece unos azules de enorme intensidad y un aire delirante que no volverá a encontrarse en el género»[67]. Estos cielos, desde luego antitéticos de los nublados que pueblan la filmografía del incomparable John Ford, delatan efectivamente la autoría de Bava. Mas no suponen los únicos rasgos personales de *La strada per Fort Alamo,* apenas se preste una cierta atención, puesto que las tortuosas grutas donde se refugian primero los bandidos y después la caravana protagonista evocan espacios emblemáticos del *peplum,* y permiten un juego de luces bien característico del autor, incluso dentro de la contención cromática que exige la identidad del género. Por añadidura, la temática de la suplantación de identidades es habitual en la obra de Bava, y la estructura de *road movie* anticipa su penúltima película, *Cani arrabbiati* (1974). Por ende, no se trata de una película impersonal y anodina, como parece a primera vista, antes bien confirma una autoría contrastada, al hilo de un evidente oficio para la narración cinematográfica, para planificar mediante corrección artesanal y de acuerdo con la idiosincrasia de un género acrisolado. Aunque, por supuesto, su interés es muy limi-

---

[67] Marco Giusti, *Dizionario del Western all'italiana,* Milán, Mondadori, 2007.

tado y sin duda tiene que ver con la curiosidad antes que con la calidad.

Distribuida durante la espectacular eclosión de los dos primeros *westerns* de Sergio Leone, y la abultada estela que propiciase en el cine mediterráneo, *La strada per Fort Alamo,* por ello, pasa desapercibida. Con todo, se trata de una obra a recuperar y reivindicar, cuando menos debido a su sobriedad y digna modestia; amén de resultar magnífica en comparación con el otro *western* de Bava, rodado cinco años después, el paródico *Roy Colt y Winchester Jack (Roy Colt & Winchester Jack,* 1970).

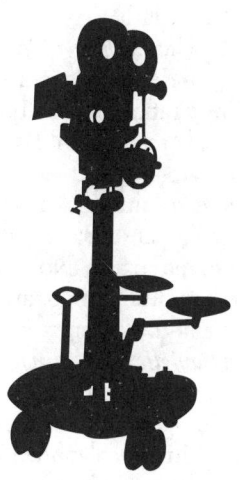

Del futuro imposible
al pasado improbable (1965-1966)

> En un momento determinado vi sombras a poca distancia de nosotros y oí voces, como pequeños gritos o risitas solapadas. Las sombras fueron acercándose, y yo dudaba en abrir fuego, no sabía a lo que me enfrentaba. Después... después conseguimos entrever de quiénes se trataba. Lorry gritó, y se quedó inmóvil. Yo me quedé sin fuerzas, ni siquiera para respirar, porque... ¿comprendes, Pat? Todos nuestros compañeros estaban delante de nosotros, todos los que habían muerto.
>
> (Renato Pestriniero, «Una notte di 21 ore», en *Nova SF*, núm. 57, 2002)

La nueva etapa en el decurso de Mario Bava comienza como concluyó la anterior, genéricamente hablando; es decir, en un *western* concebido bajo patrones americanos y protagonizado por Ken Clark.

Sin embargo, esta película, *Ringo de Nebraska* (Antonio Román, 1965), no representa lo mismo que *La strada per Fort Alamo* en su filmografía. En absoluto. Por primera vez desde que debutara en la realización, Bava se conforma con brindar una serie de auxilios técnicos para otro director, que lleva a cabo en apenas unos días de trabajo. Ciertamente, diversos textos atribuyen a Bava responsabilidad en la realización, al menos en parte. No obstante, Lamberto Bava y los actores lo han desmentido, aunque tampoco termina de estar claro cuál fue exactamente su cometido, un poco como en *Le meraviglie di Aladino*.

En cualquier caso, este trabajo, mayor o menor, importa, y mucho, en la filmografía de Bava por dos razones. La primera, suponer su primera colaboración con un productor, Fulvio Lucisano, que posibilitará sus dos siguientes largometrajes, *Terror en el espacio* (1965) y *Dr. Goldfoot and the Girl Bombs / Le spie vengono dal semifreddo* (1966). La segunda, incorporar dentro del equipo de colaboradores, como ayudante personal, a su hijo Lamberto, que acababa de cumplir los veintiún años. Puede añadirse igualmente, de puertas adentro, que *Ringo de Nebraska,* rodada en la madrileña zona de La Pedriza, entraña la primera colaboración de Bava con el cine español, prolongada bien pronto merced a la antedicha *Terror en el espacio*.

Ahora bien, Fulvio Lucisano en cierto modo ya había trabajado con Bava, pues dos años antes gestionó el concurso de American International Pictures en la financiación de *Las tres caras del miedo,* al suponer una especie de «nuestro hombre en Roma» para Samuel Z. Arkoff y James H. Nicholson. De ahí que estos formasen a través de Lucisano una productora en Roma destinada a facilitar los inte-

Barry Sullivan, Norma Bengell y Ivan Rassimov en *Terror en el espacio* (1965).

reses de la compañía en Europa, una suerte de filial, Italian International Film. En buena lógica, Bava era ideal para sus fines, considerando el beneficio que durante los años anteriores había proporcionado a la empresa, sobre todo mediante *La máscara del demonio* y *Las tres caras del miedo*.

Así, se cierra rápidamente un trato, de cara a la realización de cinco películas de ciencia ficción, producidas por Lucisano y dirigidas por Bava. Acaso influyó en la conformidad del director el triste desmantelamiento en este 1965 de Galatea, en cuyo seno había trabajado tanto y tan satisfactoriamente, unido al fracaso de *La strada per Fort Alamo*.

A la postre, del antedicho número de películas proyectadas solo se harán dos. Desgraciadamente para Bava, puesto que siempre fue un lector apasionado de ciencia ficción, y su cultura al respecto era altísima. La primera, *Terror en el espacio,* en coproducción ítalo-española pero orientada básicamente hacia los Estados Unidos con el título de *Planet of the Vampires* (de ahí que en México se titulara *El planeta de los vampiros),* y la segunda, *Dr. Goldfoot and the Girl Bombs / Le spie vengono dal semifreddo,* como coproducción oficial entre American International Pictures e Italian International Film. O sea, Arkoff y Nicholson coproduciendo consigo mismos. Bava aparte, otras películas surgidas de dicha estratagema fueron *Berlín, cita con los espías (Berlino, appuntamento per le spie,* Vittorio Sala, 1965), *El Cobra (Il Cobra,* Mario Sequi, 1967) y *La esfinge de cristal (La sfinge d'oro,* Luigi Scattini, 1968).

Terror en el espacio fue una iniciativa personal de Bava. Había leído con entusiasmo el relato *Una notte di 21 ore,* publicado primeramente en el número 61 de *Oltre il cielo,* en 1960, y tres años después en el 3 de *Interplanet,* sendas revistas italianas de ciencia ficción, bajo la autoría de Pi Erre, que escondía al escritor nacional Renato Pestriniero. Sintético y apasionante, ambientado en un futuro lejano e inconcreto, este magnífico relato revelaba, aun dentro de su brevedad, pues ocupa apenas quince páginas, unas posibilidades cinematográficas susceptibles de potenciarse en un guión de largometraje a la altura de las premisas. Versa sobre la materialización en un planeta ignoto, en apariencia nada hostil, de atávicos temores humanos, de rasgos psicoanalíticos, con los cuales puede comprenderse que Bava sintonizase de inmediato:

> Han transcurrido millones de años, y el hombre ha dominado el universo, gracias a su capacidad y a su ingenio. Pero basta dejar a este hombre en una casa abandonada, a solas y de noche, y se encontrará completamente indefenso contra el ataque de unos enemigos invisibles para los cuales no tendrá armas, como el miedo a lo desconocido, a esas cosas que de vez en cuando él crea o deforma en función de las circunstancias, a la oscuridad que puede esconder cualquier cosa...[68].

---

[68] Renato Pestriniero, «Una notte di 21 ore», *Nova SF,* núm. 57, 2002.

A fin de cuentas, este extracto del relato de Pestriniero, amén de anticipar prácticamente el enfoque de *La gota de agua*, sintoniza con el concepto ideal, insuperable, que defendía Bava para el *horror*, resumido en la siguiente declaración:

> Me encantaría hacer una película que no tuviera más que un personaje, si fuera por mí no haría otras. Lo que me interesa es el hombre solo en su casa, que termina por tener miedo de sí mismo. Entonces todo comienza a girar a su alrededor, los objetos que le circundan cobran vida peligrosamente... No hay monstruos enfrente, los monstruos somos nosotros, eso es obvio[69].

¿Optaba, pues, Bava por la explicación racional respecto a la irracional en sus desenlaces ambiguos?

Volviendo a *Terror en el espacio,* Lucisano acepta la sugerencia de Bava y compra los derechos cinematográficos del relato por 200.000 liras, una cifra, para la época, baja, pero no despreciable ni humillante. Acto seguido, comienza la escritura del guión, para el cual Bava retoma a Alberto Bevilacqua de *Las tres caras del miedo,* y Lucisano incorpora al crítico Callisto Cosulich. Como es lógico, determinadas partes del cuento se modifican y otras se amplían, con vistas a cubrir una duración convencional de largometraje. Ultimado el guión, en el cual también participa el propio Bava, se envía rápidamente a American International Pictures... Mas Arkoff y Nicholson no quedan satisfechos, e imponen para que lo retoque a Ib Melchior, gloria menor del género fantacientífico, tanto en cine —había dirigido dos películas, *The Angry Red Planet* (1959) y *The Time Travelers* (1961) y escrito varias, como *Reptilicus* (Sidney Pink, 1961) o *Robinson Crusoe on Mars* (Byron Haskin, 1964)— como en literatura, pues suyo es por ejemplo el relato que

---

[69] *Op. cit.,* véase nota 1.

inspiró *La carrera de la muerte del año 2000 (Death Race,* Paul Bartel, 1975), objeto de un *remake* en 2008. Pero la nueva versión del guión a quien no complace ahora es a Bava, en cualquier caso impelido a comenzar el rodaje. A la postre, el propio Melchior se persona en Roma de parte de los productores americanos, e irá reescribiendo el guión a medida que la filmación avanza...

Por parte española, interviene, al igual que en *Ringo de Nebraska,* Castilla Cooperativa Cinematográfica, una productora regentada por Antonio Román, director de gran importancia en el cine español de los años cuarenta y cincuenta, suyo por ejemplo es el mítico *Los últimos de Filipinas* (1945), a la sazón en el crepúsculo de su actividad; a fin de equilibrar la coproducción, Román agregó su nombre y el de un colaborador de confianza, Rafael J. Salvia, en el crédito de guionistas, aunque no hubieran escrito nada.

En cuanto al reparto, está encabezado por intérpretes que ni habían trabajado con Bava ni volverán a hacerlo: el americano Barry Sullivan (muy activo sobre todo en el medio televisivo, aunque contase con intervenciones para largometrajes de cineastas como Vincente Minnelli y Samuel Fuller), la brasileña Norma Bengell (cerró su etapa en el cine europeo precisamente con esta película, tras rodar unos meses antes para nuestro Eugenio Martín, en *La muerte se llama Myriam),* Evi Marandi (beldad rubia de origen griego, cuya carrera apenas cubrió el decenio de los sesenta) y el español Ángel Aranda, el típico caso de galán blando que no termina de cuajar. En papeles secundarios, intervienen Massimo Righi (único actor de *Terror en el espacio* visto previamente en la filmografía de Bava), y dos actores relevantes durante el apogeo del *bis* italiano, en sus inicios ambos, que repetirán con Bava: el siniestro Federico Boido, o Rick Boyd, rufián de baja estofa en una buena veintena de *spaghetti westerns,* y el apuesto Ivan Rassimov, hermano de la también actriz Rada Rassimov y entonces

Federico Boido en *Terror en el espacio* (1965).

prácticamente un debutante, al que cuatro años después elegiría en persona nuestra inefable «saritísima» como su galán para la desastrosa *Esa mujer* (Mario Camus, 1969).

Con todo, la mayor novedad que *Terror en el espacio* aporta dentro de los colaboradores de Bava descansa en la introducción de Antonio Rinaldi como director de fotografía. Tras la ruptura laboral entre Bava y Ubaldo Terzano, al concluirse *La strada per Fort Alamo,* el realizador repite con Rinaldi la experiencia de ascender a director de fotografía a alguien que había trabajado con él en otro cometido; en este caso no se trataba de un operador de cámara, caso de Terzano, sino del jefe de un equipo de electricistas. Según recuerda Rinaldi:

> Conocía a Bava de Cinecittà desde tiempo atrás, cuando él era director de fotografía, yo electricista y mi herma-

no técnico de sonido. Fui ascendiendo, y cuando trabajé con Bava, en *La mujer más guapa del mundo,* ya era yo el jefe de los electricistas. Me tenía mucho aprecio, y me propuso ser su nuevo director de fotografía. Me encantó la idea, me hizo unas pruebas y las superé. Y así la primera película que hice con mi nuevo cargo fue *Terror en el espacio*[70].

Respecto al operador de cámara, en este primer ciclo de cuatro películas juntos lo será Saverio Diamanti; después a este lo sustituirá Salvatore Caruso, para las dos siguientes, y Emilio Varriano para la práctica totalidad de las restantes.

Obviamente, procede reabrir el debate respecto a Terzano. ¿Se aprecia alguna modificación técnico-estética en la obra de Bava desde que Rinaldi se convierte, oficialmente, en su nuevo director de fotografía? Posiblemente los contrastes cromáticos y lumínicos desde ahora sean algo menos intensos, tampoco menospreciamos al completo lo que hubiera podido aportar Terzano... En cualquier caso, se trata de una cuestión de matices, nada fundamental. Bava sigue siendo fiel a sí mismo. En el color y en todo.

Por lo demás, Bava, sorteando con su habilidad proverbial las rémoras antedichas, rueda *Terror en el espacio* íntegramente en Cinecittà, en un plazo temporal mayor del que ha dispuesto nunca, cinco semanas. Mario Silvestri es el director de producción y el propio Bava asume y firma los efectos especiales, al igual que en sus primeras películas, si bien contribuye el mismísimo Carlo Rambaldi, todavía poco célebre pero ya muy considerado. En cuanto a sus colaboradores previos, solo logra conservar al decorador, Giorgio Giovannini; entre ambos, crean una ambientación planetaria alucinante y sugestiva como no se había visto en película alguna, manteniendo la calidad artesanal de sus previas colaboraciones. Bava declaró:

---

[70] *Op. cit.,* véase nota 14.

No tenía nada, lo que se dice nada a mi disposición. Solo el plató, vacío y escuálido, por falta de presupuesto. Y yo tenía que representar allí un planeta desconocido. ¿Qué hice entonces? En el plató de al lado tenían un par de montañas de plástico, restos de alguna película mitológica, las tomé y las puse en medio del mío, las troceé para cubrir el pavimento, puse mis luces de colores y oscurecí el fondo, que era una pared blanca. Y así, moviendo los trozos de montaña de un lado a otro, rodé toda la película. ¿Le parece posible tener que apañárselas así? Encima, mientras yo rodaba estaba siempre por ahí aquel guionista americano, reescribiendo el guión, cambiando los diálogos. Al final, ya no le hacía ni caso[71].

Desde luego, un tanto sí que exageró, como en otras declaraciones, pues la escenografía evidencia un nivel de producción bien por encima del paupérrimo que lamenta y describe. En cambio, su confidencia de que optimizó restos de un *peplum* sugiere que este bien pudo ser el propio *Ercole al centro della Terra,* rodado asimismo en Cinecittà, solo cuatro años antes, al apreciarse no pocas analogías: los ríos de lava, las rocas puntiagudas, los riscos vertiginosos... con un sentido del color no menos análogo. ¿Por qué no podían parecerse el Hades y un remoto planeta allende nuestra galaxia?, bien pudo pensar Bava, de forma práctica y estética a la par. Por añadidura, la nave espacial de los protagonistas atiende al muy helénico nombre de Argos, lo cual confirma, en un insólito contexto fantacientífico, esta declaración: «Todas mis películas aluden a la mitología griega, tocan temas como la frigidez, el incesto, el masoquismo... Soy demasiado griego para un italiano, y soy hereje, que no católico»[72]. ¿Y no recuerda esta última declaración a nuestro genial Buñuel?

---

[71] *Op. cit.,* véase nota 11.
[72] *Libération,* 7 de mayo de 1980.

Digresiones aparte, lo que no puede refutarse es que Bava recupera en gran medida la formidable imaginería de su *Ercole al centro della Terra,* retomados o no físicamente los mismos materiales, para *Terror en el espacio,* la película que supone su debut en la ciencia ficción; la afronta con una ilusión enorme y partiendo de la ventaja de contar con una sólida base literaria, que el guión, por descoordinado que fuera, respeta en lo posible (por ejemplo, el desenlace es por completo diferente, aunque no menos pesimista), introduciendo evocaciones puntuales de dos clásicos del género del decenio previo. En concreto, *El enigma de otro mundo (The Thing from Another World,* Christian Nyby, 1951) —los protagonistas desconfiando entre sí, al ignorar quién puede estar o no poseído por el adversario— y *La invasión de los ladrones de cuerpos (Invasion of the Body Snatchers,* Don Siegel, 1956) —la dominación progresiva de los protagonistas, patente ante todo por el cambio de expresión—, hermanados por el tema del contagio en cadena, que alude soterradamente al mito vampírico y justifica, hasta cierto punto, el título americano de *Planet of the Vampires;* podría añadirse en las influencias el mítico libro de Ray Bradbury *Crónicas marcianas* (1945), al presentar una raza extraterrestre consistente en bolas flotantes de diferentes colores. Surgió de tales basamentos una aportación a la ciencia ficción fílmica realmente admirable y de todo punto inaudita, no ya en el contexto del cine italiano, incluso europeo, sino a escala mundial. Pero, por desgracia, en su día no despertó la atención merecida. Como casi ninguna película de Bava, de hecho. Aunque esta, cuando menos, disfrutó de una suerte de revalorización, incluyendo su reposición en salas, a comienzos de los años ochenta, tras descubrirse que la celebérrima superproducción de Hollywood *Alien (Alien,* Ridley Scott, 1979) había copiado una idea argumental (la nave espacial atraída a una trampa en un planeta ignoto por parte de una raza distinta que necesita cuerpos para sobrevivir) e incluso plagiado una escena (los protagonistas entrando en una nave en ruinas en ese planeta, repleta de esqueletos de una raza desconocida y de proporciones anómalas)[73]. La Italia ofendida y plagiada urdió entonces un *remake* de *Terror en el espacio* con cierta holgura de medios, a fin de contraatacar y reivindicar su creación, no por modesta menos magnífica. Dario Argento y Luigi Cozzi iban a responsabilizarse de la producción y la realización, respectivamente. Pero a la postre el proyecto se abandonó en 1985.

El título, desde luego, es particularmente oportuno, y genial en su fulminante llaneza descriptiva: se trata de aunar rasgos de dos géneros, terror y ciencia ficción, con el mayor equilibrio posible entre ambos, partiendo de una trama idónea. Apenas se había intentado en el cine tal embolismo, poco más que en los indicados clásicos de Nyby y Siegel y en los precedentes de *Alien*, pero Bava triunfó en el desafío hasta tal punto que *Terror en el espacio* continúa representando una de sus obras cardinales, así como un hito del cine fantástico europeo. Y es que la película asombra y fascina de principio a fin. El tratamiento visual que se espera en su realizador no decepciona jamás, con unas inolvidables orgías cromáticas entre rojos, azules y verdes que generan la deseable sensación de extrañeza alucinante; ahora bien, en esta ocasión tiene lugar en el seno de una influencia nueva en su obra, con todo lo que ello representa, específicamente la del cómic. Mejor dicho, la del *fumetto*,

---

[73] *Terror en el espacio* no supone con todo la única fuente inconfesada de *Alien*. Esta superproducción, estimable aunque sobrevalorada, que generó no pocas imitaciones y secuelas, también copió mucho de dos *B Movies* muy interesantes que en su día pasaron tan desapercibidas como la película de Bava —*It. The Terror from Beyond the Space* (Edward L. Cahn, 1958) y *Queen of Blood* (Curtis Harrington, 1962)—, así como del relato de A. E. Van Vogt *El destructor negro,* publicado en 1939.

disfrutando a la sazón de una superlativa vitalidad en Italia, vitalidad que de inmediato conllevaría diversas fricciones entre papel y celuloide, sea a través de adaptaciones oficiales (una del propio Bava, apenas dos años después, *Diabolik),* sea mediante contagios semánticos o argumentales. Mas esta estética tebeística no se manifiesta en los encuadres y la composición, pues en este sentido la película delata la purísima autoría de Bava; tampoco en el ritmo, sino en la dirección artística, sobre todo la decoración de las naves, a la par estilizada y delirante, y en el diseño del vestuario, con dos uniformes diferentes (negro con divisas doradas, el uno; gris y naranja, el otro) para los protagonistas[74]. Paradójicamente, ya que de sonido se trata, la banda sonora, atmosférica y truculenta, de Gino Marinuzzi Jr. refuerza este tono, y brilla merced a una mixtura de instrumentos tradicionales y electrónicos entonces bastante insólita, en los límites del vanguardismo. Del mismo modo, las sucesivas escrituras que sufrió el guión, patentes sobre todo en el confuso trasiego de los personajes secundarios, intercambiables además varios de ellos, refuerza, no menos paradójicamente, la impronta obsesiva e imprevisible que Bava confiere al desarrollo, por completo pesadillesco y sin apoyaturas de tipo emocional para el público. No falta alguna que otra cita propia, como ese personaje (Massimo Righi) que muestra el esqueleto bajo la pechera, tal como hacía Barbara Steele en *La máscara del demonio,* dentro de

---

[74] Sin embargo, el especialista japonés Sho Motoyama sostiene que alguna indicación sobre el vestuario debía proceder de American International Pictures, pues en la producción nipona del mismo año *Los monstruos invaden la Tierra (Kaiju daisenso,* Inoshiro Honda, 1965), sexta aparición del entrañable Godzilla, que asimismo contaba con un adelanto de distribución de esta compañía estadounidense, los uniformes extraterrestres significativamente son parecidos a los de *Terror en el espacio.* Véase Sho Motoyama, «Terror en el espacio», *Quatermass,* núm. 7, 2008.

Fernando Villena y Barry Sullivan en *Terror en el espacio* (1965).

un sentido del horror que sobresale en la magnífica secuencia de los cadáveres resucitando envueltos en plástico, en silente variación interestelar de los gules de *Ercole al centro della Terra,* así como en el genial plano del manojo de astronautas poseídos agolpando sus rostros contra una suerte de tragaluz.

Con esto y con todo, la virtud capital de *Terror en el espacio* posiblemente radica en un desdén del antropocentrismo que nunca dejará de asombrar. Es decir, los protagonistas, con quienes el espectador tiende a identificarse por norma y hábito, no son terrestres, y debe esperarse al desenlace para advertirlo, bien que el desarrollo alguna que otra pista iba sembrando (los entierros no están presididos por cruces sino por una extraña alegoría curvilínea, las oraciones funerarias no mentan dios alguno sino que glosan lo sucedido en unos términos naturales que no ocultan su sentido esotérico) y el carácter de todos parecía un tanto gélido, en todos los sentidos y sean masculinos o femeninos, sin otros sentimientos aparentes que la complicidad profesional, el instinto de supervivencia y el cariño fraternal. Por añadidura, son abducidos por seres de otro planeta, las referidas esferas de colores, quienes tiempo atrás intentaron hacer lo mismo con una raza diferente, aquella cuyos descomunales restos reposan junto a la nave... La sorpresa final (extraterrestres de un tipo en el cuerpo de extraterrestres de otro tipo se disponen a invadir la Tierra) refuerza esta ingeniosa determinación del guión, por completo ajena al relato de base, de reunir seres de cuatro planetas diferentes, entre los cuales los terrestres apenas tienen más intervención que la inminencia de esa «invasión sutil», citando el clásico literario de Robert A. Heinlein, que van a sufrir, en un no menos insólito *unhappy end*.

Respecto a la filmografía previa de Bava, por desgracia *Terror en el espacio* adolece de dos defectos que nunca se habían manifestado. Primero, el hecho de que a menudo los diálogos subrayan lo que está mostrando la imagen, en una suerte de redundancia. Segundo, que el montaje, a cargo de Romana Fortini, aun siendo elogiable, sobre todo considerando que partía de un rodaje relativamente caótico[75],

---

[75] Amén de la presencia de Melchior rectificando escenas y diálogos a medida que Bava rodaba, el actor americano Barry Sullivan representó

carece de la agilidad y precisión de los que el gran Mario Serandrei había brindado en la práctica integridad de las películas anteriores de Bava (todas, salvo *La frustra e il corpo,* recuérdese). Fallecería Serandrei al año siguiente, en 1966, y con él desapareció uno de los mejores montadores que recuerda la industria fílmica italiana.

Pequeña obra maestra, que entraña una feliz ilustración del famoso apotegma «el arte termita contra el elefante blanco» en su confrontación con *Alien, Terror en el espacio,* mediante su magnífica idiosincrasia, amplía y enriquece el corpus artístico de Bava, al ser por igual típica y atípica de su autor.

* * *

Por desgracia, la segunda y última película de Bava para el productor Fulvio Lucisano, y única suya en coproducción oficial con American International Pictures, no está a la altura de *Terror en el espacio,* dicho sea de forma benigna. Sobre todo, representa una equivocación de base, a su manera, tal como el año anterior *La strada per Fort Alamo* lo había representado, a la suya, pues, aun siendo disímiles, en calidad y cualidad, coinciden en ser inadecuadas para Mario Bava. Ni el *western,* de espíritu clásico o no, ni menos todavía la patochada, directa y flagrante, eran registros procedentes para el autor de *La máscara del demonio* y *Seis mujeres para el asesino.*

---

otro gran problema, pues estaba indignado por el desconocimiento del inglés por parte de los demás intérpretes, ya que Arkoff y Nicholson le habían asegurado que *Terror en el espacio* iba a ser una película americana rodada en tal idioma, solo que en Roma por intereses administrativos. Así, en un momento determinado Sullivan montó en cólera e hizo cortar la toma, pues le descentraba que él hablara en inglés, Norma Bengell en portugués, los actores españoles en español y los italianos en italiano...

La coproducción oficial se explica desde el momento en que esta película se concibe con el bipolar propósito de ser igualmente asumible por los mercados americano e italiano, con base en los ingredientes comerciales correspondientes. De cara al primero, el gran Vincent Price, dentro de esa línea jocosa y autoparódica que desde el inicio de los años sesenta brindaba eventualmente dentro de la propia American International Pictures, por ejemplo en *El cuervo (The Raven,* Roger Corman, 1963) y *La comedia de los terrores (The Comedy of Terrors,* Jacques Tourneur, 1964), en general, prolongando, en particular, su protagonismo de *El doctor G y su máquina de bikinis (Dr. Goldfoot and the Bikini Machine,* Norman Taurog, 1965), de la misma productora, de la cual esta supone, pues, una rauda secuela directa. Con vistas al segundo mercado, el dúo cómico compuesto por los sicilianos Franco Franchi y Ciccio Ingrassia, cuyo humorismo vernáculo y un tanto esperpéntico gustaba a rabiar en la nación, vertiéndose tanto en un número abultado de películas, en las cuales unas veces desempeñaban el protagonismo y otras roles de colaboración, cuanto en intervenciones televisivas dentro de programas de variedades. El maridaje entre dos estilos humorísticos tan antitéticos lógicamente parte del propio guión, pues procura compaginar el lucimiento de ambos (por parte americana, lo escribe Robert Kaufman, guionista de la película seminal, y por la italiana el tándem formado por Franco Castellano y Pipolo, habituales en el cine humorístico patrio) pero se traduce en montajes diferentes (el cometido de Franchi e Ingrassia sufre drásticos recortes en la versión americana, cuyos títulos de crédito también son distintos y comienza con escenas de *El doctor G y su máquina de bikinis,* para refrescar la memoria del espectador). La disparidad de los títulos respectivos ya anuncia claramente la antinomia: *Dr. Goldfoot and the Girl Bombs* para Estados Unidos, evocando la película de base, y, en Italia, *Le spie vengono dal semifreddo,* o sea, *Las espías que surgieron del semifrío,* huelga añadir que clásico del cine/literatura satiriza con desvergüenza meridional, amén de típica de Franchi/Ingrassia, que pocos géneros/arquetipos perdonaron; por ejemplo, cuentan con una parodia de *Bella de día* que se titula *Feos de noche*...

Rodada en Roma, Cinecittà para los interiores, el reparto, exiguo, lo completan el olvidado e insípido cantante-actor Fabian (suerte de equivalente del otro insípido cantante-actor de la película previa, Frankie Avalon) y la hermosa y después tan popular Laura Antonelli, prácticamente en su debut, sin apenas diálogos y realmente *carina.*

En cierto modo, esta nueva película de Bava prolonga la influencia del cómic, en la estética, y la pertenencia a la ciencia ficción, en el género, de *Terror en el espacio,* de ahí que pueda entenderse, en principio, que formasen parte del mismo *business plan.* Ahora bien, el tratamiento, bufonesco por completo, es tan sumamente distinto que cuesta asimilar que pertenecen al mismo realizador. Y es que, pese a lo que pueda aportar el recuerdo de *El doctor G. y su máquina de bikinis,* que ya era bastante mala, y a la presencia, siempre imponente y respetable, de Vincent Price, *Le spie vengono dal semifreddo* antes bien parece la estela de una de las sangrantes y despendoladas parodias de la saga James Bond que habían ofrecido durante los años anteriores este dúo Franchi-Ingrassia. En concreto, *Operación Relámpago (Due mafiosi contro Goldginger,* Giorgio Simonelli, 1965), realizada el año anterior en coproducción con España; obsérvese por cierto que ambos títulos satirizan las correspondientes entregas de la saga Bond, es decir, el español lo hace con *Operación Trueno (Thunderball,* Terence Young, 1965) y el italiano con *James Bond contra Goldfinger (Goldfinger,* Guy Hamilton, 1964)[76].

---

[76] Conste para la pequeña/gran historia del dúo Franchi-Ingrassia que en esta película el actor que interpretaba paródicamente al genio criminal

En este sentido, por entresacar un par de ejemplos, George Wang aquí aporta la parodia de Harold Sakata en el antedicho *James Bond contra Goldfinger,* y comparece la piscina con pirañas de *Solo se vive dos veces (You Only Live Twice,* Lewis Gilbert, 1966), sátira esta que permite a Bava una aportación reconocible (los esqueletos que emergen tras la voracidad de las pirañas son de color verde o amarillo). En tal línea burlesca del mundo Bond —que comenzaba en la película seminal con el propio nombre del personaje, Goldfoot (pie de oro), en obvia burla de Goldfinger (dedo de oro)— se inscribe asimismo una de las mejores escenas, cuando el descerebrado dúo protagonista debe elegir armas para la misión, que ellos van escogiendo a lo largo de los mostradores de un pasillo e introduciendo alegremente en el típico carro de la compra... Situaciones divertidas, como lo fueron a su manera y en su medida Franchi e Ingrassia, actualmente disfrutando en Italia de una merecida reivindicación intelectual *post mortem;* sin embargo tal chispa decae tras los primeros cuarenta o cincuenta minutos. Acto seguido, la gracia *silly-sexy,* que incluía veleidades jazzísticas en la banda sonora de Coriolano Gori, desaparece y el metraje se estanca, avanzando desde entonces de forma arrítmica, sin mayor apoyatura de guión ni interés alguno en el realizador, siguiendo el triste principio del «todo vale»; por ende, el humor deviene progresivamente ineficaz y acaba resultando insoportable. Algunos guiños cinéfilos suponen el único, y muy relativo, alivio en este horrible bloque final —a Fellini, cuando los protagonistas entran en un parque de atracciones y suena una música tipo Nino Rota, a los

---

típico de la saga Bond era el mismísimo Fernando Rey, así como que el uruguayo George Hilton, poco después estrella del *giallo* y del *spaghetti western,* en un rol secundario interpretaba, literal y directamente, al agente 007... ¿Quién teme pleitos, denuncias o querellas? Los productores italianos de entonces desde luego que no.

Ciccio Ingrassia y Franco Franchi en *Le spie vengono dal semifreddo* (1966).

hermanos Marx, cuando Ingrassia intenta convencer a Price de que es su imagen especular, imitándole como puede, o a *Teléfono rojo: volamos hacia Moscú (Dr. Strangelove, or I Learned to Stop Worrying and Love the Bomb,* Stanley Kubrick, 1963), con base en el pitorreo general sobre la Guerra Fría—, así como la curiosidad de identificar al propio Bava en un insólito cameo, encarnando uno de los querubines de una nube, perplejos por la altura que ha alcanzado el vehículo de los protagonistas. Ya podía reconocérsele en el final de *Las tres caras del miedo,* por cierto, como uno de los técnicos con los ventiladores.

Ciertamente, aparte de los esqueletos de colores, algún que otro rasgo del autor puede detectarse, si en verdad se pretende, pero la tarea parece un tanto forzada. Verbigracia, aparece esporádicamente el tema de la suplantación de identidades, y la guarida del Doctor G. cuenta con una puerta secreta que abre camino a un pasadizo; insistiendo, puede añadirse que cuando la pareja salta de un avión a punto de explotar (provista de un paraguas cual paracaídas, por lo cual el galán dice a la chica: «y eso que tú no eres Mary Poppins») se está prefigurando una escena del inminente *Diabolik,* o que las muñecas artificiales/mortíferas recuerdan a la que animaba *Le meraviglie di Aladino.* No obstante, si algo apetece retener de tan mediocre e impropia película es una insólita y formidable escena musical, con las muñecas, vestidas solo con bragas y sujetador, emergiendo, siempre más y más, de las máquinas que las crean y bailando de forma mecánica ante una galería de espejos al son de una música estupenda... O sea, Busby Berkeley y Orson Welles reunidos a la sombra del Cine-Delirio europeo de los años sesenta.

* * *

Acabada la colaboración entre Bava y el productor Fulvio Lucisano, la siguiente película del realizador, *Operazione paura,* recupera el «gótico a la italiana» ausente en su filmografía desde el episodio *Los Wurdalaks* de *Las tres caras del miedo.* Tras la cámara, los colaboradores son, en general, habituales, incluyendo al músico Carlo Rustichelli. En cambio, el libreto procede de escritores nuevos con Bava (Roberto Natale y Romano Migliorini); al igual que en otras ocasiones, en la fase definitiva del guión colabora el propio director. También son nuevos los productores, Nando Pisani y Luciano Catenacci, que forman una productora expresamente, F.U.L. A fin de abaratar un presupuesto bajo de por sí, Pisani desempeña el cargo de jefe de producción y Catenacci, convencido por Bava, interpreta un papel de cierto peso, el burgomaestre del pueblo, iniciando así una carrera de actor, con el seudónimo de Max Lawrence, por lo común en roles de villano a quienes confiere relieve su inconfundible rostro, calvo y de mirada penetrante. Del mismo modo, el propio Bava se ocupa de los trucajes, con la ayuda de su anciano padre Eugenio, en su último trabajo (fallecería poco después de concluir el rodaje, con ochenta años de edad). Al igual que guionistas y productores, tampoco los intérpretes habían trabajado con Bava. Son el apuesto Giacomo Rossi Stuart y la sensual Erika Blanc, actualmente de culto por sus personajes en los años dorados del *bis* mediterráneo, seguidos por Fabienne Dali y, en una soberbia colaboración como comisario, el gran Piero Lulli (hermano de Folco, el líder vikingo de *La furia de los vikingos*). A título de curiosidad, conste que el papel de la niña fantasma está interpretado en realidad por un niño, Valerio Valeri, que no era sino el hijo del portero del edificio donde habitaba Bava. Según recuerda Erika Blanc:

> Llegaba a la salita de maquillaje, muy serio, sin hablar nunca con nadie. Se dejaba maquillar, vestir, poner la peluca, sin abrir la boca. A mí me daba miedo. Tú piensa, un niño de ocho o nueve años, tan silencioso y misterioso, que se deja caracterizar de niña muerta para una película de terror. Yo pensaba a veces que era un fantasma de verdad[77].

Hablando de intérpretes, el renombre que entonces disfrutaba el protagonista Stuart dentro del *spionistico* determinó que se eligiera como título el tan mentecato de *Operazione paura* (Operación terror).

«La rodé en doce días, como un desafío»[78], declaró Bava. Mas no es creíble, valorando la complejidad técnica y visual del conjunto, que además reúne varias localizaciones, en cabeza el bellísimo pueblo medieval de Falleri Nuovi, con su abadía Santa María y el campanario de San Giulia-

---

[77] Reproducido de Carlos Aguilar, «Erika Blanc, la mirada del súcubo», *Quatermass,* núm. 7, 2008.
[78] *Op. cit.,* véase nota 23.

Giacomo Rossi Stuart y Erika Blanc en *Operazione paura* (1966).

no, perteneciente al *paese* de Faleria, cerca de Roma; por cierto, la mansión donde habita el personaje de la baronesa Graps (Giovanna Galletti), está situada a las afueras de Grottaferrata y actualmente es un hotel de lujo, «Villa Grazioli». En cuanto a los interiores, Bava recurrió a los estudios de Titanus, retomando decorados de *La máscara del demonio*, dado que el contexto histórico-genérico es homólogo. Suena más verídico, en suma, el testimonio de Lamberto Bava —«Se rodó en tres semanas y media»[79]—, e incluso podría aceptarse el de Erika Blanc: «Rodamos unos veintiséis o veintiocho días»[80].

Interesa destacar esto, porque *Operazione paura* no es una «película rápida», según la terminología hollywoodien-

---

[79] *Op. cit.*, véase nota 14.
[80] *Op. cit.*, véase nota 14.

se, sino una filigrana absoluta, fruto de una rara maestría con el lenguaje cinematográfico, y actualmente resulta incluso más admirable y asombrosa que en su día. Empezando por la determinación de concentrar la historia en una noche, desde que oscurece hasta el alba, con la dificultad narrativa que comporta imbricar distintos ambientes y los riesgos para guardar una coherencia mínima encadenando una situación tras otra. De todo ello surge, por una parte, una condensación dramática única en la filmografía del autor, sin tiempo muerto alguno y con un espíritu sintético superlativo, y, por otro lado, una dislocación espacial de tal intensidad que confiere al conjunto un onirismo tenaz y absoluto, de todo punto fascinante e imprevisible, como si la trama fuera el sueño angustioso e ininterrumpido que tiene lugar, en efecto, a lo largo de una febril jornada nocturna, evocando, acaso sin premeditación, el peculiar *fantastique* flamenco, en especial a su genio por antonomasia, el incomparable Jean Ray (nunca se sabe qué callejuelas conducen a qué lugares, los sitios parecen materializarse de la nada, los personajes viven sumergidos en la espectral tragedia sin otros quehaceres). Se parte para ello de una trama que remodela la dimensión mágico-rural de *La máscara del demonio* con el fin de aproximar el conjunto a la siniestra y tétrica conseja campesina de raíz inmemorial, susurrada a la luz de la lumbre: una niña pereció en extrañas circunstancias, sin que los habitantes del villorrio perdido donde habitaba respondieran a sus llamadas de auxilio, tañendo la campana; a partir de entonces, a manera de insuperable maldición, determinadas noches los implicados se ven impulsados al suicidio de forma truculenta, tras oírse las campanas y aparecerse el silente espectro de la finada, para vengativa satisfacción de su anciana madre, una baronesa desquiciada que habita en soledad en una decrépita villa de las afueras... Al igual que en *La máscara del demonio,* el héroe es un joven médico urbano, perplejo y desfasado en un ambiente de supersticiones seculares, en una atmósfera que abraza la evocación del intocable *Vampyr*. *La bruja vampiro (Vampyr. L'étrange aventure de David Gray,* Carl Theodor Dreyer, 1931) con coetáneas producciones Hammer, en particular el magnífico *La Gorgona (The Gorgon,* Terence Fisher, 1964), amén de los propios trabajos de Bava en el género, por supuesto. Tampoco falta la proverbial evocación de la mitología griega, pues el pueblecito donde transcurre la acción cuenta con una especie de «bruja buena», una guapa joven morena (Fabienne Dali) emparejada con el burgomaestre y volcada en la magia blanca en beneficio de la comunidad, la cual, en lo respectivo a las víctimas de la maldición, introduce una moneda en el corazón de los cadáveres, para que puedan reposar en paz, práctica acrisolada en varias tradiciones esotéricas, con sus respectivas variantes, que arranca del mito helénico de Caronte, el anciano inmortal que guiaba la barca de los difuntos a través de la laguna Estigia, previo pago de una moneda. No obstante, Bava, al contrario que en *La máscara del demonio,* donde el elemento sobrenatural es flagrante y explícito, en *Operazione paura,* aludiendo a ciertas películas realizadas entre ambas, no renuncia a incorporar una explicación final de los hechos, aunque ajena al racionalismo, incluso en su ambigüedad: ¿la niña fantasma supone la materialización del ansia de revancha de la madre, plasmada mediante los poderes espiritistas de esta, o constituye un espectro que procede por su vengativa cuenta? Ninguna de las dos opciones invalida ni desmiente lo sobrenatural, de todos modos.

Con ánimo de respetar las propiedades específicas de su nueva fábula, el autor aplaca un tanto su característica paleta cromática, mas sin renunciar a ella por completo, justificando la eventual incorporación de algunos colores discordantes (verdes, azules) en un conjunto donde prevalecen los tonos cobrizos, ocres, ese marrón y ese ámbar que identifican el terruño, la especificidad del mundo rural. En cambio, mantiene, e incluso subraya, el siniestro decorativismo abigarrado del episodio *La gota de agua* de *Las tres caras del miedo* para los interiores de la crepuscular mansión de la anciana baronesa, repleta de velas y encajes negros, acentuando la significación fetichista y psicoanalítica de las muñecas que se aprecian por doquier, así como el cometido dramático de las actividades espiritistas de la aristócrata. A cargo de esta, por cierto, aparece uno de los diversos momentos de horror metafísico que desgrana el desarrollo (el progresivo espanto ante la propia imagen, reflejada en el espejo), cuya culminación estriba en la excepcional, inolvidable escena en que el héroe atraviesa diferentes estancias idénticas, perseguido por alguien que, a la postre, revela ser él mismo. Desorientación existencial, solipsismo filosófico, angustia de la duplicidad, miedo a la propia identidad, perversión matemática, homenaje a la tradición expresionista del *Doppelgänger*... Caben múltiples interpretaciones para una secuencia polisémica, de extraordinaria brillantez, sin duda una de las más ingeniosas y creativas de la obra de su autor, que sería vilmente plagiada, y banalizada —por ejemplo, en bodrios caros como *Pesadilla en Elm Street 4 (A Nightmare on Elm Street 4,* Renny Harlin, 1988) y *Matrix Reloaded (Matrix Reloaded,* Andy y Larry Wachowski, 2003)—, y que casa a la perfección el concepto con la técnica, el planteamiento intelectual y la ejecución visual. En términos de Alberto Pezzotta:

> Como ha escrito Sandro Bernardi, la estancia mágica de *Operazione paura,* curiosamente similar a un sueño que Henry James contó en su autobiografía, es la ejemplificación de una lógica no euclidiana, donde derecha e izquierda son la misma cosa (en efecto se deduce que la habitación «tiene dos paredes opuestas que se tocan y una sola puerta, de entrada y salida»). Además, la escena siguiente,

donde el protagonista se apoya sobre un cuadro de la villa para encontrarse acto seguido fuera del mismo edificio, muestra que en el mundo encantado de Bava también equivalen lo que hay dentro y lo que hay fuera[81].

Añádase la escena en que la niña fantasma huye descendiendo una escalera de caracol interminable, que emana un sentido del horror del absurdo que desborda lo puramente material, tangible, estableciendo, por enésima vez, que el cine fantástico según Mario Bava supone un mundo propio, que dicta sus propias leyes y obedece a una puesta en escena exquisita.

Naturalmente, dicho personaje de la niña fantasma, provista de una pelotita que unas veces precede y otras concluye sus intervenciones, impacta de forma particular. Acaso está inspirado por la pareja infantil de *Suspense (The Innocents,* Jack Clayton, 1961), excelente adaptación del libro *Otra vuelta de tuerca* de Henry James, no en vano Bava la admiraba sin reparos. En cualquier caso, sus inquietantes intervenciones suponen para el héroe una especie de hilo en busca de una verdad satisfactoria, de una suerte de dilucidación que resuelva los sangrientos hechos, hermanando un pasado oscuro y un presente horrible, y redondean la cualidad última de *Operazione paura* cual relato de terror atávico y telúrico, sin apenas sangre ni efectismos, desprovisto de cualquier soporte prosaico, fraguado a base de presagios y alusiones, de pistas que quedan en el aire, de desvíos hacia ninguna parte, de señales taumatúrgicas (una cabeza de muñeca que cae de improviso, una mano apoyándose en el cristal de una ventana, campanas tañendo en plena madrugada). A este último respecto, el mejor ejemplo estriba en la magnífica escena que sugiere la resurrec-

---

[81] *Op. cit.,* véase nota 41.

Valerio Valeri en *Operazione paura* (1966).

ción de un cadáver en la morgue, de forma hermosamente poética (se abre la puerta, entra la pelotita, el sudario cae al suelo); la idea deriva de un momento parecido en *Terror en el espacio,* pero, al contrario que en esta, jamás vemos lo que sucede con el resucitado... A propósito, si de reminiscencias de previas películas de Bava se trata, el hallazgo de la cripta remite a *La máscara del demonio, travelling* circular incluido, la villa maldita esconde un pasadizo y la banda sonora de Rustichelli recupera en un par de momentos fragmentos de la compuesta para *La frusta e il corpo.*

Retomando la cuestión de la niña tétrica, tentadora y onerosa, que es diabólica cuando a su tierna edad en buena lógica debía resultar seráfica, Jean-Louis Leutrat opina que su origen no estriba en la antedicha película de Clayton sino que supone un «recuerdo invertido» de cierta víctima de Peter Lorre en *El vampiro de Düsseldorf (M. Eine Stadt einen Mörder,* Fritz Lang, 1931)[82]. No parece disparatado,

---

[82] Jean-Louis Leutrat (ed.), *Mario Bava,* Lieja, Céfal, 1994.

del mismo modo que la idea podría derivar de una mixtura de ambas remembranzas cinéfilas. En cualquier caso, es irrefutable que dicho personaje sería copiado dos años después en el extraordinario, genial mediometraje de Fellini *Toby Dammit,* tercer y último episodio de *Historias extraordinarias (Tre passi nel delirio,* Roger Vadim, Louis Malle, Federico Fellini, 1968), según los correspondientes relatos de Edgar A. Poe. Al respecto, Bava declaró: «Es la misma idea de mi película, tal cual. Se lo dije a Giulietta Masina, y ella alzó los hombros con una sonrisa, diciendo "ya sabes cómo es Federico"»[83]. De todos modos, Fellini bien pudiera ser ajeno al plagio, considerando que su coguionista no era sino Bernardino Zapponi, curioso intelectual erotómano amante del cine de género, que idolatraba a Mario Bava; de hecho su revista *Il delatore* había anunciado en 1966 un número monográfico sobre Bava, que por desgracia no llegó a editarse, al desaparecer la publicación tras el anterior. Por añadidura, resulta excitante que *Toby Dammit* recuerde también a Bava en su infernal, sulfúrico sentido del color, sin despreciar lo que implica la magnífica prestación, para un caricaturesco rol de *stunt man,* de Federico Boido, actor secundario en tres películas del autor de *La máscara del demonio.* Posteriormente, el personaje de la niña más o menos fantasma, con o sin pelotita fluorescente haciendo juego con el color del vestido, sería copiado en múltiples ocasiones, por ejemplo *Al final de la escalera (The Changeling,* Peter Medak, 1979), *La última tentación de Cristo (The Last Temptation of Christ,* Martin Scorsese, 1988) o la popular serie televisiva *Twin Peaks* (David Lynch, 1991).

* * *

---

[83] *Op. cit.,* véase nota 11.

Terminada con unos apuros económicos perjudiciales para quienes la hicieron[84], *Operazione paura* pasa desapercibida en Italia, sin estrenarse tampoco, por ejemplo, en Francia ni España. En consecuencia, la productora se ve impelida a cerrar la actividad que había inaugurado justo en esta película, sin duda la más ignota y menos difundida de Bava dentro del *horror*. Languidecía, por añadidura, el «gótico a la italiana», agotado en únicamente seis años. No obstante, Bava, sin amilanarse, en el mismo 1966 afronta otro film, *Los cuchillos del vengador,* con el cual retoma, también en este caso, un género que abordase pocos años atrás, el relato de aventuras protagonizado por vikingos.

Entraña en cambio *Los cuchillos del vengador* un caso particular dentro de su filmografía, pues se trata de la primera vez que Bava acepta sustituir a un colega, en concreto el muy mediocre Leopoldo Savona. No es habitual que un director acepte una propuesta de tal índole, por respeto propio y ajeno; téngase en cuenta que Bava a la sazón ya no era el prestigioso director de fotografía que termina la película tras el abandono del realizador, como le sucediera a veces en los años cincuenta, recuérdese, sino un director en sí mismo, con una docena de películas a la espalda, algunas de éxito, más que nada en Estados Unidos, y con un cierto prestigio crítico, sobre todo en Francia. Por consiguiente debió de estar asistido por razones poderosas, o bien de sustento económico o bien de amistad por el productor, Saro Patanè, a cargo de la modesta y efímera Sider Film. En cuanto a lo que sucedió, escuchemos la versión del protagonista, Cameron Mitchell, en su tercer trabajo con Bava, tras *La furia de los vikingos* y *Seis mujeres para el asesino:*

---

[84] Por ejemplo, Erika Blanc ha declarado recientemente: «Todavía estoy esperando que me paguen la letra de cambio que me dieron, de trescientas mil liras», *op. cit.,* véase nota 14.

El rodaje con el primer director se interrumpió cierto día, nos dijeron que se había acabado el dinero. Recuerdo que ese día pagué yo mi comida y la del equipo. Después, regresé a Estados Unidos, porque tenía un compromiso. ¡Pero unas semanas más tarde recibí una llamada de Mario! Al oír que el proyecto reflotaba, y que él era el nuevo director, mi ilusión renació. Fui feliz, porque sabía que entonces la película sería buena. Y lo fue[85].

Así, Bava reescribió el guión en gran medida e impuso a sus dos técnicos de cámara más allegados (Rinaldi y Diamanti). Las localizaciones marítimas, por cierto, parecen las mismas que en *La furia de los vikingos,* o sea, las playas y formaciones rocosas de Tor Caldara. Además, aunque quizá sea casualidad, el coprotagonista está interpretado por Giacomo Rossi Stuart, el héroe de *Operazione paura,* y el villano por Fausto Tozzi, que desempeñara idéntico cometido en *Le meraviglie di Aladino*. En cuanto al material rodado por Savona, escaso de por sí, apenas se incluyó nada en el montaje: a todos los efectos. *Los cuchillos del vengador* es una película de Mario Bava.

Por lo demás, sin alcanzar la excelencia de *La furia de los vikingos,* es una película mucho mejor de lo que cabía temerse de la escasa ambición de su planteamiento industrial y de su conflictiva gestación. Es más, estas rémoras en cierto modo acentúan, si se quiere paradójicamente, la propia cualidad crepuscular de la propuesta, puesto que *Los cuchillos del vengador* entraña el reverso, exteriormente lúgubre e interiormente melancólico, de *La furia de los vikingos,* caracterizada, por el contrario, por sus pasiones a flor de piel y sus vivencias épicas, su luz estallante y sus colores sugestivos. Todo ello debido básicamente a que los cinco

---

[85] Reproducido de Tim Lucas, «Requiem for a Viking. Cameron Mitchell on His Bava Films», *Video Watchdog,* núm. 25, 1994.

años transcurridos entre ambas películas, aunque objetivamente sean pocos, han resultado muchos para una cinematografía como la italiana, en la cual las modas en general apenas duran, los géneros, subgéneros y filones se agotan enseguida. En consecuencia, la producción de aventuras decae a lo largo de los primeros años sesenta, y, una vez extinguido el *peplum,* se reorienta hacia el *western,* incluida la reconversión de directores e intérpretes característicos. Desde esta perspectiva debe enfocarse, pues, *Los cuchillos del vengador;* es decir, como una especie de puente, estético e industrial a la par, entre dos géneros. Así, su banda sonora, que incluye silbidos y armónica, es intercambiable con la de cualquier film del Oeste, el argumento alude a *Raíces profundas (Shane,* George Stevens, 1953), película no en vano muy apreciada por Bava, asistimos a un duelo, hay peleas en una taberna que equivale al prototípico *saloon* del *Far West,* la habilidad mortífera e identificación del protagonista con los diversos cuchillos que esconde concuerda con la de Tomás Milián en *El halcón y la presa (La resa dei conti,* Sergio Sollima, 1966), amén de remitir a James Coburn en *Los siete magníficos (The Magnificent Seven,* John Sturges, 1960), y se plagia puntualmente *Por un puñado de dólares* (un personaje cubriéndose el pecho con una coraza metálica).

Ahora bien, Bava, mediante destreza profesional y capacidad de adaptación, asume el proyecto con patente interés, apartando el barroquismo delirante de *Operazione paura* y *Terror en el espacio,* por inoportuno, recuperando el clasicismo envolvente de *La furia de los vikingos,* por oportuno, y optimizando la experiencia en el *western* de *La strada per Fort Alamo,* pues en cierto modo fue positiva. Obtiene así una película admirable, aunque no sobresalga en su obra, que aúna con armonía el ritmo calmo y el sentido ético del *western* americano (al final, la familia protagonista es felizmente reconstruida y triunfan los valores tradicionales) con la tortuosidad febril y la violencia demente del *spaghetti* mediterráneo (el tema central es la venganza, cualidad básica del género desde *La muerte tenía un precio),* sin olvidar los clásicos griegos *(La Odisea* supone a todas luces la otra fuente argumental preponderante, y en todo momento el *fatum* idiosincrático de la tragedia primordial helénica pesa sobre el atormentado protagonista), en un contexto de film de aventuras con palpable nostalgia, también, del *peplum.* Con esto y con todo, debe destacarse, acaso en especial, que *Los cuchillos del vengador* recupera la temática del romanticismo heterodoxo para la obra de Bava, lo cual desde luego no es poco. Puesto que si tal elemento definitorio había desaparecido en sus tres películas previas (en *Terror en el espacio,* los extraterrestres protagonistas se revelan ajenos a cualquier índole de pasión; en *Le spie vengono dal semifreddo,* el carácter de mamarrachada aparta la cuestión; y en *Operazione paura,* el amor que va surgiendo entre la pareja estelar apenas se manifiesta más que en el plano final con ambos abandonando el pueblo, sugiriéndose para ese *off screen* de ciertos clásicos), por el contrario aquí es determinante, esencial. Consiste en un amor soterrado pero ardiente, el que concibe el héroe por la heroína, casada y con un hijo, en desesperante y fiel espera de años respecto a la vuelta de un esposo que acaso mientras tanto ha fallecido allende los mares. El hecho de que pronto el otoñal protagonista advierte que esa mujer noble y abnegada, de todo punto admirable, fue precisamente la joven que él violó tiempo atrás durante una masacre que presidió en la tribu de esta, cubierto por una aterradora máscara metálica, proporciona el privativo, y torturado, epíteto operístico: la mujer nunca debe averiguar la verdad sobre ese misterioso lanzador de cuchillos errabundo que la protege con gran celo y absoluto respeto, y el hijo que le reverencia cual perfecto sustituto paterno bien pudiera ser fruto de aquella abyecta violación. La máscara encubridora, naturalmente,

Cameron Mitchell en *Los cuchillos del vengador* (1966).

remite a *La máscara del demonio,* en el plano visual, y a *Seis mujeres para el asesino,* en el sentido argumental, mientras que la relación entre el chico y el hombre entremezcla las que guardaban Brandon de Wilde y Alan Ladd en el antedicho *Raíces profundas* con las de John Phillip Law y Lee Van Cleef en *De hombre a hombre (Da uomo a uomo,* Giulio Petroni, 1966), dentro del controlado espíritu ecléctico que mantiene *Los cuchillos del vengador.*

El protagonista paga su pretérito delito carnal sacrificando su amor en aras de la auténtica familia de la heroína, tras regresar el marido y superarse el previsible bloque de rivalidad viril / amistad imposible entre ambos, de cara a terminar con el vesánico felón. Desaparece acto seguido, en soledad y en el horizonte, aún calladamente enamorado, tras una escena de acción gracias a la cual Bava recupera su debilidad por rodar dentro de una gruta iluminada a conveniencia. Metafóricamente, con este personaje se evapora también la etapa dorada del cine italiano de aventuras.

Debe destacarse que Bava en ningún momento desdeña el argumento, con ironía, ni se sitúa despectivamente por encima, con suficiencia, como tampoco lo hizo en el caso de *La strada per Fort Alamo*. Por el contrario, su aprecio por la trama y los personajes es palpable, y, aunque no cuente con la riqueza de medios de *La furia de los vikingos*, de principio a fin aplica su sempiterna maña profesional para que el espectador no eche nada de menos en cuanto a producción, y los contenidos dramáticos y emocionales fluyan de la mejor manera, sin caer en el tópico, en lo burdo. Sin duda alguna, Bava siente de verdad el desgarrador dilema moral de su peculiar héroe y sabe expresarlo en unos términos cinematográficos oportunos y particulares, desgranando los diversos pormenores de la trama y sorteando con habilidad los giros más ramplones del guión, a lo largo de un desarrollo que guarda el ritmo adecuado; dicho sea de paso, el autor honra su maestría en el género fantástico mediante la bienvenida introducción de un personaje secundario de hechicera, que profetiza la muerte del villano y la suya propia, cual sibila tradicional (nuevo guiño de Bava a su querida mitología griega).

No debe desdeñarse, pues, *Los cuchillos del vengador* en el seno de la obra de Bava, en absoluto. Es una película magnífica y personal, de todo punto considerable. Además, contiene escenas dignas de figurar en una antología del autor; por ejemplo, el *flashback* con la violación elíptica (enésimo roce entre Bava y Leone, si se piensa en *La muerte tenía un precio*) o el tenso reencuentro entre el héroe y el villano en la taberna, de extraordinaria puesta en escena. Estupenda y de una sobria intensidad, asimismo, resulta la interpretación de Cameron Mitchell, que admiraba a Bava hasta extremos superlativos:

> Me llamaba Camerone (...). En todos mis años en Hollywood, en todos mis años de actor trabajando con

directores, a menudo grandes directores, nunca vi ninguno que tuviera lo que Bava tenía. Ese conocimiento y esa habilidad para hacer magia del cine. Era un mago del cine, un auténtico genio[86].

Por último, su propiedad crepuscular de doble sentido, que aúna el sentido mítico conscientemente trasnochado, repárese en la sonoridad del formidable título, con un pintoresquismo que a menudo remite al universo del cómic, jamás es autocomplaciente ni está subrayada. Antes bien, se desprende con elegancia de un conjunto cuyos ingredientes cardinales están valorados loablemente y, repítase, dependen con honestidad estética del *western* clásico: el coraje, la responsabilidad, el honor, el arrepentimiento, la generosidad, el compromiso, la dignidad, la violencia, el tránsito entre épocas... y la soledad viril.

---

[86] *Op. cit.,* véase nota 85.

Del amor limpio
a la sangre sucia (1967-1971)

> Tengo una compañera, Eva Kant. Es mi
> cómplice y mi mujer. Es única e insustituible.
>
> *(Notte magica, Diabolik,* año XL, núm. 2)

El fracaso económico que sufren *Operazione paura* y *Los cuchillos del vengador,* distribuidas a comienzos de 1967 solo en circuitos regionales, curiosamente abre camino a la película de mayor presupuesto y/o ambición industrial en

John Phillip Law en *Diabolik* (1967).

la obra de Mario Bava: *Diabolik* (1967). Surge con ella otra etapa en su cine, que comprende cinco años y se caracteriza, respecto a estética y formalización, por la fuerte influencia de corrientes artísticas en boga (el *Pop Art,* la psicodelia), de un lado, y, del otro, por la desaparición de las concepciones argumentales presentes en el bloque anterior. Esto último significa que el esmero o rigor de estas, aun siendo relativos, sin embargo podían apreciarse y valorarse en su justa medida, en sus propiedades y finalidades. En cambio, desde *Diabolik,* incluida, desaparece el entramado narrativo, muere cualquier índole de linealidad argumental en la obra de Mario Bava, por muy flexible que fuese con anterioridad. En primer lugar, porque la naturaleza interna de la película lo permite y casi pide —*Diabolik,* cuyo guión es abiertamente inconexo al combinar varias historietas del *fumetto* original— después porque su obra se encarrila dentro de un molde industrial tan pobre que no hay tiempo, ni ganas, para plantearse una trama de verdad, para urdir un guión más o menos ortodoxo, siquiera en la línea de los que posibilitaron las películas previas del autor, mejores o peores. Dicho sea en términos crudos, desde finales de los años sesenta Bava, por desgracia, comienza a comulgar con el formato «subproducto», a inevitable e inexorable remolque de esa, ya comentada, penosa degradación del cine italiano de género, de la cual ningún director de su generación se salvó. Lo más curioso, por ende sorprendente y significativo, es que Bava decae dentro de la industria tras una producción con las altas miras de *Diabolik*... Las películas que sobrevienen tras esta, completando la nueva fase, son *Quante volte... quella notte?* (1969), *Cinco muñecas para la luna de agosto* (1969), *Roy Colt y Winchester Jack* (1970), *Un hacha para la luna de miel* (1970) y *Bahía de sangre* (1971).

En cuanto al equipo, Antonio Rinaldi continúa siendo el director de fotografía, en teoría y/o créditos, si bien este cometido lo firma el propio Bava en las dos últimas películas. Por lo demás, no se aprecia ningún técnico común, ni siquiera el hijo Lamberto, pues falta en *Cinco muñecas para la luna de agosto,* donde el ayudante de Bava es Mario Bianchi, hijo del director Roberto Bianchi, y director asimismo a partir de 1973.

* * *

Diabolik surge de una forma bien particular, aunque era previsible que el cómic homónimo se adaptara a la pantalla. El personaje, como tal, había nacido cinco años antes, en 1962, creado curiosamente por dos mujeres, por añadidura hermanas, Angela y Luciana Giussani, en el seno de la editorial Astorina, fundada por la primera, y suponía una aclimatación del arquetipo universal de supercriminales irreductibles, ajenos a cualquier ley, sujetos a su propio código y concentrados en su deshonesto interés; con todo, la inspiración prioritaria estriba en el francés Fantomas, creado en 1911 por el tándem compuesto por Pierre Souvestre y Marcel Allain, un personaje adorado por los surrealistas que, tras los folletines de Louis Feulliade durante el cine mudo, había resucitado para la pantalla precisamente a mediados de los años sesenta. Esta resurrección tuvo lugar en un tríptico realizado por André Hunebelle —*Fantomas (Fantômas,* 1964), *Fantomas vuelve (Fantômas se déchaîne,* 1965) y *Fantomas contra Scotland Yard (Fantômas contre Scotland Yard,* 1967)— escrito por idénticos guionistas (Jean Halain y Pierre Foucaud) y protagonizado por los mismos intérpretes, entre los cuales sobresalen Jean Marais, personificando curiosamente tanto a Fantomas como a su eterno enemigo Fandor, la hermosa Mylène Demongeot y el humorista Louis de Funès, entonces de lo más popular, en el rol del comisario Juve. Sin embargo, el tono de este tríptico tiende al pasatiempo familiar, con un hincapié humorístico progresivo.

Apenas aparecer, *Diabolik* obtuvo un éxito sensacional, en niveles de fenómeno sociológico, provocando las previsibles imitaciones dentro de este nuevo subgénero del cómic italiano, oportunamente denominado *fumetto nero*. En palabras de John Phillip Law, su intérprete para Bava:

> Solo la Italia de los años sesenta podía convertir en un héroe popular a un personaje así, justo la antítesis de los superhéroes americanos (...). La Italia de entonces aún no se había recuperado del trauma de la guerra, de la atmósfera de la posguerra. En cierto modo, era un país de supervivientes, de gente desconfiada. Por lo cual admirar a un personaje como Diabolik tenía su lógica[87].

Mediocre como cómic propiamente dicho, y no se aprecian variaciones internas debido al cuantioso número de guionistas y dibujantes que han ido participando, ni para bien ni para mal, empero su popularidad significativamente se ha mantenido a lo largo de los años, y decenios, incluyendo clubes de fans y convenciones en su honor, libros y fanzines, un vasto *merchandising*... mientras que los imitadores surgidos a su siniestra sombra, en cambio, han ido desapareciendo, uno tras otro. De hecho, *Diabolik* continúa publicándose, cincuenta años después de nacer, así como apareciendo en diciembre su espectacular calendario anual.

Dos años antes de la película de Bava, hubo un intento de trasladarlo a la pantalla. Partió de Tonino Cervi, hijo del actor Gino, conocido desde mediados de los años cincuenta como productor, y consistía en su debut como director, con producción propia. Organizada de tal forma la película, se contrata a Jean Sorel (suerte de «Alain Delon del pobre», habitual en las coproducciones de la época, aunque

---

[87] Reproducido de Carlos Aguilar y Anita Haas, *John Phillip Law. Diabolik Angel,* Bilbao, Quatermass/ScifiWorld, 2008.

también trabajó para Buñuel y Visconti), personificando al protagonista, y Elsa Martinelli (especie de respuesta italiana a Audrey Hepburn, cuya carrera internacional comprendía películas de Hawks y Welles, nada menos), como su pareja Eva Kant, incorporada en el *fumetto* ya en su número 3, *Il arresto di Diabolik*. Comienza el rodaje, cuya realización declina Cervi a última hora, cediéndola, sorprendentemente, al inglés Seth Holt, que había destacado dentro de Hammer. Sin embargo, tras la primera semana, la filmación, que tuvo lugar en Málaga en octubre de 1965, con Gilbert Roland interpretando al villano, se suspende, sin que todavía se sepa la razón, y el proyecto pasa al poderoso Dino De Laurentiis, que lo retoma en virtud del acuerdo que había firmado con Paramount para emprender, también como coproducción ítalo-francesa rodada en inglés, *Barbarella (Barbarella,* Roger Vadim, 1968), asimismo inspirada en un cómic surgido en 1962, en este caso francés, de Jean-Claude Forest[88]. El *Business Plan* de De Laurentiis estriba en realizar ambas películas encadenadas en su propio estudio, Dinocittà, con un adelanto de distribución a cargo de la susodicha multinacional de Hollywood, basándose en el denominador común de la inspiración tebeística y fantasiosa. Y, dado que el rodaje de *Barbarella* se retrasa por imprevistos técnicos, De Laurentiis reacciona abordando mientras tanto la menos ambiciosa y cara *Dia-*

---

[88] Los percances sufridos por *Diabolik* para acceder a la pantalla propiciaron que un poco antes fructificaran proyectos análogos. Léase, adaptaciones de otros personajes sobresalientes del *fumetto nero,* al calor del *boom,* o sea, las imitaciones anticipándose al original: el díptico, por cierto magnífico, formado por *La máscara de Kriminal (Kriminal,* Umberto Lenzi, 1966) y *Los cuatro budas de Kriminal (Il marchio di Kriminal,* Fernando Cerchio, 1967), *Mr. X (Mister X,* Piero Vivarelli, 1966) y *Satanik (Satanik,* Piero Vivarelli, 1967). Todos ellos, curiosamente, con coproducción española a cargo de Eduardo Manzanos.

bolik, para lo cual hábilmente renegocia el contrato del protagonista de la una para que también lo sea de la otra. Es decir, John Phillip Law:

> El rodaje de *Diabolik* terminó un viernes, y el lunes empezó el de *Barbarella*. Hay algún decorado común, al igual que el mismo responsable de los efectos especiales, el gran Carlo Rambaldi, que ganaría el Oscar por *E.T. El extraterrestre*[89].

Altísimo, carismático y de atractivo ambiguo, el americano John Phillip Law había desempeñado sus primeros papeles protagónicos en el cine italiano, al igual que Steve Reeves antes y Clint Eastwood después, dentro de un par de comedias de episodios rodadas en 1963, tras lo cual intervino en dos películas americanas tan relevantes como la excelente *¡Que vienen los rusos, que vienen los rusos! (The Russians Are Coming! The Russians Are Coming!,* Norman Jewison, 1965) y la fallida *La noche deseada (Hurry Sundown,* Otto Preminger, 1966). La amistad que entablara con Jane Fonda durante el rodaje de esta determinó su elección para *Barbarella,* así como, por extensión, para *Diabolik,* regresando de tal forma Law al cine europeo.

Partiendo de un tratamiento de Adriano Baracco, colaborador del gran Dino Risi, el guión conoció diferentes fases, que escribieron una tras otra entre el propio Bava y Dino Maiuri; dicho sea de paso, este había trabajado en México durante el decenio de los cincuenta, casado con la actriz Irasema Dilian, por ejemplo en la película que esta protagonizó para Buñuel, *Abismos de pasión*. La adaptación inglesa, que por cierto cambia muchos diálogos al completo, corre a cargo de Tudor Gates y Brian Degas, no por azar

---

[89] *Op. cit.,* véase nota 87.

dos de los guionistas de *Barbarella*. Respecto al cómic se mantiene la ambientación en la ciudad imaginaria de Clerville, suerte de equivalente de Gotham en los cómics de Batman, si bien la moneda es el dólar y se habla del castillo de San Giusto, situado en la italiana Trieste, pero se suprime el personaje de Altea, la prometida del inspector Ginko, el eterno adversario de Diabolik, entre las novedades más reseñables; asimismo, algunas historias concretas nutren el discontinuo argumento, en concreto *L'ombra della notte, Sepolto vivo!, Lotta disperata* y *Colpo alla zecca*.

Para personificar a Ginko, curiosamente se contrata a un actor de tan acendrada *qualitè* como Michel Piccoli, necesaria aportación francesa a la coproducción. El cómico inglés Terry-Thomas, siempre idéntico a sí mismo, y Adolfo Celi, encarnando a un líder del hampa local cuya rematada ordinariez supone todo un reverso del Largo que el propio actor había personificado dos años antes en *Operación Trueno,* redondean el protagonismo masculino de un reparto que solo ofrece dos intérpretes vistos previamente en la filmografía de Bava, además en roles de contorno (Federico Boido y Lucia Modugno). Por lo demás, la intérprete del cardinal personaje de Eva Kant representó todo un problema, que provocó la correspondiente interrupción en el rodaje. Contado por Law:

> Como detrás de la película estaba Paramount, en la persona de Charles Bluhdorn, este impuso de protagonista a su novia. Era una modelo esbelta y guapísima, de Nueva York, pero no sabía actuar. Y Bluhdorn acabó aceptando la realidad. Por lo cual Roger Vadim convenció a De Laurentiis de que el papel lo hiciera Catherine Deneuve (...). A Bava no le gustó la idea, pero condescendió, y así empezamos a rodar. Enseguida quedó claro que Catherine Deneuve no podía ser Eva Kant, además entre nosotros no existía ninguna química. Era una mujer dulce y una actriz muy profesional, simplemente resultaba inadecuada. Entonces, tras la primera semana de rodaje, se vio proyección

John Phillip Law y Marisa Mell en *Diabolik* (1967).

y De Laurentiis y Bava coincidieron en que la Deneuve quedaba sosa y no pintaba nada en una película así. Por lo cual decidieron sustituirla y recomenzar el rodaje. De Laurentiis dijo a Bava que ahora aceptaría la actriz que considerase pertinente, y Bava le dio a escoger entre Marisa Mell y Marilú Tolo. La elegida fue Marisa, y con ella todo cambió. Le encantó el papel de Eva Kant y lo hizo muy a gusto y muy bien, con la picardía y la gracia necesarias. Entre nosotros, además, surgió un amor estupendo, lo cual lógicamente benefició a la película[90].

Frivolidades aparte, y descontando también el chacoteo mitómano (¡la egregia Catherine Deneuve en una película de género basada en un tebeo, qué gran humillación para

---

[90] *Op. cit.*, véase nota 87.

la cinefilia ortodoxa!), *Diabolik* es la tercera y última película de Bava con montaje a cargo de Romana Fortini, y su producción la organiza Bruno Todini. Ahora bien, dentro del equipo revisten una importancia especial el decorador, Flavio Mogherini, y el músico, Ennio Morricone, nuevos en la filmografía de Bava al igual que los intérpretes principales. Aunque Mogherini lo era en términos relativos, pues ambos habían coincidido varias veces a las órdenes de Pietro Francisci, por ejemplo en *Antonio de Padua (Antonio di Padova,* 1949) y *Hércules,* así como en *Le meraviglie di Aladino;* conste además que el trabajo de Mogherini está impreso también en películas de cineastas como Pier Paolo Pasolini, Valerio Zurlini y Giuliano Montaldo, del mismo modo que conviene olvidar piadosamente su faceta postrera como director. En cambio, el egregio Morricone sí debutaba realmente con Bava, y brindó una banda sonora de todo punto espléndida, burbujeante, ecléctica e imaginativa, divertida y atrevida, incorporando el instrumento sitar que se había puesto de moda en occidente gracias al vínculo entre George Harrison y Ravi Shankar, y con el concurso del soberbio coro que comandase Alessandro Alessandroni, músico de capital importancia durante los años sesenta en la obra del compositor cinematográfico por antonomasia; al respecto, destacan las voces de Christy, cantando el definitorio *Deep Down* tanto en italiano como en inglés para las versiones correspondientes, y de la gran Edda dell'Orso, aportando sus característicos murmullos sensuales en temas como *Eva's Holy Dress* o *Emerald Bikini.*

En cuanto al rodaje, transcurre desde el 11 de abril al 18 de Junio de 1967 (nueve semanas, pues; el plazo más largo en la obra de Bava); buena parte, como se indicó, en los estudios romanos Dinocittà, el resto en Turín y las playas de Tor Caldara. Pero Bava no se encontraba del todo a gusto, por culpa de sus diferencias con De Laurentiis. En parte, por la gestión del presupuesto:

> Pusieron a mi disposición más dinero del que yo había manejado nunca, sin embargo eso no me facilitó las cosas. A la hora de la verdad nunca tenía lo que necesitaba y tuve que apañármelas como siempre, pegando siluetas de papel ante cartones sobre un cristal delante de la cámara[91].

y en parte por las discrepancias de concepto. Nuevamente en palabras de Law:

> Cada uno tenía una película distinta en la cabeza. De Laurentiis quería hacer una superproducción cosmopolita, casi para ver en familia, con un ladrón elegante y mundano tipo Raffles. Pero se equivocaba, porque Diabolik es una creación específicamente italiana, y por eso Bava quería ser fiel al cómic, a fin de que la película no decepcionara a sus adeptos, que eran millones. Yo estaba de acuerdo con Bava, con su decisión de hacer una película oscura y violenta, muy italiana. Al final, tras muchas controversias entre De Laurentiis y Bava, salió un híbrido[92].

Curiosamente, esta tonalidad «oscura y violenta, muy italiana» que menta el actor sí aparece en los films citados sobre otros personajes de *fumetto nero,* lo cual no implica que debido a su ausencia en *Diabolik,* a esa irrefutable, e impuesta, cualidad de «híbrido» el film de Bava carezca de sustancia personal o de identidad tebeística. Al contrario, la relevancia de *Diabolik* estriba precisamente en la forma en que ambas cualidades se manifiestan y aúnan, caracterizando una película que por lo general ha desubicado a los admiradores de Bava (¿el mago del tenebrismo pútrido comulgando con la coyuntural psicodelia?). De este modo,

---

[91] *Op. cit.,* véase nota 1.
[92] Reproducido de Carlos Aguilar y Anita Haas, «John Phillip Law. Estrella errante», *Quatermass,* núm. 7, 2008.

Diabolik, lejos de chirriar en la obra, de Bava aporta una perspectiva nueva, muy particular y muy interesante, sobre una obsesión recurrente: el amor extremo. En dicho sentido, puede rastrearse un precedente en *Seis mujeres para el asesino,* puesto que al igual que en esta Cameron Mitchell y Eva Bartok, aquí John Phillip Law y Marisa Mell planean por encima de un contexto vulgar y prosaico, en su canallesco egoísmo criminal. Ahora bien, ambas parejas se diferencian por una discrepancia superlativa: Diabolik y Eva Kant no se separan jamás y su apasionado amor es franco, absoluto y mutuo, el menor atisbo de traición es absolutamente inconcebible por parte alguna; por añadidura, carecen de toda vida social o familiar, viven estrictamente el uno para el otro en su portentosa y tecnificada cueva policromada. La mitología griega vuelve a ser invocada para redondear el perfil de ambos personajes, pues su fulgurante belleza, realzada por un genial vestuario fantasioso, y su impecable amoralidad a todas luces les confieren un epíteto de divinidades helénicas («dioses en un mundo propio», pluralizando la descripción del superlativo King Kong en la primera y grandiosa versión), que cometen aparatosos latrocinios por mero esparcimiento frívolo, para divertirse en un contexto grosero, o sea, nuestro mundo, cuyo contraste no puede resultar más brutal: personajes representativos de diversos estamentos, de físico no demasiado grato e indumentaria común, caricaturizados de forma discreta, flagrante o esperpéntica (los interpretados por Piccoli, Celi y Thomas, respectivamente), en una sociedad donde, por añadidura, no parece existir otra clase de gente. Las encarnaciones a cargo de John Phillip Law y Marisa Mell corroboran, literalmente de maravilla, este feliz planteamiento. Caracterizados y vestidos *bigger than life,* se desenvuelven, bajo el sabio dictado de Bava, mediante posturas, gestos y miradas, preferiblemente iconos que intérpretes, pura plástica sensual e incluso masturbatoria, estricto delirio volup-

John Phillip Law y Marisa Mell en *Diabolik* (1967).

tuoso que la banda sonora de Morricone redondea con la música más adecuada que imaginarse pueda[93]. En consecuencia, el guiño final con que él notifica a ella que no ha muerto únicamente puede significar un risueño homenaje de Bava a los amores de ultratumba que su filmografía había cantado con anterioridad, en el sentido de que nada, tampoco la muerte, puede separar a Diabolik y Eva Kant, la pareja «fantásticamente» ideal. Ni que decir tiene que este aspecto, de puro sobresaliente, descolló en una época

---

[93] Devolviendo la palabra a Law: «Muchos críticos han reprochado que yo era demasiado joven y guapo para personificar a Diabolik. No captaron que esta era justo la idea», *op. cit.,* véase nota 87.

en que el cine de acción más o menos fantacientífico, James Bond y derivados, apostaba por héroes, antihéroes y villanos de sistemática promiscuidad. La publicidad española, a propósito, lo destacó, finalizando su frase de lanzamiento con unas palabras que enarbolaban tan insólita aportación para el protagonista: «Y solo amaba a una mujer».

Ahora bien, aunque Bava transmutase el *fumetto* original de acuerdo con sus propios intereses e identidad, *Diabolik* es por completo tebeística en estructura, formalización y cadencia. Los formidables planos-secuencia y los encuadres sugestivamente desequilibrados de su filmografía anterior, las imágenes recargadas y los ambientes opresivos, faltan casi por completo en *Diabolik,* y son sustituidos por una planificación desahogada y limpia, que evoca el lenguaje del cómic en su vertiente menos rimbombante. No es de extrañar, pues, que pocas referencias guarde *Diabolik* a películas previas de su autor, en este nivel, digamos, aparente: el protagonista escalando el muro de un castillo, como en *La furia de los vikingos;* su resurrección en una mesa de autopsia, ídem *Terror en el espacio* y *Operazione paura;* una caverna policromada, una escalera de caracol... Poco, acaso nada, más, salvo que quiera tomarse, con sentido del humor, a Diabolik como, eventualmente, un trasunto del propio Bava, de puro mañoso: se sirve de transparencias, trucos, fotos falsas... para lograr sus fines, siempre con éxito. Entre paréntesis, una parte de la trama deriva indiscutiblemente de *El vampiro de Düsseldorf* (la policía acosando como nunca al hampa local, para que esta sea quien capture a Diabolik), así como el tono, y algún detalle concreto, a veces evocan la británica serie Bond y el díptico americano sobre Flint que popularizó al gran James Coburn. Por lo demás, gracias a esta modestia semántica, a esta pureza de Bava en su aproximación a la gramática y sintaxis del cómic, *Diabolik* triunfa a la perfección donde el año previo había fracasado aparatosamente la insoportable *Modesty*

Blaise, superagente femenino (Modesty Blaise, Joseph Losey, 1966), en la cual su muy irregular director abordaba con pedantería y (auto)suficiencia el homónimo cómic de Peter O'Donnell, sirviéndose asimismo de la euforia psicodélica de la época, perpetrando el sempiterno dechado de, inútil e irritante, «dignificación» artística de un producto popular. En cambio, Bava, al contrario que Losey, o que Jean-Luc Godard en la igualmente insoportable y coetánea *Lemmy contra Alphaville (Alphaville,* 1966), que partía de las *B Movies* con Eddie Constantine surgidas de la *pulp fiction* de Peter Cheney, nunca intenta parecer más inteligente y culto que el cómic que tiene entre manos, jamás. Por el contrario, lo recrea para la pantalla con plena humildad y sabiamente personalizado, mediante una película directamente irracional, asumidamente absurda, peculiarmente romántica y embriagadamente hipnótica (¿cómo olvidar la espléndida secuencia submarina en que los protagonistas roban el alijo de oro sin más sonido que una música genial?). En consecuencia, *Diabolik* supera también en este aspecto, y en todo, a su «hermana mayor» *Barbarella,* en la cual la incompetencia del inefable Roger Vadim malgastó un planteamiento, sobre el papel, tan válido como en la película de Bava, amén del particularmente inoportuno, por ende ineficaz, protagonismo de Jane Fonda. Una hermosa fantasía cinéfila sería soñar con el resultado de *Barbarella* dirigida por Mario Bava y protagonizada por Marisa Mell; después de todo, esta, en una de sus primeras películas, *French Dressing* (Ken Russell, 1964), había encarnado una especie de parodia de Brigitte Bardot. Y Brigitte Bardot determinó la inspiración de Jean-Claude Forest para este personaje en el cómic..., mas la formidable estrella francesa rechazó protagonizar la adaptación cinematográfica de su exmarido Vadim.

Estrenada en enero de 1968, *Diabolik* lógicamente sorprende, desorienta. Nunca se había visto una película donde el Mal estuviera representado por una pareja de cegadora belleza y el Bien resultase estrictamente anodino, con escenas tan demenciales como aquella que muestra la pareja estelar desnuda, entregada a calientes arrumacos y cubierta solo con los innumerables billetes de un extraordinario atraco. A propósito, ¿no sería esto más irreverente y transgresor, ideológicamente hablando, que coetáneas mamarrachadas «de autor», asimismo italianas, tipo *Pocilga (Porcile,* Pier Paolo Pasolini, 1969) o *El semen del hombre (Il seme dell'uomo,* Marco Ferreri, 1969)?

Sin embargo, los admiradores puristas e irreductibles del *fumetto* original quedan un tanto defraudados, reprochando esa especie de autocensura que Bava aplicó por imposición de su productor. Esperaban más tinieblas y menos colorines, violencia sórdida en lugar de ironía sexy. En consecuencia, la respuesta taquillera, sin ser baja, no fue la esperada.

No obstante, con el paso de los años *Diabolik* iría revalorizándose, hasta el punto de constituir actualmente un intocable clásico del cine-delirio europeo de los años sesenta, desgajado incluso de la filmografía de Bava. Con toda razón, con perfecto derecho, justificadamente.

Por lo común, se ha escrito que De Laurentiis declinó la posibilidad de producir esa segunda parte de *Diabolik* que, en cierto modo, prometía el desenlace, debido a una respuesta comercial inferior a la prevista. Sin embargo, Bava declararía que fue él quien rehusó: «De Laurentiis me pidió que realizara la continuación. Le dije que estaba paralizado, que tenía una invalidez permanente, que me había muerto»[94]. Sin añadir más. Esta negativa, desde luego, contradice su afirmación de que jamás rechazó una oferta de trabajo, reproducida en el primer capítulo. Por consiguien-

---

[94] *Op. cit.,* véase nota 11.

te, solo caben un par conclusiones: o bien es mentira, y De Laurentiis jamás pretendió prolongar *Diabolik,* tal como se ha escrito por lo corriente, o Bava hizo una excepción en su norma. Algún día, quizá se descubra la verdad. O no. Por lo demás, dentro de la estela que *Diabolik* ha dejado en la propia pantalla, sobresalen tres jalones. El primero, la película de horror demonológico *Un'ombra nell'ombra* (Pier Carpi, 1979), pues su peculiar autor, versado en el ocultismo y en su día miembro de la logia P2, así como guionista de varios *fumetti* de Diabolik y de la abortada adaptación fílmica de Seth Holt, reunió a John Phillip Law y Marisa Mell, debido a su declarada fascinación ciega por la película de Bava; empero, en este film suyo, extraño y estimable, aun dentro de su torpeza, dicha pareja, por desgracia, aparece reunida solo en una escena y con más personajes de por medio (ella como madura bruja moderna y él como sacerdote en crisis, dentro de un reparto que incluye a Anne Heywood, Irene Papas, Valentina Cortese, Ian Bannen y Frank Finlay, nada menos). Mucho tiempo después, el largometraje americano *C.Q.* (Roman Coppola, 2001), pues en su propósito de rendir homenaje por igual a *Barbarella* y *Diabolik,* incluye una colaboración de Law; la película es muy mala, el típico caprichito seudoindependiente de un aprendiz de cineasta / niño de papá que ni conoce ni comprende el cine que recrea con boba ironía; apenas se salva el gran Giancarlo Giannini, en un personaje de productor italiano en Estados Unidos que supone una desembozada parodia de Dino De Laurentiis. Finalmente, el videoclip *Amore impossibile* (2004), pues usa los personajes de Diabolik y Eva Kant para la trama que desgrana la canción, con Law presente en unos planos cual aparición especial, encarnando al vigilante del museo que atraca Diabolik, y realización de Lamberto Bava, ayudante en la película original.

Por lo demás, en este año 1967 en que se rueda *Diabolik* nace el hijo de Lamberto Bava / nieto de Mario Bava, llamado Fabrizio y apodado Roy. Como cabía esperar, penetra en el cine de la mano del padre, convirtiéndose progresivamente en uno de los ayudantes de dirección principales del país. Al igual que su abuelo y su padre, ha trabajado también para Dario Argento, ratificando así el vínculo de este con la dinastía cinematográfica Bava en tres de sus cuatro generaciones.

* * *

Las múltiples diferencias entre De Laurentiis y Bava a causa de *Diabolik* no perjudican la relación profesional entre ambos. Lo demuestra que a renglón seguido el productor contratase al director para colaborar en *Polifemo,* el cuarto episodio de su ambiciosa serie televisiva *Las aventuras de Ulises,* inspirada en el clásico griego *La Odisea,* atribuido a Homero. De Laurentiis ya había participado, como coproductor, en la más célebre adaptación fílmica del texto, *Ulises (Ulisse,* Mario Camerini, 1954), con su esposa, Silvana Mangano, en el doble papel de Penélope y Circe, y dos divos americanos presidiendo el reparto, Kirk Douglas y Anthony Quinn. Para esta serie, el yugoslavo Bekim Fehmiu, a la sazón de moda, incorpora a Ulises y la griega Irene Papas a Penélope, con la realización a cargo de Franco Rossi. Bava asume los efectos especiales y la segunda unidad de *Polifemo,* sobre el papel; sin embargo, en la entrevista antedicha se atribuía la realización del episodio al completo. De nuevo, por el momento parece imposible dilucidar la cuestión (en sus declaraciones, Bava no mentía demasiado, pero exageraba bastante). En cualquier caso, es esta una serie realizada con cierto gusto y no poco esmero, donde se palpa positivamente la nostalgia por el *peplum,* extinto tan pocos años antes. De Laurentiis por cierto perpetró un remontaje para salas, con idéntico título, de discurrir abrupto e inconexo, tanto era el metraje suprimido. En cuanto al episodio *Polife-*

Samson Burke en *Polifemo* (1968).

mo, transcurre en buena parte en la gruta del cíclope (interpretado por Samson Burke, gloria menor, por no decir mínima, del *peplum)* e incorpora detalles macabros según el trato de caníbal que el monstruo inflige a buena parte de los compañeros de Ulises... Puede identificarse, pues, la personalidad de Bava, aunque su trabajo, en teoría, básicamente se ciñese a los efectos. Repárese en esta declaración suya:

> Todo el cine es un truco, y es muy difícil explicarlos con detalle. En resumen, cuando el truco se nota significa que no ha salido bien, y cuando no se nota nadie advierte que lo es (...). Para esto, los americanos gastan un montón de dinero. Recuerdo cuando gastaron una fortuna para construir una piscina en Cinecittà, que como salió mal debieron hacer otra vez. Para ellos, es normal rehacer las cosas si el truco sale mal. En cambio, en el cine italiano el truco

debe salir bien a la primera, en caso contrario eres un gilipollas. Entre nosotros no hay términos medios, eres un dios o eres un gilipollas[95].

Finalizada la serie, y emitida con enorme éxito de audiencia, De Laurentiis y Bava acuerdan otra colaboración, en este caso para el cine. Se trata de llevar a la pantalla un guión de Mino Roli, *Mexico Urrah*. Por desgracia, el proyecto, diferente de cualquier película previa de Bava, no fructifica, y no volverán a colaborar[96].

Salvo que quiera considerarse colaboración el hecho de que la nueva película de Bava, *Quante volte... quella notte?*, se ruede, a finales de 1968, en los estudios De Laurentiis para los interiores. Es decir, la mayoría del metraje.

Se trata de una comedia erótica de baja estofa, cuya existencia establece en la trayectoria de Bava un punto de inflexión tan marcado como doloroso. ¿Por qué aceptó su realización el autor de *La máscara del demonio*? ¿Cómo tal subproducto puede suceder en su filmografía a *Diabolik*, basada en un cómic que es una institución nacional, interpretada por estrellas de moda y con Paramount detrás? No existe información alguna al respecto, y la única declaración facilitada por el director fue la siguiente: «La hice en una época en que en Italia si rehusabas hacer una película erótica te tomaban por homosexual»[97]. Muy sólida no parece la explicación, por no decir que es bastante mentecata. Solo se me ocurre especular que guardara Bava algún tipo

---

[95] *Op. cit.,* véase nota 27.
[96] Ocho años después, pudo existir otra colaboración, tipo la entablada para *Las aventuras de Ulises,* pues De Laurentiis propuso a Bava encargarse de los trucajes y la segunda unidad de su superproducción americana *King Kong (King Kong,* John Guillermin, 1976). Pero Bava rechazó la oferta, en nueva excepción a su norma, alegando que implicaría vivir muchos meses en Estados Unidos y que él era «muy casero».
[97] *Op. cit.,* véase nota 1.

de compromiso ineludible con Alfredo Leone, productor minoritario en *La frustra e il corpo,* pues había organizado esta. Con todo, la parte mayoritaria de la producción corre a cargo del inefable Dick Randall, uno de los reyes del subcine de los años sesenta y setenta, que aquí encarna asimismo un personaje relevante, el portero del bloque de apartamentos donde habita el protagonista.

Por lo demás, el desinterés del director es transparente durante la mayoría del metraje. Manejando un guión escrito por gente ajena a su cine (Mario Moroni y Carl Ross), desgrana una historia que, en cambio, un cierto ingenio sí que encerraba sobre el papel, por la latina desfachatez con que reformula nada menos que *Rashomon (Rashomon,* Akira Kurosawa, 1950) en la Roma del momento: un hombre y una mujer se conocen en un parque y acuerdan ir primero a bailar y después al apartamento de él; desde entonces, se encadenan cuatro versiones de lo que pudo suceder, según las cuales la personalidad de los protagonistas es completamente distinta, sin más vínculo que el desgarrón que sufre el vestido de ella en el escote. Así, en la primera versión, el hombre es el típico seductor profesional que no acepta un «no» por respuesta, llegando si es preciso a la violación; en la segunda, es alguien rematadamente tímido, que solo puede reaccionar para el sexo si existe iniciativa femenina; en la tercera, un homosexual que acaba acostándose con un esperpéntico vecino, para frustración e ira de ella. Finalmente, sobreviene una cuarta y última versión, en teoría la verdadera: en el apartamento no hicieron más que bailar, y concluyeron la noche volviendo al parque donde se habían conocido, para contemplar románticamente el amanecer...

Si resumida de tal guisa, parece que la película pudiera encerrar el antedicho ingenio irrespetuoso respecto al clásico de Kurosawa, cuando menos para destacarla entre el abultado subgénero erótico-festivo italiano, entonces en el comienzo de una proliferación que será abrumadora durante el siguiente decenio, sin embargo el desarrollo es insulso y aburrido, pródigo además en escenas impresentables. Amén de fastidiar sobremanera, apenas se recuerde que el director es quien es. Para empezar, la pareja estelar es la peor de la filmografía de Bava. Por parte masculina, Brett Halsey, uno de tantos americanos como pululaban por Roma en los años sesenta —amigo personal empero del caso emblemático, Clint Eastwood, con quien coincidió en el reparto de *Escadrille Lafayette* (William A. Wellman, 1958), cuando ambos eran «jóvenes promesas»— que parece arrancado de cualquier fotonovela, de blandorro e insípido como resulta; por parte femenina, la siciliana Daniela Giordano, que había debutado en el cine apenas dos años antes tras ganar el título de Miss Italia, y que se revela torpe, inexpresiva y sin personalidad ni encanto alguno. Apenas sirve de consuelo que, dentro del exiguo reparto, aparezca, en un rol de lesbiana pizpireta y despendolada, la francesa Pascale Petit, como siempre encantadora y con un formidable magnetismo para la cámara, verificando hasta qué escandaloso punto fue desaprovechada entre las actrices de su generación, a escala europea, incluso mundial; basta comparar su fascinante Cleopatra en *Una reina para el César (Una regina per Cesare,* Piero Pierotti y Viktor Tourjansky, 1962) con la monocorde y tediosa Elizabeth Taylor de la amazacotada *Cleopatra (Cleopatra,* Joseph L. Mankiewicz, 1963), para advertir que mereció llegar a lo más alto. Añádase que los diálogos están descaradamente reescritos tras la filmación, por lo cual muchas, demasiadas, veces, desentonan de las expresiones de los intérpretes hasta un extremo absurdo, tal como sucede, sin ir más lejos, en gran parte de la filmografía de Jesús Franco: se dicen unas cosas, en el doblaje, mientras los actores dijeron otras, en el rodaje. Hablando de Jesús Franco, hay una escena de discoteca, horrible, que no chocaría precisamente en una película suya, y diríase rodada *a posteriori* para dotar al metra-

Brett Halsey y Daniela Giordano en *Quante volte... quella notte?* (1969).

je de una duración convencional; es la única donde Pascale Petit aparece sin la vistosa peluca de sus otras escenas, sintomáticamente, y en ella comparece también la curvilínea y vistosa Brigitte Skay, que reincidirá en la filmografía de Bava, mediante *Bahía de sangre,* y adquirirá cierta aureola de culto debido a su protagonismo en *Isabella, duchessa dei diavoli* (Bruno Corbucci, 1969), al socaire de la coetánea fiebre del *fumetto*.

Resumiendo, el desagrado del realizador respecto al material que maneja se traduce en abulia técnico-narrativa, en una apatía que termina de malograr las posibilidades del irónico planteamiento, de por sí escasas. Dick Randall en cierta ocasión declaró haber rodado parte del metraje; pudiera ser que lo hiciera con la parte donde interviene como actor, que representa la tercera versión de los hechos, dado que es notablemente peor, todavía, que el resto, y no difiere de la *commediaccia* al uso. En cuanto a las otras partes, Bava solo parece disfrutar, relativa y comparativamente, en algunos momentos de la primera, cuando confiere, a modo de justificación artístico-personal, un tono de *giallo* a ciertos planos, o con los planos subjetivos de la protagonista en el columpio del apartamento, en inesperada referencia a *Operazione paura*. Por lo demás, especular acerca de que las temáticas esgrimidas, o sea, el trasiego de identidades y el relativismo sobre una verdad última inaprensible, a su manera casan con epítetos importantes en la obra de Bava, parece todavía más forzado, y doloroso, que en el caso de *Le spie vengono dal semifreddo*. Siendo generosos, se salvan de la quema, Pascale Petit aparte, el delirio psicodélico-*seventies* de la escenografía del apartamento, dado que entonces sería el «último grito» en interiorismo y ahora resulta entrañable y gracioso, una banda sonora en la cual el músico Coriolano Gori pudo desenfrenar su pasión por el *jazz* en mayor medida que en su previo trabajo para Bava, el antedicho *Le spie vengono dal semifreddo,* ciertos ramalazos de humor cínico típicamente romano (se llega a decir «el amor es placer, dinero y éxito»), algún apunte farsesco curioso, y los insólitos títulos de crédito en animación, a base de mariposas policromadas, muy similares a los de la posterior *Il mio corpo con rabbia* (1975), acaso porque el director de esta, Roberto Natale en su único trabajo en solitario con tal menester, participó en el guión de dos películas de Bava, *Operazione paura* y *El diablo se lleva los muertos,* y de ahí la conexión.

Tras concluirse, *Quante volte... quella notte?* topa con una prohibición total debido a su «escabrosidad», un percance bien por encima de los roces parciales con Censura que había sufrido alguna previa película de Bava. El film queda así bloqueado durante dos años, y cuando obtiene el visado de distribución, para 1972, sufre una alteración en el título, que se convierte en *Quattro volte quella notte (¿Cuántas veces aquella noche?* deviene, pues, *Cuatro veces aquella noche).* No puede omitirse que el presidente de la comisión de censura en el año del veto era, curiosamente, Riccardo Freda. Con o sin sarcasmo, alegó a su viejo camarada Bava que ordenó prohibir la película «para hacerle un favor»[98].

* * *

A fin de remontar el traspiés, Bava entra en tratos con la modesta Produzione Atlas Consorziate, que regenta Luigi Alessi, con el propósito de sacar adelante los proyectos que se tercien, cualesquiera, lo antes posible. Sin mayor reflexión, ni otro interés que el alimenticio, acepta sendos guiones de Mario di Nardo, a cuál peor, que de inmediato se convertirán, consecutivamente, en *Cinco muñecas para la luna de agosto* y *Roy Colt y Winchester Jack*.

El gran Piero Umiliani, que había compuesto la banda sonora de *La strada per Fort Alamo,* y a buen seguro era consciente de que sus años dorados habían quedado atrás, compone la música de ambas, en las cuales vuelve a intervenir el coro «I cantori moderni di Alessandroni» que tanto benefició a la música de Morricone en *Diabolik*. En cuanto a los resultados, a la calidad, confirman, por desgracia, que *Quante volte... quella volte?* no supuso un tropiezo puntual sino el inicio de una palpable decadencia. Bava ya es un autor contrastado e inconfundible, cierto, cuenta con respeto comercial en Estados Unidos y prestigio intelectual en Francia, sin duda. Pero ahora se ve vil e inesperadamente traicionado por la propia industria del cine italiano que tanto le debe, y el comentado bodrio antedicho, en última instancia, comportaba una señal de alarma: presupuestos insuficientes, rodajes precipitados, intérpretes mediocres, guiones pésimos... por indignante desgracia predominarán

---

[98] Reproducido de Davide Pulici, *Quante volte... quella notte?, op. cit.,* véase nota 14.

a partir de ahora en el cine de Mario Bava, en la obra de un maestro de tal calibre. En lógica y comprensible consecuencia, su motivación decae. Considérese esta amarga declaración, a modo de ejemplo más o menos metafórico:

> Si para una escena determinada pido a Producción un coche de lujo, ellos me proporcionan un utilitario. Yo debería enfadarme, gritar, hasta que no cumplan. En cambio, lo que hago es conformarme, encogerme de hombros y modificar la escena, de forma que funcione igualmente. El resultado es uno solo: en lugar de decirme «qué gran director eres, nos haces ahorrar, comprendes nuestros problemas», lo que sucede es que la siguiente vez, cuando pido un utilitario, me dan una bicicleta, con la orden de apañármelas. No, no se debe hacer como yo. Pero, en el fondo, el gran problema es que me da igual[99].

Lógico, por consiguiente, que ya solo escenas puntuales, en particular, debido al interés que despiertan en el autor al identificarse con algún epíteto personal, y el estilo fotográfico, en general, diferencien, por supuesto positivamente, las nuevas películas de Bava de aquellas rodadas por sus imitadores y epígonos, dentro del declive del cine italiano de género. Salvo *Bahía de sangre,* por cuanto encierra de desencantada y lúcida reflexión propia, y *El diablo se lleva los muertos,* al suponer un acopio estético-testamento artístico, propiedad de la cual el autor no podía ser consciente entonces, pero que a buen seguro intuía.

Respecto a *Cinco muñecas para la luna de agosto* (soberbio título, por cierto, privativo del cine italiano coetáneo, bien que la película ni lo justifica ni lo merece), Bava declaró:

---

[99] *Op. cit.,* véase nota 23.

Me hicieron leer el guión, dije que era igual que *Diez negritos* y que no me gustaba por eso. Insistieron, y entonces dije que sí, que aceptaba la película, pero que volveríamos a hablar cuando me pagaran. Después me olvidé por completo, tenía otras cosas en la cabeza, y un sábado por la mañana, como suena, los productores me convocan en su oficina y me alargan un cheque y el contrato para que lo firme, anunciándome que el rodaje comienza el lunes, o sea, pasado mañana. Yo me guardo el cheque en el bolsillo y firmo el contrato, pero objeto que ese guión es una locura, que deben darme al menos diez días para reelaborarlo, desglosarlo, prepararme... Nada, el lunes se empieza. Entonces, ¿qué más me da? Hice la película. Es escuálida, sin duda la peor que he hecho, pero no podía hacer nada. Encima, trabajamos en unas condiciones desastrosas, era octubre, hacía un frío horrible, y muchas escenas estaban ambientadas a la orilla del mar, como si fuera verano. Los únicos cambios que pude aportar fueron los de la cámara frigorífica con los cadáveres (en el guión los sepultaban, con pequeñas cruces, como en los *westerns!*) y el desenlace: en el guión el profesor no era un asesino, y al final se marchaba con el dinero de los cheques y la jovencita[100].

Reconforta saber esto, porque, desde luego, los dos detalles que especifica Bava representan justo los mayores aciertos, por no decir los únicos; entrañan una especie de venganza poética del director contra un proyecto imposible de salvar, urdida con ánimo de no sentirse del todo a disgusto en el trabajo, de advertir que todavía guarda una personalidad inequívoca. En concreto, las escenas en la cámara frigorífica, donde las víctimas van acumulándose colgadas de un garfio, una tras otra, aportan un desopilante *crescendo* de humor negro, rematado por la musiquilla tipo feria ambulante, que satiriza la inconsistencia argumental con el

---

[100] *Op. cit.,* véase nota 23.

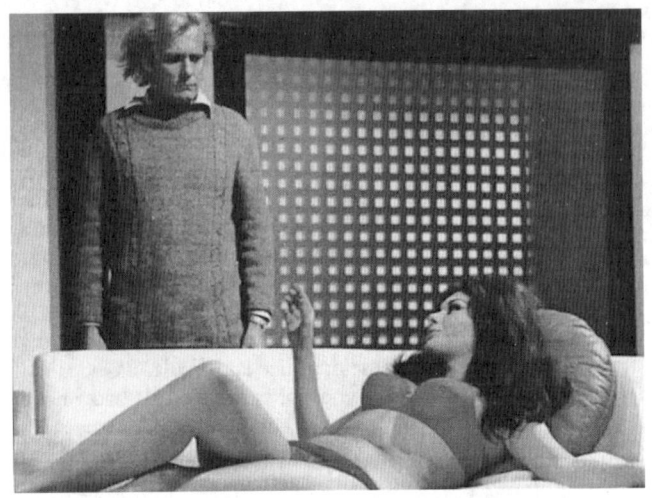

William Berger y Edwige Fenech en *Cinco muñecas para la luna de agosto* (1969).

tono justo y ratifica la autoría de Bava al advertirse que los cadáveres envueltos en plástico retrotraen a *Terror en el espacio*. No menos propio del autor resulta el hallazgo final, consistente en indicar que el ímprobo científico alrededor del cual giraba todo (William Berger), y que parecía una de las primeras víctimas, en realidad había robado la disputada fórmula y asesinado a su verdadero autor. Por ende, el amor platónico que despertó en la adolescente a cargo de la aislada mansión isleña donde se reúnen los protagonistas (Ely Galleani) se revela tan lamentable e injustificado como el que profesaba Eva Bartok a Cameron Mitchell en *Seis mujeres para el asesino,* pero con un desenlace bien distinto: él es apresado y condenado a muerte, justo por los crímenes que no ha cometido, y ella queda libre para disfrutar de la inmensa fortuna de la que él pretendió apoderarse.

Ironía macabra y desencanto cínico, dos atributos típicamente italianos, sobre todo meridionales, desde un punto de vista cultural, y que no escasean en la obra de Bava, atendiendo a la poética del autor. Ahora bien, en *Cinco muñecas para la luna de agosto* se manifiestan únicamente en los antedichos y puntuales elementos argumentales. Para colmo de males, lo hacen sin el debido relieve, a lo largo de un desarrollo arrítmico donde el suntuoso barroquismo de las dos primeras etapas del cine de Bava ha degenerado en una realización precipitada y amorfa, que compagina los planos generales, donde los intérpretes evidentemente no saben bien lo que hacen o deben hacer, con un abuso del *zoom* que no tiene más objeto que abreviar el rodaje todo lo posible. Algunos alardes estilísticos, sin duda bellos (la cámara siguiendo unas bolitas que caen por las escaleras hasta descubrir un cadáver), así como curiosos y diversos toques de *fumetto,* en la formalización, acapararon, obviamente, la aplicación de Bava en la puesta en escena; pero no bastan, como es lógico, para dignificar tan tosco conjunto, dentro del cual falta, para empezar, la necesaria sensación de claustrofóbica angustia que exige la trama. Sorprende, eso sí, que los crímenes sean casi siempre elípticos, máxime considerando cuánto había destacado Bava en su estilo de filmarlos, a escala emblemática: los personajes aparecen ensangrentados, sin más, acá o allá, con excepción del tiroteo entre los encarnados por Ira von Fürstemberg y Howard Ross (o sea, Renato Rossini). Incluso uno, el interpretado por Maurice Poli, aparece directamente en la cámara frigorífica, acentuando el recurso elíptico. ¿Falta de tiempo y/o ganas por parte de Bava para rodar los crímenes a su específica altura habitual, o expreso propósito de sorprender?

El *dramatis personae,* por cierto, supone un catálogo de vulgaridades y mezquindades, masculinas y femeninas, de todo punto propio del *giallo,* y está encarnado por una

Ely Galleani en *Cinco muñecas para la luna de agosto* (1969).

decena de intérpretes que nunca había trabajado con Bava, con quienes este se encontró directamente en el rodaje. Entre los actores destaca Teodoro Corrà, evocando un tanto en su caracterización a Adolfo Celi en *Diabolik*, bien que debe mentarse al austriaco William Berger, que fue una especie de «Klaus Kinski del pobre» y cuyo innegable carisma para la cámara apenas compensaba una actuación generalmente abúlica, casi de sonámbulo; de vida un tanto novelesca, se prodigó en el *spaghetti western* y con Jesús Franco. Respecto a las actrices, sobresale el turbio encanto núbil de Ely Galleani —la *escort* de lujo de la admirable *En nombre del pueblo italiano (In nome del popolo italiano,* Dino Risi, 1971), en cierto momento aparece columpiándose, como referencia a *Operazione paura*, retomada en *Quante volte... quella notte?*—, pero sobre todo Edwige Fenech, en virtud de una sensualidad soez y elegante por igual, poco antes de convertirse en la estrella emblemática, precisamente, del *giallo*. De hecho, ella asume, y con irrefutable eficacia, ese componente erótico-malsano-exhibicionista que comenzaba a ser insoslayable en el cine italiano de género, sin que por supuesto falte el toque lésbico que introdujo el propio Bava para el *giallo* en *El teléfono,* si bien aquí no se desarrolla, como otras, y diversas, sugerencias del desastroso guión. A propósito, la presentación de los personajes en el salón de la villa supone una secuencia casi genial de puro delirante y/o absurda, cinco minutos sin diálogos acompañados de una música demencial, con *zooms* a unos y otros, en una atmósfera de pegajosa sensualidad que diríase anticipar la más febril de las orgías. No se olvida fácilmente este inicio, desde luego.

Rodada durante tres semanas en localizaciones tan propias de Bava como Tor Caldara y Lavinia, después el director asumió el montaje para economizar, *Cinco muñecas para la luna de agosto* por supuesto puede disfrutarse desde una perspectiva frívola, en cuanto purísimo manifiesto, flagrante y acrítico, de la práctica mayoría de los rasgos, visuales, técnicos y conceptuales, de esos años setenta en ciernes, sin los cuales el coetáneo cine europeo de género es inconcebible: el vestuario y los complementos, los ambientes, la música (con abuso del órgano Hammond, entonces omnipresente), los colores contrastados... corrección de los encuadres sobre la marcha, *flous* y *zooms,* panorámicas en el vacío, narración abrupta e inconexa... erotismo malsano, amoralidad sarcástica, violencia gratuita... Cínicamente, puede valorarse, pues, cual «bodrio simpático y representativo». Pero bodrio al fin y al cabo, e intolerable en el autor de *La máscara del demonio*.

Se estrena en la primavera de 1970, al mismo tiempo que la ópera prima de Dario Argento, *El pájaro de las plumas de cristal*. La una pasa desapercibida, y es lógico; la otra supone uno de los mayores éxitos de la temporada, y se puede entender. Por añadidura, el triunfo de *El pájaro de las plumas de cristal* —escrita por el propio Argento, copiando, por una parte, de *La muchacha que sabía demasiado* y, por otra, de la espléndida novela *Screaming Mimi* de Fredric Brown (disponible en español en dos ediciones, *La estatua del terror* y *La caza del asesino*), adaptada a la pantalla diez años antes en la apreciable película homónima de Gerd Oswald— propicia la eclosión propiamente dicha del *giallo* forjado por Bava, como ya se indicó. En acertados términos de Roberto Pugliese: «Argento, el fin de las ilusiones y la preponderancia del ilusionismo»[101]. Nada más cierto, basta sustituir «ilusiones» por Mario Bava.

* * *

Peor resultado brinda el *western* humorístico *Roy Colt y Winchester Jack*. Ni siquiera es una película mala, como las anteriores. No es nada.

Tampoco los recuerdos de Bava fueron más clementes que respecto a *Cinco muñecas para la luna de agosto,* en buena lógica: «Nadie me creerá, pero el guión que me dieron iba en serio, era dramático. Pero me pareció tan grotesco y estúpido que decidí darle la vuelta según lo rodaba, para hacerlo cómico. Y lo rodamos así, improvisando»[102]. Puede ser cierto, o hasta cierto punto, si se estima que no existe una intención paródica en primer grado que permita pensar en un propósito flagrante de aprovechar, como tantas otras producciones coetáneas, el éxito recién obtenido por *Le llamaban Trinidad (Lo chiamavano Trinità,* E. B. Clucher, 1970), estallido de esa vena autoparódica que el *spaghetti western* había ido introduciendo en películas como

---

[101] Roberto Pugliese, *Dario Argento,* Milán, Il Castoro Cinema, 1996.
[102] *Op. cit.,* véase nota 23.

Dinamita Joe (Antonio Margheriti, 1967), *Un tren para Durango* (Mario Caiano, 1968), *Por techo, las estrellas (E por tetto, un cielo di stelle,* Giulio Petroni, 1968) o *Vivos o preferiblemente muertos (Vivi o preferibilmente morti,* Duccio Tessari, 1969). Antes bien, en *Roy Colt y Winchester Jack* la guasa apunta preferentemente al extraordinario cine de Sergio Leone; de este modo, protagonizan un par de aventureros errabundos que no paran de engañarse entre sí con ánimo crematístico pero sin que, en el fondo, falten el respeto y la estima, así como un esperpéntico forajido ruso apodado «reverendo», exacerbación grosera del inolvidable Eli Wallach en *El bueno, el feo y el malo (Il buono, il brutto, il cattivo,* Sergio Leone, 1966). Los dos antihéroes están interpretados por el inefable Brett Halsey, en su segundo y último trabajo para Bava, y el improbable Charles Southwood, vistos en previos *westerns* mediterráneos, con más pena que gloria, mientras que el villano corresponde a Teodoro Corrà, repitiendo con Bava tras *Cinco muñecas para la luna de agosto,* y presente también en algún *western* previo, por ejemplo el extraordinario *Los profesionales del oro (Ognuno per sè,* Giorgio Capitani, 1968). Los siempre torvos Bruno Corazzari y Federico Boido completan el elenco masculino en idéntica línea autoparódica, pues no pocos *westerns* auténticos habían contado también con ellos, sobre todo el segundo. Por parte femenina, intervienen la bella Marilù Tolo, segunda opción para el rol de Eva Kant en *Diabolik,* e, inesperadamente, la mismísima Isa Miranda, estrella del cine italiano durante los años treinta y cuarenta, en una fugaz colaboración especial que, cuando menos, honra su categoría.

La línea argumental versa sobre cómo una india sagaz y voluptuosa, y prostituta, se aprovecha de dos forajidos, guapetones y en el fondo honorables personas, a base de encelarlos/enfrentarlos de continuo, para apoderarse en solitario de una fortuna en oro. Si ya la trama es tópica y derivativa, sin elaboración ni inventiva alguna, es lógico que sus vaivenes jamás logren despertar ningún interés, dado que el desarrollo, por añadidura, es anodino e impersonal en el plano estético, del todo átono. En su transcurso, se amalgaman la fácil explicitación burda del componente picaresco del cine de Leone, la mera chanza necia y un humor pueril que no esconde su deuda con las series de dibujos animados para consumo familiar, con alguna gracieta escatológica directamente bochornosa, en sintonía, aquí sí, con el «subgénero Trinidad». Diálogos como «estoy tan limpio que me doy asco», que profiere Winchester Jack tras bañarse por primera vez en incontable tiempo, o «los indios no solo sabemos hacer el indio», a cargo de la astuta Mahila, u otros en alusión a éxitos del género (Reverendo planta una mano pintada de amarillo en una nalga de la protagonista, y la bautiza con solemnidad «mujer llamada caballo») son representativos del espíritu de tan nimio subproducto, en el cual las situaciones y los gags, lamentables de por sí, se estiran por norma, y donde nadie parece haber aplicado mayor esfuerzo a lo largo de una confección obviamente apresurada, sin apenas apartar la mano de la palanca del *zoom*. Algunas extravagancias con la fotografía (iluminar a base de azul el interior de una cabaña, por ejemplo), la antedicha, y digna, aparición de Isa Miranda, y ciertos planos de Marilù Tolo, concebidos para extraer de la actriz una sensualidad inquietante a tono con la etapa dorada del realizador, delatan la autoría de Bava, cierto es; pero poco, prácticamente nada, más de personal se aprecia, ni aun forzando la atención, en este desangelado y soporífero engendro. Lástima que se desaprovechara así el talento de Mario Bava, encargándole la «misión imposible» de satirizar el cine de ese genial colega con quien tantos vínculos guardaba, como ya desglosamos: Sergio Leone. Qué pena, qué vergüenza.

* * *

Charles Southwood y Marilù Tolo en *Roy Colt y Winchester Jack* (1970).

«Tengo impuestos que pagar, y trabajo siempre con un equipo fijo: el operador, mi hijo, los electricistas... un montón de gente que me sigue desde hace años. ¿Si yo paro, ellos cómo comen? Así que ánimo, a por la siguiente película»[103]. Mediante tan franca y honesta llaneza Bava explicaba, justificaba si se prefiere, el hecho de encadenar durante esta etapa películas indignas de ese talento tan brillantemente demostrado a lo largo de los primeros años sesenta. Así, tras abortar un proyecto personal cuyo primer tratamiento escribió en solitario *(Sapore di carne*, ambientado en un colegio de Los Ángeles y con el canibalismo como tema), asume la realización de un film de horror concebido en España, *Un hacha para la luna de miel*.

---

[103] *Op. cit.*, véase nota 23.

Superior a sus tres películas anteriores, por lo menos, sí que es esta, además ha mejorado con el paso del tiempo. Se rueda, para empezar, sin las premuras de aquellas y con un presupuesto más confortable, bajo el título que después se usará en España (en italiano, *Un'accetta per la luna di miele),* a caballo entre Barcelona, para los exteriores y algunos interiores en los ya míticos estudios de la inefable familia Balcázar, y Roma, para el resto de las secuencias en estudio, además de contados planos de archivo de París, la ciudad donde transcurre la acción, si bien, absurdamente, los personajes tienen nombres anglosajones y, en un momento dado, hasta llega a decirse que se está en Londres... Segunda coproducción con España en la filmografía de Bava, en este caso su condición de tal supera con mucho la de la primera, *Terror en el espacio,* en términos industriales, pues, además de las partes rodadas en Barcelona, el productor mayoritario es el salmantino Manuel Caño (realizador también durante esos mismos años de varias películas de género, a cuál peor), y el guión está escrito en su totalidad por Santiago Moncada, a la sazón de lo más prolífico. Por añadidura, Jaime Fernández-Cid fue el director de producción, Soledad López se encargó del montaje y Giulia Mafai, escenógrafa de *Cinco muñecas para la luna de agosto* y *Roy Colt y Winchester Jack,* compartió aquí tal cometido con nuestro Jesús María Herrero. La parte italiana la cubría una productora tan efímera y modesta como la mayor parte de las que Bava sufrió entonces, Mercury Produzione.

En sus pocas declaraciones al respecto, Bava se mostró bastante satisfecho del resultado, considerando su escaso aprecio, comprensible, por un guión tan malo como el de sus películas previas, que en este caso pudo corregir y mejorar, dentro de lo posible, para sentirse mínimamente a gusto a la hora de rodarlo, no en vano firma la fotografía por primera vez desde *La muchacha que sabía demasiado*. Desde luego, puede entenderse su valoración positiva, ya que *Un hacha para la luna de miel* difícilmente podía quedar mejor con tan enorme inconveniente de base, que tampoco es de extrañar, pues a fin de cuentas procede de quien procede. Léase, de un autor caracterizado por construir sus guiones de forma tramposa y plagiar de todas las fuentes habidas y por haber. En este caso, la inspiración principal estriba en la superlativa *Psicosis (Psycho,* Alfred Hitchcock, 1960) y su criminal moreno, desconcertante y esquizoide, con un complejo de Edipo por superar, de imposible relación con el sexo opuesto, probablemente impotente, y cuyo inventario de guapas mujeres asesinadas comienza con la propia madre, en su atormentada infancia. Pero, lejos de conformarse con ello, Moncada añade un detalle de *El fotógrafo del pánico (Peeping Tom,* Michael Powell, 1960), extraña y excitantemente afín a *Psicosis* y por añadidura realizada en el mismo año, si bien de producción británica, cual es el amor imposible que va surgiendo entre el psicópata criminal y una guapa chica con francas posibilidades de convertirse en otra de sus víctimas; a la postre esta se revela cebo de la policía, un retruécano argumental-sorpresa final típico también de los guiones de Moncada. Por si fuera poco, también este agrega *Ensayo de un crimen,* incluyendo el horno para incinerar a las víctimas, una obra maestra que además sintonizaba con el aprecio y el sentido que el propio Bava había conferido a los maniquís en *Seis mujeres para el asesino,* del cual Jesús Franco, por cierto, se haría raudo eco en varias películas realizadas durante esa misma época, como *Miss Muerte* (1965), *Necronomicon* (1967) o *Las vampiras* (1970). Finalmente, la antedicha trama (joven loco matando chicas), acaso por considerarse insuficiente y/o previsible, se complementa con otra, que Moncada plagia asimismo, e impúdicamente, en este caso del magnífico relato de Colin Evans *A ninguna parte sin ella*[104]. A saber, un infeliz tiranizado por

---

[104] Edición española: *Narraciones terroríficas,* quinta selección, Barcelona, Acervo, 1964.

una esposa de mayor edad, rica y prepotente, que, tras asesinar a esta debido a la acumulación de humillaciones, sufre el acoso del fantasma de la víctima, visible para todos y no para él, cuando están en público, y para él, cuando están a solas.

Tampoco ayudaba precisamente el reparto, encabezado por el trotamundista y polifacético canadiense Stephen Forsyth, en el último trabajo de su breve carrera de actor. Al igual que en otras películas de Bava, significativamente parece un cruce de previos intérpretes suyos (en su caso, John Phillip Law y Brett Halsey), y su indiscutible fotogenia no suple la falta de expresividad, de recursos, de oficio. Peor, con todo, está el resto, nuevo asimismo en el cine de Bava: Laura Betti, recurrente en la filmografía de Pasolini, sobreactuada, salvo en contados planos mudos, encarnando a la pérfida esposa/fantasma; nuestro Jesús Puente, ridículo como el inspector a cargo del caso; y Dagmar Lassander, insípida e inocua, en el rol de la falsa modelo que supondrá la perdición del protagonista. Completan el reparto la bella Femi Benussi, personificando a una de las víctimas, y Alan Collins, cuya episódica intervención remata el fuerte vínculo de *Un hacha para la luna de miel* con *Seis mujeres para el asesino* (la acción transcurre alrededor de una lujosa casa de modas, en este caso especializada en vestidos de novia, dentro de la cual, por supuesto, existe un pasadizo secreto).

Ahora bien, Bava valora con inteligencia la mixtura de plagios en que consiste el guión, con vistas a convertir a su protagonista en un peculiar encadenado de verdugo, primera parte de la película, y víctima, segunda. Gran acierto, a todas luces, que desplaza el film astutamente del *giallo* psicoanalítico, al gusto de la época, al terror sobrenatural con lectura patológica, al gusto personal. Desaparecen, pues, los asesinatos y la sangre, bastante pronto, y a cambio emerge una progresiva angustia respecto a la locura propia,

Stephen Forsyth y Dagmar Lassander en *Un hacha para la luna de miel* (1970).

en purísima sintonía con la que sufrieron previos personajes del director, aunque femeninos, en especial la protagonista de *La gota de agua*. Para ello Bava plantea, de forma sutil y no menos progresiva, una identificación del espectador con el no precisamente agradable ni admirable *psycho killer*, que personaliza la que pedían Hitchcock, Powell y Buñuel en las magistrales películas de referencia, también de forma soterrada y de las maneras correspondientes, habida cuenta de que el personaje de la esposa es tan asqueroso y maligno en vida como tras ser asesinado. El criminal, por consiguiente, pasa de ser repulsivo a resultar patético, a lo largo de una oscilación de cualidad tan perturbadora, y según se mire misógina, que *Un hacha para la luna de miel*, inconscientemente, deviene suerte de paráfrasis mediterránea del decadente y desquiciado cine del americano Curtis Harrington, todavía por valorar debidamente. Tal como resume Antonio Bruschini: «las bellas víctimas del loco son simples cuerpos sin alma que llegan a confundirse con los maniquís de la casa de modas donde transcurre la historia, mientras que el único personaje psicológicamente complejo resulta ser el asesino»[105]. Además, el recurso de la voz en *off* subjetiva aporta una aterradora intimidad con el criminal, aunque se malgasta un tanto al no aplicarse de forma rigurosa ni regular, y tampoco es demasiado coherente atendiendo a la psicología del personaje, cuyos parlamentos fluctúan entre el egotismo demente («estoy loco y me divierte») y la no muy compleja reflexión existencial («la vida es un drama ridículo e inútil»).

Buen ejemplo de película superior a sí misma, o, según la terminología americana, de «buena mala película», *Un hacha para la luna de miel* sobresale naturalmente en los momentos en que el interés de Bava por el protagonista permite el franco despliegue de la inquietante ética-estética personal: los contraplanos entre el *psycho killer* y él mismo de niño, gran idea de puesta en escena y montaje, o las escenas en que este admira los juguetes de infancia de los cuales no quiere desprenderse, recuerdan a *Operazione paura;* la sesión de espiritismo y la escenografía evocan *La gota de agua;* el asesino se salva en un momento dado del acoso policial porque en televisión están emitiendo *Los wurdalaks* (el único homenaje personal que Bava se permitió jamás, encima irónico); la incertidumbre entre realidad y alucinación de la segunda parte remodela *La frustra e il corpo* desde una inesperada perspectiva masculina... Añádase que la casa de modas no solo evoca la que centraba *Seis mujeres para el asesino* sino que marca la específica tara del protagonista: asesina mujeres en su luna de miel, vestidas de novia, huelga añadir la identificación entre hacha y pene, debido a que nunca pudo superar el segundo matrimonio de su madre, y por eso la mató en su noche de bodas, junto al

---

[105] *Op. cit.*, véase nota 22.

marido, en pleno lecho conyugal; por consiguiente, cada recién casada que mata significa en su trastornada psique la enésima reencarnación de la decepcionante madre, lo cual implica otra confirmación de que en la obra de Bava el pasado y el presente se confunden con olor a sangre. Con esto y con todo, aparecen aportaciones a la atormentada poética privativa del autor, desde luego nada discordantes: el protagonista besando o acariciando los maniquís con ternura, matando con un velo de novia y los labios pintados de carmín, limpiando la sangre del hacha homicida en el impoluto vestido de la víctima… o, en especial, la soberbia, inolvidable escena en que este baila un vals con una modelo vestida de novia antes de asesinarla. Imágenes invariablemente memorables, que acentúan o matizan el epíteto del «horror según Bava», implantando empero una muy interesante comunión entre el autor y el venerable género del *grand guignol*. Es preciso añadir que tan curiosa comunión adquiere una impronta peculiar debido al esteticismo psicodélico que recorre el conjunto, incluyendo el abuso del objetivo de cámara de gran angular, mas sin llegar a determinarlo: *Un hacha para la luna de miel* es más oscura que *pop*. Incluso su paleta cromática diríase por momentos una especie de blanco y negro en colores, de puro siniestra. En este sentido, *Un hacha para la luna de miel* supone la antítesis de *Seis mujeres para el asesino,* sin embargo la película de Bava con la cual, paradójicamente, comparte más lazos, lo cual implica otro hallazgo, admirable, y otra sorpresa, de agradecer.

Film por igual borroso y preciso, donde la sordidez pútrida y el humor negro conviven a gusto, tosco en unas ocasiones y elegante en otras, curioso siempre, *Un hacha para la luna de miel,* en cualquier caso, significativamente nunca aburre y siempre atrae. Debe subrayarse que no se podía extraer mayor ni mejor partido de un planteamiento argumental e industrial tan pobre, por parte de Bava o de cualquier otro realizador, afín o no con el género. Si el guión supone una rémora, y fastidia por su referida acumulación de plagios, y los intérpretes son incapaces de conectar con el espectador, por no añadir los altibajos rítmicos, Bava consigue empero una película personal y llamativa, repleta de aciertos de tono, escenografía y atmósfera, y que guarda un sentido. No es poco, desde luego. Su defecto cardinal estriba en el fracaso en cuanto a añadir el frustrado romance entre el criminal y la espía al repertorio de amores fatales e imposibles propio del director: aquí la idea no funciona, ni por asomo. A propósito, ¿el guionista Moncada tendría también en mente *El carnicero (Le boucher,* Claude Chabrol, 1969)? Quizá todavía no hubiera podido verla. Finalmente, debe señalarse que *Un hacha para la luna de miel* brinda uno de los espacios dramáticos más logrados e inolvidables de la obra de Bava (la estancia secreta donde el protagonista guarda incontables maniquís femeninos vestidos de novia, cual inerte y siniestro harén íntimo). Solamente por esto, ya merecería, cuando menos, un cierto respeto.

* * *

Financiada por Giuseppe Zaccariello, un productor tan poco recomendable como Dick Randall, Luigi Alessi o Manuel Caño, *Bahía de sangre* (traducción literal de *Bay of Blood,* el título americano, usado también en México) se rueda como *Antefatto,* en unas circunstancias harto duras para su director. Según recuerda uno de los guionistas, Filippo Otonni:

> Bava tenía un contencioso con Hacienda, debía una cifra espantosa, y buscaba desesperadamente hacer una película. Por eso se presentó a Zaccariello, que era un hombre que llevaba poco tiempo en el cine, había ganado dinero

en otras actividades, y se hizo productor para intentar acostarse con las actrices. Era un ignorante, pero también un tipo abierto e intuitivo. Bava presentó un tratamiento, escrito por Dardano Sacchetti[106].

Productor y director acuerdan emprender la película, con el libreto definitivo a cargo del antedicho Otonni y el propio Bava, sobre la base de Sacchetti, desde entonces el guionista por antonomasia del cine italiano de género, a lo largo de los años setenta/ochenta. Tal como evocaba este:

> Leí en un periódico una entrevista con Dario Argento, en la cual decía que durante unas vacaciones en Marruecos tuvo una pesadilla, y que esta fue el argumento de *El gato de las nueve colas*. Entonces me enfurecí y escribí al periódico una carta para desmentirlo, que fue publicada por *Il Messaggero*. Esta carta arrojó un resultado: al día siguiente me llamó Giuseppe Zaccariello y me dijo: «Estoy produciendo una película de Mario Bava». Así conocí a Bava, que junto a Zaccariello había urdido una historia. Pero no tenían nada escrito, ni siquiera el argumento. Y yo escribí dos historias para Bava; una se titulaba *Così imparano a fare i cattivi,* que era el título previsto para *Bahía de sangre,* y la otra *Il padrone di casa,* que se convirtió en *Shock* algunos años después (...). Mario me dijo que la idea era hacer una película con un montón de muertes extravagantes, y por tanto quería que yo inventase un número impresionante de homicidios, cada uno diferente del anterior y cada uno más extraño que el otro[107].

Con el guión definitivo entre manos, en el cual Bava ha incorporado el personaje de la aristócrata anciana en silla de ruedas y el desenlace con los niños homicidas, principal-

---

[106] *Op. cit.,* véase nota 14.
[107] *Op. cit.,* véase nota 14.

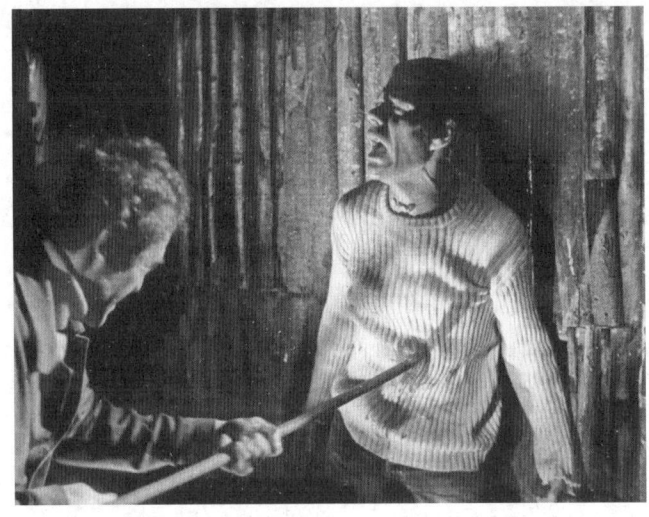

Luigi Pistilli y Claudio Volonté en *Bahía de sangre* (1971).

mente, *Bahía de sangre* entra en preproducción. Citando de nuevo a Otonni:

> Íbamos a localizar en el Jaguar de Bava, residuo de sus buenos tiempos, que le consumía cuatro litros de gasolina por kilómetro, por tanto usarlo le resultaba gravoso (...). Tenía una tendencia natural al refinamiento, y le quedaban tan bien estas películas porque se asustaba de verdad al urdir las escenas de terror. La decapitación que escribí, por ejemplo, le había dejado literalmente de hielo[108].

Se rueda finalmente cerca de Roma, para los exteriores, sobre todo en Sabaudia (Latina) y Villa Parisi, en Frascati

---

[108] *Op. cit.,* véase nota 14.

(la mansión de la anciana condesa), así como en la propia capital, para la mayor parte de los interiores, algunos naturales (la casa del arquitecto) y otros en los estudios Elios. Para los efectos especiales, Bava recupera a Carlo Rambaldi de *Diabolik,* y, al igual que en *Un hacha para la luna de miel,* él mismo firma la fotografía. Por lo demás, el film introduce dos profesionales que reaparecerán en la etapa final del autor, el montador Carlo Reali y el músico Stelvio Cipriani, en la cresta de la ola gracias a su soberbia banda sonora para *Anónimo veneciano (Anonimo veneziano,* Enrico Maria Salerno, 1970). Respecto al reparto, Bava recupera tres intérpretes de sus películas previas, además tan cercanas como *Quante volte... quella notte? Roy Colt y Winchester Jack* y *Un hacha para la luna de miel;* es decir, Brigitte Skay, Isa Miranda y Laura Betti, respectivamente. Los roles principales se encomiendan a gente de cierto peso: Luigi Pistilli, que destacara en los *westerns* de Sergio Leone, Claudine Auger, estrella más o menos sexy durante los años sesenta, y Claudio Volonté, el hermano del célebre Gian Maria (Pistilli y él comparten el luctuoso vínculo de su fallecimiento por suicidio). Por último, debe destacarse que la hija del matrimonio protagonista es encarnada por Nicoletta Elmi, pues desde entonces se convierte en la niña inquietante «oficial» del cine italiano de terror de los años setenta, con intervenciones en, por ejemplo, *Gli orrori del castello di Norimberga,* su segundo y último trabajo para Bava, *¿Quién la ha visto morir? (Chi l'ha vista morire?,* Aldo Lado, 1972), *Rojo oscuro* o la formidable *Huellas de pisadas en la luna (Le orme,* Luigi Bazzoni, 1974).

Superficialmente, *Bahía de sangre* puede asemejar *Cinco muñecas para la luna de agosto,* debido a la concentración espacio-temporal y, empleando la terminología especializada americana, a servirse del *body count* como hilo argumental. Sin embargo, no se parecen tanto, apenas se profundice, puesto que mientras la primera suponía poco más que un *sexy lounge* reciclado de *Diez negritos*, inerte y sin apenas implicación por parte de Bava, esta entraña un exabrupto vibrante y personalísimo, mediante el cual su desencantado autor llora su pasada gloria a la par que comenta la degradación del género. Por así decirlo, *Bahía de sangre* delata a Bava suspirando al unísono «Qué bajo he caído» y «Dónde vamos a llegar».

Los títulos de crédito evocan *Seis mujeres para el asesino* mediante el tema musical, magnífico como el de esta, que asimismo devendrá *leitmotiv*. Acto seguido, asistimos al insólito plano subjetivo de una mosca entre árboles, lo cual remite a *La gota de agua,* cuando menos por el insecto y su sonido. Después, el exquisito y decadente interior de la mansión donde habita la condesa (nada casual la elección de la egregia Isa Miranda) prorroga el goticismo que el autor bordara en sus películas más representativas. El brutal asesinato de esta (es ahorcada, y su silla de ruedas sale despedida por el largo y sombrío corredor) a continuación proporciona metafóricamente, y desde luego bien pronto, el sentido último de *Bahía de sangre,* para quien le interese captarlo: el *Orrore all'italiana,* gótico o no, mas siempre elegante y atmosférico, acaba de perecer con violencia rastrera en manos del *giallo*. Y este, según lo despliega Bava a lo largo de este sustancioso y lúcido trabajo, poco después abrirá camino al, por lo común, necio y huero *slasher* americano, en su concepción global (personajes con algún vínculo son asesinados de modo aparatoso, sin que importen las vivencias o psicología de las víctimas); aparte de los plagios puntuales, como la escena con la pareja en la cama ensartada mediante un arpón, en *Viernes 13, 2.ª parte (Friday the 13th II,* Steve Miner, 1981), o el cadáver emergiendo de las aguas con un repulsivo pulpo sobre el rostro, en *Premonición (The Gift,* Sam Raimi, 2000), por elegir dos películas separadas en el tiempo.

La cualidad crepuscular y autorreflexiva late de modo recurrente y fundamental a lo largo de toda la película. Ya no se puede hacer cine gótico, ya no se puede rehacer *Seis mujeres para el asesino,* pero si el contexto solo nos permite perpetrar *Bahía de sangre* procuremos que al menos revele un sentido, delata pensar Bava en el arranque de su nueva película, con entereza y sin compadecerse. Asumido esto, se vuelca en un delirio pútrido-sanguinolento *non stop,* que reformula su cine anterior mediante la obligada estética coetánea de la *bruttezza,* dentro del cual el abuso del *zoom* y de los desenfoques, o el exceso de fundidos encadenados, verbigracia entre el ojo de un personaje y el sol, devienen elementos de estilo o signos de puntuación, asumidos con la misma propiedad que descarnada es la entraña. Para ello, el autor maneja una trama que no carece de ingenio, consistente en la eliminación mutua y rauda de una serie de personajes de ambos sexos, casi todos emparejados, en aras de apropiarse de una desangelada y lejana bahía, con vistas a convertirla en un complejo turístico-residencial para clientes de lujo. Estos personajes se revelan perfectamente diferenciados, en psicología y extracción social, y contrastados, en físico e interpretaciones, y el mentado asesinato de la otoñal condesa los vincula a toda prisa mediante un impulso criminal que se desenfrena hasta el absurdo y revela la auténtica naturaleza de todos: son abyectos y ruines, cada cual a su manera, salvo el matrimonio compuesto por el atontolinado entomólogo de afición (Leopoldo Trieste) y la no menos *amateur* quiromante dipsómana (Laura Betti), meramente patéticos y ridículos. De este modo, el genial título *Ecologia del delitto* que enarboló primero la película en Italia guarda un doble sentido, al aludir a la bahía, dispuesta a defender violentamente su cualidad salvaje de la especulación humana, como si poseyera inteligencia y vida propias, y al mismo tiempo sugerir que los canallas se aniquilan entre sí por unas razones de equilibrio social que obedecen a la naturaleza. El fracaso que sufrió la película determinó un cambio de título, para estrenarla poco tiempo después como si fuera otra, a fin de engañar a los hipotéticos espectadores, una triquiñuela no infrecuente en el proceloso mundo del *B Movie*. Pasó a denominarse, así, *Reazione a catena,* un título que, si bien carece de la sabrosa ambivalencia del anterior, tampoco está mal, y traduce el peculiar mecanismo de multiplicación de homicidios que encierra la película, trece para ser exactos. Significativamente, nunca se oculta quién mata a quién, al contrario de lo común en el *giallo,* pero jamás puede anticiparse quién, ni cómo o cuándo, matará a quién. Varios asesinatos, además, sugieren las correspondientes alegorías (un santo, un animal, etc.), a tono con otras referencias culturales; por ejemplo, el personaje de Claudine Auger recuerda sobremanera a Lady Macbeth, el de Claudio Volontè verifica la vena melodramática del autor (es el hijo ilegítimo de la condesa, la cual lo mantiene en soledad en una cabaña, para olvidar y recordar al tiempo la pretérita «debilidad de su carne») y, la primera vez que aparecen, el pérfido arquitecto (Chris Avram) habla a su estúpida amante (Anna Maria Rosati) del «squonk», un animal imaginario del acervo americano, inmortalizado por Jorge Luis Borges en su *Manual de zoología fantástica,* escrito en colaboración con Margarita Guerrero, reproduciendo la descripción vertida por William T. Cox en *Fearsome Creatures of the Lumberwoods.*

Por otra parte, el hecho de que la historia transcurra en el presente y su eje espacial sea una bahía con las instalaciones en práctico abandono (el restaurante, el embarcadero, etc.) permite a Bava conferir a la naturaleza una significación que todavía no había revelado su obra; nada inferior, a su manera, que la que detentan los personajes, a la suya, y completada por la diversidad de animales en, soterrada, acción, sobre todo insectos. Por supuesto, este sentido no exalta la acepción poética o maravillosa de los ámbitos naturales, sino que casa con la sordidez macabra del

Laura Betti y Leopoldo Trieste en *Bahía de sangre* (1971).

conjunto: hojarasca hiriente, tierra calcinada, luz cenicienta, agua estancada (símbolo máximo del horror en la cultura japonesa, que a Bava siempre le interesó sobremanera), casan con la hórrida peripecia, como si la determinaran e incluso, repítase, provocaran en instintiva defensa propia, sintonizando con unos crímenes espeluznantes, exentos de la estilización esteticista, incluso poética, que brindaran en *Seis mujeres para el asesino*. Tampoco se advierten rasgos de esa psicodelia que no faltaba en *Un hacha para la luna de miel* y presidía *Cinco muñecas para la luna de agosto*. Antes bien, la pútrida suciedad, material y moral, de los homicidios —que prefiguran en el tono, también, y nada menos, *Frenesí (Frenzy,* Alfred Hitchcock, 1971)— establece un postulado nuevo en la obra de Bava, que aúna lo grotesco y lo atroz sin miramiento alguno, en el sentido de que importa tanto el impacto homicida cuanto la horrible agonía posterior y la tremenda fisicidad del cadáver, traduciendo así la repugnancia de Bava por los hechos y personajes, en un nivel, y, en otro, por una coyuntura de la industria fílmica, cutre y zafia, a la cual debía plegarse para sobrevivir. Ni siquiera faltan vulgares imágenes de desnudo integral, a cargo de la descerebrada jovencita «carne de cañón» que se prodigará en el *slasher* (Brigitte Skay), ni varios planos por completo *gore* (el amigo de la chica recibe un hachazo en plena cara, la quiromante es decapitada), no menos vulgares, que convirtieron la película en un pequeño escándalo en su día, tras la bulliciosa proyección en un par de festivales especializados, el francés de Avoriaz y el español de Sitges.

Nuevo ejemplo de «buena mala película», como la inmediatamente anterior *Un hacha para la luna de miel*, *Bahía de sangre*, al igual que aquella, no es imbécil ni aburrida. Sabe hablar de sí misma, del contexto... y de la ordinariez y rapacidad humanas, con inteligencia y sentido del clima, mediante una fisicidad pegajosa y penetrante. El dechado de humor negro que brinda el desenlace, y que solo podía proceder de un cineasta italiano, por añadidura remata oportunamente su entraña y significación, y deja al espectador de piedra, a la par sobrecogido y divertido. Consiste en que, una vez fallecidos los demás personajes, el matrimonio compuesto por los personajes de Luigi Pistilli, marido pusilánime que empero aprende a matar bien pronto (el mejor actor de la película junto con Claudio Volonté; la expresividad de ambos, sobria e intensa por igual, impacta), y Claudine Auger, esposa resoluta que impulsa al crimen y a su vez es hija del autor del primer homicidio, intercambia felizmente el siguiente diálogo: ella, «no te creía tan viril»; él, «por la familia se hace esto y más». Acto seguido, los hijos de ambos, niña y niño, los matan disparando con una escopeta y a continuación comentan «¡qué bien se hacen los muertos!». El círculo se cierra, pues, en el puro disparate, pero dentro de la realidad más desoladora, nunca en la chanza fácil. Y no sobra añadir que el matrimonio criminal se amaba de verdad, con la fidelidad y complicidad perfectas de, pongamos por caso, Diabolik y Eva Kant. O sea, que tampoco renunció Bava a este elemento característico de su cine.

Bava no quedó descontento del resultado: «Estoy bastante satisfecho. No sabría contar la trama, pero es una de esas películas que cuanto menos entiendas, mejor»[109]. En cambio, tal como indicaba antes, *Bahía de sangre* fracasa comercialmente en Italia. A buen seguro su virulencia pútrida, su feroz comentario social y su purísima sordidez no era lo que buscaba el espectador de género que con mucho gusto se había rendido al *giallo* en la acepción popularizada por Dario Argento. En España no se estrenará hasta 1983, por cierto, con doce años de retraso, a remolque, precisamente, del apogeo comercial del *slasher* que ella misma propició. En consecuencia, de cara a los espectadores españoles más jóvenes, el creador, italiano, pareció un imitador, americano, de tantos. Infame.

---

[109] *Op. cit.,* véase nota 7.

Aprendiendo a morir (1972-1980)

> Soy una persona afable. Quizá el cine ha sido para mí el desahogo de alguien que podría haberse convertido en un Jack el destripador.
>
> (Mario Bava en Gaetano Mistretta y Luca M. Palmerini, *Spaghetti Nightmares. Il cinema italiano della paura e del fantastico visto attraverso gli occhi dei suoi protagonisti*, Brescia, M&P, 1996)

Todavía relativamente joven, Mario Bava entra en el decenio de los setenta acusando un gran desencanto. Se siente desfasado, por una parte, y hastiado, por otra. No esconde su estado de ánimo, esa especie de «huir hacia delante» donde ha decaído su vida/obra, en las pocas entrevistas que le solicitan, en su domicilio de la emblemática Piazza del Popolo, cerca de donde vivía Fellini y vive Pupi Avati:

> Soy incapaz de rechazar un cheque, aunque luego descubra que no hay fondos. No tienes idea de cuántos timos he sufrido de los productores de mis películas. Las dirijo, corro a ingresar el cheque antes de que venza el pago de los impuestos y descubro que la cuenta está en descubierto, que he trabajado por nada. Entonces, solo puedo hacer una cosa, precipitarme a hacer otra película, porque necesito dinero y Hacienda se enfurece[110].

Esta situación crítica, laboralmente, se refuerza, emocionalmente, por el frustrante hecho de abortar varios proyectos personales. Entre ellos, dos adaptaciones literarias, además de autores tan grandiosos como H. P. Lovecraft y Giorgio Scerbanenco. Por añadidura, la segunda partía de un guión escrito por nuestro Rafael Azcona, *L'uomo che non voleva morire,* lo cual representaría un capítulo especial en la trayectoria del más, justamente, aclamado de nuestros guionistas. Este proyecto lo retomaría Lamberto Bava en 1988 con idéntico título, partiendo de un guión nuevo, escrito por Gianfranco Clerici, para un telefilm de todo punto lamentable.

El *giallo* que Bava concibiera diez años antes supone ahora uno de los géneros más rentables y populares de Italia. Dario Argento constituye todo un director-estrella, gracias a que las películas por él realizadas en la estela de *El pájaro de las plumas de cristal,* es decir, *El gato de las nueve colas (Il gatto a nove code,* 1971) y *Cuatro moscas sobre tercio-*

---

[110] *Op. cit.,* véase nota 23.

pelo gris (Quattro mosche di velluto grigio, 1972), han ratificado su popularidad, a nivel de la calle, y su credibilidad, a escala industrial. Aunque también su éxito está impidiendo apreciar que dentro del género se están produciendo películas harto, hartísimo mejores, digamos *Sumario sangriento de la pequeña Stefania (Mio caro assassino,* Tonino Valerii, 1972), *El día negro (Giornata nera per l'ariete,* Luigi Bazzoni, 1972), *El ojo del laberinto (L'occhio nell labirinto,* Mario Caiano, 1972), o las dos que Sergio Martino realiza con el protagonismo de la Edwige Fenech que sobresaliera en *Cinco muñecas para la luna de agosto,* es decir, *La perversa señora Ward (Lo strano vizio della signora Ward,* 1971) —para cuyo guión Ernesto Gastaldi recuperó algún que otro elemento del que escribiera en *La frustra e il corpo*— y *Todos los colores de la oscuridad (Tutti i colori del buio,* 1972). Por el contrario, agoniza el otro género creado por Bava, el «gótico a la italiana», si bien mediante películas muy apreciables, tipo *Lady Frankenstein* (Mel Welles, 1971), en la cual el egregio Joseph Cotten, a la sazón activo en el cine italiano, como tantas otras «viejas glorias» de Hollywood, encarna al mismísimo barón Frankenstein creado por Mary Shelley, o *La horrible noche del baile de los muertos (Nella stretta morsa del ragno,* Antonio Margheriti, 1971), *remake* de *Danza macabra* por parte del mismo director, en el cual Klaus Kinski encarna un Edgar A. Poe tan sumamente fascinador y superlativo que verifica la máxima «si así no fue, así debía haber sido». A propósito, también entonces *La máscara del demonio* estuvo a punto de conocer un *remake* en color dirigido por el propio Bava, con producción principalmente americana. Sin embargo, como tantos otros proyectos del autor, se abandonó a última hora, cuando incluso se había reescrito ya el guión original.

En tal tesitura, Bava recupera el contacto con Alfredo Leone, con quien no trabajaba desde *Quante volte... quella notte?* Surge así con prontitud la nueva y última colabora-

Joseph Cotten en *Gli orrori del castello di Norimberga* (1972).

ción entre ambos, consistente en un par de películas rodadas en el mismo año, 1972, *Gli orrori del castello di Norimberga* y *El diablo se lleva los muertos,* y hermanadas, en estética y concepto, por la determinación de insertar el género gótico en un ambiente contemporáneo, así como por el protagonismo de la trigueña actriz alemana Elke Sommer, de cierta fama en los años sesenta y setenta y actividad cosmopolita, incluyendo España.

La primera retoma, por última vez en la filmografía del director, la conexión de Bava con American International Pictures, que la asume para su distribución en países de habla inglesa con el título de *Baron Blood,* amén de participar en la financiación. No he hallado ninguna confirmación fehaciente, pero seguramente el rol titular estaba pensado para Vincent Price. Diversas particularidades lo delatan, más allá de la característica idiosincrasia del personaje: la fértil vinculación del actor con la productora en su cultivo del *gothic;* los parangones del «Baron Blood», empezando por la caracterización, con el protagonista de *Los crímenes del museo de cera (House of Wax,* Andre de Toth, 1954); el previo trabajo en común con Bava en *Le spie vengono dal semifreddo,* dentro de la misma compañía... A buen seguro, el imprevisto fin de la larga colaboración de Price con American International Pictures el año anterior, mediante el díptico sobre el Dr. Phibes, que por ende quedó sin su proyectada tercera parte, determinó que en el último momento el actor rechazara la película. Propiciando, por extensión, que Price fuera sustituido precisamente por su antagonista en la primera entrega del Dr. Phibes; es decir, el eminente Joseph Cotten, que además, como se indicó un poco antes, ya estaba acostumbrado a trabajar para cineastas italianos. Bien que todo esto es especulación personal, repito.

Cerrado el acuerdo, se organiza a toda prisa el rodaje, cuyo reparto recupera por última vez para el cine de Bava sus dos actores secundarios más socorridos, Alan Collins y Gustavo De Nardo, así como a la inquietante niña Nicoletta Elmi en uno de sus roles característicos. Intervienen también el joven Antonio Cantafora, entonces activo dentro del *spaghetti western* post-Trinidad como Michael Coby, el veterano Massimo Girotti y Rada Rassimov, la hermana de Ivan. Aunque el título de la película se refiera a la alemana Nüremberg, la trama transcurre desembozadamente en esa Austria donde además tiene lugar la filmación. Gran idea, porque el nuevo film de Bava se beneficia por ello de unas impresionantes localizaciones. En especial el ecléctico y fascinante castillo Burg Kreuzenstein, situado en la ciudad de Leobendorf, que fue construido en el siglo XIX por una excéntrica familia adinerada reuniendo partes de diversos edificios medievales, traídos expresamente de distintos lugares de Europa; sin olvidar la cercana ciudad de Korneuburg, de poderoso encanto medieval.

El recuerdo de *Operazione paura* resulta inevitable, en este sentido. Sin embargo, el proyecto por desgracia carece de mayor elaboración, dada la falta de ambiciones. Se malgastan así tan magníficas localizaciones, en gran medida, a lo largo de un desarrollo más bien rutinario y convencional, que comienza desde la propia historia, retocada por Bava según el guión inicial del alemán Willibald Eser, que se revela copiada de aquí y allá sin esfuerzo alguno, empezando por la filmografía del propio director. Nada tan ilustrativo como advertir que el instrumento de tortura «la virgen de Nüremberg» (título, como se recordará, de la película de Antonio Margheriti que Christopher Lee protagonizó en Italia inmediatamente antes de *La frustra e il corpo)* evoca *La máscara del demonio* pero con base en una banalización del sentido: sustituyendo la máscara por el cuerpo entero, la víctima no es una bruja satánica sino el antedicho Alan Collins en su sempiterno rol de lacayo siniestro, y su resurrección no guarda otro móvil dramático que arrimar

Alan Collins en *Gli orrori del castello di Norimberga* (1972).

el conjunto al coetáneo filón de los muertos vivientes. Valga, pues, dicha diferencia, enorme, cual metáfora de la propia película en el contexto de la obra de Bava: una trivialización propia, dictada por una crisis de mercado, que origina una película puramente derivativa, apta solo para incondicionales y convencidos.

La historia versa sobre la resurrección del «barón sanguinario», tristemente célebre por sus sádicas fechorías en el siglo XVII, en plena actualidad, a consecuencia de la imprudente lectura de cierto pergamino, que redactara una hechicera de entonces y mantenía enterrado al pérfido aristócrata precisamente en la cripta del castillo donde habitó, cuya hórrida cámara de tortura ha permanecido prácticamente idéntica a lo largo de los siglos. Los responsables del desaguisado han sido una pareja de jóvenes, él un descendiente del barón dispuesto a profundizar en la truculenta vida de su antepasado y ella una arquitecta que trabaja en la restauración del castillo. Dicha reencarnación se verifica en el anciano millonario paralítico, llegado súbitamente de no se sabe dónde, educado y elegante, en apariencia bondadoso, que compra la propiedad. El desarrollo no esconde mayores sorpresas, ni en el discurrir argumental ni en una formalización donde un Bava claramente desmotivado se preocupa en hallarse a sí mismo pocas veces. Léase en las persecuciones que sufre la heroína, en el pueblo o en el castillo, hermosas debido a la iluminación y la formidable puesta en escena (una sobre todo, nocturna y entre tétricas callejuelas, sobresale clamorosamente en la película y resulta inolvidable); la escena en que el «barón sanguinario» asesina al propio doctor que le ha curado (paréntesis de humor negro que alude por más de un detalle a *Seis mujeres para el asesino);* y ciertas secuencias en el interior del castillo, donde se palpa el angustioso paso de los siglos, el lóbrego vigor de los claustrofóbicos muros empedrados, el aliento fétido de los sepulcros polvorientos, el espanto del ser humano torturado por pura perversidad demente. Aparte de estos momentos, ciertamente apreciables pero escasos, hay que retroceder hasta *Ercole al centro della Terra* para encontrar una película de Mario Bava que parezca poseer dos directores hasta tal punto, de tan desidiosa que se revela la realización de las escenas sin componentes terroríficos; las iniciales, por ejemplo, son impresentables, rozando el amateurismo.

El hecho de que los personajes jóvenes vistan al purísimo modo de la época, lo cual lógicamente incluye faldas cortas para la asustadiza heroína, desde luego puede interpretarse cual descarnada metáfora de la agonía del «gótico a la italiana»; además, en modo alguno impremeditada o casual, dado que el autor a todas luces es perfectamente consciente de que los tiempos son muy otros, y desde luego para peor. En perfecta coherencia, esto se manifiesta en la banda sonora de Stelvio Cipriani, según resume Ángel García Romero:

> El *Pop* encerrado entre las paredes de un castillo. Por eso el tema principal es una melodía ligera repleta de arreglos bailables y tarareos femeninos. En contraposición el mismo tema se presenta en los momentos más siniestros interpretado por el fliscornio, grave, vibrante y gutural y rodeado por un amplio abanico de asonancias —rasgueos con la guitarra, oscilaciones con el órgano, sordina en los metales, retorcidas improvisaciones con el saxo y con la flauta— produciendo un efecto cercano al *Jazz* experimental[111].

Ahora bien, en imágenes tal planteamiento en lugar de acercar la película a lo que en Arte se entiende por «contraste barroco» antes bien confiere al conjunto el privativo e inconfundible aire de las fotonovelas *sexy-horror* entonces de moda en Italia; o sea, un tipo de producto acaso divertido, por supuesto actualmente entrañable, pero, por definición, fútil e inconsistente, mera banalización de unos excelsos paradigmas y arquetipos, concebida para el consumo rápido y el olvido inmediato.

Sobra añadir que el gran Joseph Cotten, aun revelándose algo apático, eclipsa sin mayor esfuerzo al resto de los intérpretes mediante su interpretación del infame «barón sanguinario», tanto cuando procede cual anciano gentil e inofensivo como al desplegar su auténtica y sádica identidad de siglos atrás. Sobre todo, considerando que la pareja formada por Elke Sommer y Antonio Cantafora es la más insulsa e inoperante de la filmografía de Bava, excepción hecha de la que habían compuesto Brett Halsey y Daniela Giordano en *Quante volte... quella notte?* En cuanto a la

---

[111] *Op. cit.,* véase nota 51.

identidad doble del personaje de Cotten, por supuesto que de alguna manera remite a Barbara Steele en *La máscara del demonio*. Sin embargo, la dicotomía aquí no se la cree ni el propio Bava. Con razón.

Por el contrario, *El diablo se lleva los muertos* revela un altísimo grado de implicación personal. Es más, constituye el mejor trabajo de la etapa postrera de Bava y una película especial en el conjunto de su obra. Muy especial, incluso.

Se rodó mientras *Gli orrori del castello di Norimberga* se explotaba, con discreto éxito en Estados Unidos y sin mayor repercusión en Europa (en España no llegó a estrenarse). Y representa en la filmografía de Bava la tercera y última coproducción con España. En este caso, por parte del prolífico y polifacético José G. Maesso, de tan diversos y reconocibles méritos en la historia del cine español. Al igual que sucediera en *Terror en el espacio,* con Antonio Román y Rafael J. Salvia, el productor Maesso se incluyó entre los guionistas con un colaborador recurrente, Leonardo Martín, para equilibrar la coproducción a instancias oficiales[112]. Ahora bien, el director de fotografía, real y oficial, es español, Cecilio Paniagua. Mas no cambia la proverbial estética de Bava, al menos en los interiores; los exteriores, por cierto, acusan exceso de *flou,* con todo, típico de la época. Otros, pocos, profesionales del país colaboraron

---

[112] Curiosamente, en ese mismo año José G. Maesso coproduce también una película de Riccardo Freda, asimismo de terror, *Trágica ceremonia en villa Alexander (Estratto dagli archivi segreti della polizia di una capitale europea,* 1972). También en esta*,* él y Leonardo Martín se incluyeron en los créditos del guión. Por lo demás, Freda, tal como hiciera varias veces en el pasado, abandonó el rodaje poco después de comenzar; lo concluyó Mario Bianchi, ayudante y coguionista, que tres años antes, por cierto, había sido el ayudante de Bava en *Cinco muñecas para la luna de agosto*.

en la parte, mínima, rodada en España (Rafael Ferri en la decoración, Antonio Molina en los trucajes), concretamente en Toledo, donde transcurre la acción. El resto se filmó en una villa de las afueras de Roma, con decorados, asimismo, en «la ciudad eterna», y el propio productor Alfredo Leone trabajando en el rodaje[113]. La representación española se completa con la inclusión en la banda sonora, de Carlo Savina, del mismísimo *Concierto de Aranjuez* de Joaquín Rodrigo, en la versión de Paul Mauriat[114].

El guión propiamente dicho pertenecía, en su primera versión, al dúo que escribió *Operazione paura,* es decir, Roberto Natale y Romano Migliorini, aunque con la importante colaboración de Giorgio Maulini, y se titulaba *La casa del diavolo*. Como solía suceder en la filmografía de

---

[113] Tal como recuerda Maesso: «A Bava solo le interesaba lo que tuviera que ver con la técnica. En cambio su relación con los actores era nula, y de tratar con ellos se ocupaba Alfredo Leone, porque a él no le importaba un carajo ningún actor, para qué nos vamos a engañar. Pero, claro, ahí había un reparto de cierta importancia; tenía a Elke Sommer, a Sylva Koscina y a Alida Valli (...) me tocaba a mí también ocuparme un poco de las actrices, incluso pedirles excusas a las tres, porque es que él ni las miraba (...). Pero Leone tenía que ir con cuidado, porque cuando se pasaba un poco, queriendo precisar, profundizar en un matiz psicológico, se oía la voz de Bava, que gritaba, impaciente "¡¡Basta!!"». Reproducido de Jesús García de Dueñas, *José G. Maesso, el número 1,* Badajoz, Festival Ibérico, 2003.

[114] Nuevamente citando a Maesso: «Eso se le metió en la cabeza al coproductor alemán, en realidad era un chico catalán que tenía la representación de esa compañía, Roxy Film, de Múnich, y decía que el maestro Rodrigo era muy popular en Alemania, y poner música suya en una película era un gancho formidable. Entonces fue cuando conocí a Rodrigo. Fui a decirle que quería los derechos de su tema para esta película que estábamos haciendo. El hombre no comprendía que una película que se llamaba *El diablo se lleva los muertos* necesitase música suya (...). Yo hice equilibrios intelectuales para convencerle (...) finalmente, concedió los derechos para que utilizáramos algunos fragmentos, que funcionaban muy bien con aquellas imágenes, que eran muy bellas», *op. cit.,* véase nota 113.

Telly Savalas y Alida Valli en *El diablo se lleva los muertos* (1973).

Bava, la versión definitiva para el rodaje la ultima él mismo y se denomina ya *Lisa e il diavolo,* título italiano definitivo. El español de *El diablo se lleva los muertos* puede tacharse de magnífico si se estima que su fulminante llaneza, sugerida por el desenlace argumental, guarda un encantador sentido filosófico-chocarrero. En cuanto al reparto, exceptuando el referido protagonismo de Elke Sommer en el rol doble Lisa/Elena, es nuevo por completo en la filmografía de Bava, y revela un nivel alto para la época, así como en la obra del director; está compuesto por el inolvidable Telly Savalas (finalizando esa etapa mediterránea de su carrera a lo largo de la cual trabajó con cineastas como Sergio Corbucci, Tonino Valerii, Alberto De Martino o nuestro Eugenio Martín), el joven Alessio Orano (a la sazón de moda, por su emparejamiento amoroso y profesional con Ornella Muti), la venerable Alida Valli y la distinguida Sylva Koscina, así como el prematuramente finado Gabriele Tinti, a quien nada menos que Robert Aldrich intentó lanzar en Hollywood y que acabó en el porno *soft* emparejado con Laura Gemser (o sea, «Emanuelle negra»). La insoslayable contribución española corre a cargo de Eduardo Fajardo, ubicuo durante la euforia de las coproducciones, y el inefable Espartaco Santoni, asimismo productor asociado por parte hispana. No hay más personajes.

La acción transcurre en Toledo, en efecto, bien que nunca se pronuncia su nombre, y sucede, en su mayor parte, a lo largo de una noche, igual que en *Operazione paura* (recuérdese que comparten los guionistas principales). Su protagonista, y eje narrativo, es Lisa (Elke Sommer), una joven y guapa turista, no se sabe de dónde ni importa, que se pierde del grupo al cual pertenecía, tras contemplar maravillada un fresco medieval cercano a la catedral, denominado «el diablo se lleva los muertos». Sola y perpleja entre unas callejuelas estrechas y sinuosas que parecen no tener principio ni fin —las mismas que dos años atrás pisara en *Tristana* (Luis Buñuel, 1970) Catherine Deneuve, la primera actriz de *Diabolik*—, Lisa conoce, primero, a un hombre de alarmante parecido facial con el demonio del fresco (Telly Savalas), y después, al oscurecer, a un matrimonio aristocrático (Sylva Koscina y Eduardo Fajardo) que, guiados por su chófer (Gabriele Tinti), la acogen en su suntuoso vehículo. Arriban así los cuatro, perdidos en la noche, a una mansión señorial que diríase arrancada de épocas pretéritas, en la cual son hospedados por la otoñal propietaria (Alida Valli) y su hijo (Alessio Orano); el mayordomo de ambos, únicos habitantes de la decadente villa, no es sino el sosias del demonio del mural, solícito y sonriente, Leandro...

Alicia en el país de las maravillas constituye la referencia cultural básica de la trama, directa y desembozadamente onírica, imprevisible, irrealista. En cambio, el desarrollo asimismo recuerda, en algunos rasgos, a *El año pasado en Marienbad* (*L'année dernière à Marienbad,* Alain Resnais, 1961), y, mucho, a la soberbia novela *Malpertuis,* del aludido y genial escritor flamenco Jean Ray. ¿Acaso por esto su formidable adaptación *Malpertuis (Malpertuis,* Harry Kumel, 1971), realizada un año antes de *El diablo se lleva los muertos,* por momentos parece un «Mario Bava de Arte y Ensayo»? Probablemente. Pero también recuerda a la coetánea coproducción ítalo-belga *Au service du diable* (Jean Brismée, 1971), producida principalmente por Zelyko Kunkera, uno de los productores de *Quante volte... quella notte?* Al igual que guarda no poca similitud con *Danza macabra / La horrible noche del baile de los muertos:* un personaje ajeno a una lúgubre mansión se introduce de noche en esta, y acto seguido resucita, en carne y sangre, el pasado de pasiones turbias y virulentos crímenes que determinó el encantamiento del lugar.

No obstante, la forma más correcta, por ende preferible, de interpretar *El diablo se lleva los muertos* es justo la que sugieren fácilmente sus imágenes, su desarrollo, su especificidad. Es decir, una recapitulación, lúcida y desembozada, absoluta y descarnada, un condensado purísimo de la obra de Mario Bava, tan extremo que roza la abstracción. Para cuya plasmación el autor procede mediante un tono a la par nostálgico, en tanto evoca un cine lamentablemente perdido y sin posibilidades de volver, y soberbio, en cuanto afirma que un género siempre puede ser pertinente dentro del Séptimo Arte, si se aborda con sinceridad, convicción y talento. O sea, como aquí, en una película que implica un desafío que nadie osará recoger. Se trata, pues, *El diablo se lleva los muertos* de un estricto «canto de cisne», cuya autoridad y categoría lamentan airadamente una falta de continuidad acaso posible si el cine fantástico no hubiera olvidado sus nobles y diversas raíces, degradándose en la *bruttezza*. Sin ir más lejos, en la propia Italia.

Un guapo joven, enajenado e impotente, que alude a Stephen Forsyth en *Un hacha para la luna de miel;* una laberíntica villa medieval que recrea la de *Operazione paura;* una joven en apuros que retrotrae a *La muchacha que sabía demasiado;* una anciana aristócrata que evoca la propietaria de *Bahía de sangre;* corredores polvorientos de techos altos; crímenes aparatosos; pasiones desenfrenadas e imperecederas; identidades dobles; colores imposibles y embriagadores; demencia irredimible; predominio de claustrofóbicos interiores; el pasado reivindicando con violencia su autoridad sobre el presente; una pelotita que se le escapa a una niña; maniquís de todo tipo, algunos sanguinolentos; la fatalidad; lirismo... Mas no acaban aquí los ingredientes de *El diablo se lleva los muertos,* en absoluto. Según enumera Antonio Bruschini:

> El sentido de la culpa y del pecado, que llega a entremezclar inexorablemente culpables e inocentes. Unos homicidios donde predomina el arma blanca. La ambientación gótica, donde una vez más Bava logra inventar escenografías delirantes de una fascinación irresistible. Una música bellísima, melancólica y penetrante, que despierta sugestiones como siempre en las mejores películas del director. La atmósfera desesperada, oscura y maldita, que envuelve unos personajes que no son sino marionetas en manos de un destino cruel. Temáticas extremas, como el incesto, el matricidio y la impotencia, tratadas explícitamente. El sentido de la ambigüedad dominando sobre todo y sobre todos, que llega a confundir maniquís, muertos y vivos en un único ballet fúnebre. Soluciones visuales sorprendentes y bizarras al límite del virtuosismo, como el diablo que atraviesa el pueblo cargando en la espalda un maniquí que a veces se transforma en cadáver lívido. Diálogos preñados de un espíritu surrealista y decadente, sugeridos a Bava por sus novelas preferidas, en particular *Los demonios* de Dostoievski. Y, finalmente, un sentido obsesivo del pánico metafísico[115].

---

[115] *Op. cit.,* véase nota 22.

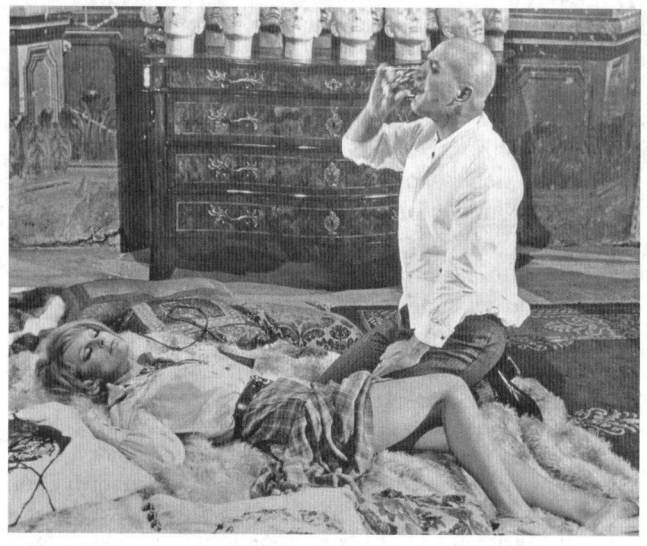

Elke Sommer y Telly Savalas en *El diablo se lleva los muertos* (1973).

Por extensión, el responso que entraña *El diablo se lleva los muertos* no solo rinde tributo al magnífico cine de Mario Bava durante los años sesenta, en particular, sino, en general, a la admirable globalidad del «gótico a la italiana». De la reflexión personal, con legítimo orgullo de autor, al homenaje de conjunto, con la generosidad del maestro.

Sin desentonar del sentido general del conjunto, antes al contrario, *El diablo se lleva los muertos* desgrana asimismo una diversidad de momentos específicos que encierran su propia fascinación, que se justifican a sí mismos en todos los niveles, que dejan una huella indeleble: Telly Savalas, copa de coñac en mano, charlando consigo mismo, en tono quejumbroso y socarrón (¿fue suya la idea del chupa-chups, y posteriormente la propuso para caracterizar su televisivo personaje de Kojak, o partió de Bava y sagazmente la conservó él?), mientras arregla con pegamento el rostro de un maniquí y Elke Sommer permanece narcotizada e indefensa en el suelo; Alessio Orano intentando en balde penetrar a la amodorrada heroína, en un lecho donde un extremo es ocupado por el esquelético cadáver, tocado con velo de novia, de la finada mujer, Elena, de la cual supuestamente Lisa es la reencarnación; Lisa/Elena despertándose desnuda en un blanco lecho que, imprevistamente, no se halla en alcoba alguna sino en el jardín de la mansión, cual boscoso paraje encantado... Guasa autoirónica, morbosidad melodramática, lirismo surrealista. Tres registros muy distintos, mas con el denominador común del *fantastique*, de plasmación visual tan lograda y memorable como el desenlace, que encierra el tono, la cadencia y la cualidad de la pesadilla prototípica: el avión donde la heroína ha ocupado su puesto revela no contar más pasajeros; cuando ella abandona alarmada la poltrona para recorrer los pasillos advierte que no viaja sola sino en la única compañía del resto de los personajes, cadavéricos y ensangrentados, y que el piloto no es sino Leandro, sonriendo en la cabina de mando con el chupa-chups en la boca... El tipo de cierre propuesto por *La muchacha que sabía demasiado* sufre una (otra) vuelta de tuerca. Onírica, naturalmente, pero también amarga y de todo punto nihilista. Cerrando el círculo iniciado en los títulos de crédito y su diversidad de naipes con el correspondiente rostro de cada personaje: «Baraja española, baraja de póquer, baraja de tarot. El diablo juega con las vidas humanas como si fueran cartas. Y, al final, se lleva los muertos»[116].

En definitiva, la odisea de la heroína (dicho sea en su literal acepción homérica, pues algo de eso encierra y Bava

---

[116] Daniel Aguilar, «El diablo se lleva los muertos», *Quatermass*, número 7, 2008.

procuraba evocar la mitología grecolatina fuera cual fuese el género abordado), que apenas pronuncia palabra, atónita por haberse perdido a la vez en el espacio y en el tiempo, rebotando entre admiradores ardientes a los cuales desconoce, no necesita ser inteligible, en primera instancia, para que pueda ser comprendida, en el nivel oportuno, de forma literal o subliminal. Su sentido se desprende, progresiva y nítidamente, considerando la cristalina nitidez de las claves y los códigos. Captamos lo que se nos dice, en voz baja pero firme, sin necesitar explicaciones de ninguna índole. El diablo se lleva los muertos, efectivamente. No cabe duda. Basta sustituir «diablo» por «modernidad» y «muertos» por «gótico». ¿Acaso no es un imponente Boeing de dos plantas el equivalente propuesto por Bava de la mitológica barcaza de Caronte?

Sin embargo, al autor ni tan siquiera se le concedió el honor de dar a conocer al mundo tan elegante y sentido exabrupto artístico. El fracaso de ventas en el mercado del film del festival de Cannes determinó que Alfredo Leone decidiera perpetrar un remontaje, a fin de aproximar *El diablo se lleva los muertos* al *boom* de *El exorcista (The Exorcist*, William Friedkin, 1973). Su planteamiento fue suprimir metraje del film original y sustituirlo por nuevas escenas, para las cuales contrató otra vez a Elke Sommer; de este modo, el personaje de Lisa se convertía en una posesa encerrada en una clínica psiquiátrica, y las imágenes de *El diablo se lleva los muertos* devenían sus delirios, a modo de oníricos *flashbacks*. Completaban el reconstruido relato dos personajes, el sacerdote que pretendía exorcizarla y una hermosa joven tentadora, para encarnar a los cuales Leone contrató al ignoto Robert Alda y la excitante Carmen Silva; curiosamente, justo entonces esta aparecía en otra muestra epigonal de «gótico a la italiana», *La mano che nutre la morte* (Sergio Garrone, 1974). Bava, en principio, no se opuso a tal desaguisado, al creer que se haría únicamente para el mercado americano, y el metraje nuevo fue rodado entre su hijo Lamberto y el propio Leone, incluyendo una escena erótica puramente *soft core* a cargo de los personajes de Sylva Koscina y Gabriele Tinti, con los correspondientes «dobles de cuerpo». Sin embargo, después, tras visionar la chapuza y saber que esa sería la versión para distribuir a escala mundial (empezando por la propia Italia, con el título de *La casa dell'esorcismo),* montó en cólera, con las impugnaciones legales subsiguientes. Sobra añadir que así terminó la relación entre Mario Bava y Alfredo Leone. E interesa destacar que España fue el único país donde se estrenó la versión auténtica, aun con dos años de retraso y como complemento en uno de los llorados cines de barrio. Por lo demás, el remontaje, firmado por el inexistente Mickey Lion, sufrió un fracaso absoluto por doquier, en pírrica justicia poética.

* * *

Lógicamente, la hartura y desilusión de Bava se intensifican. Quien fuese uno de los directores de fotografía más cotizados del cine italiano, solo quince años atrás, es ahora un realizador desplazado, con serios problemas de continuidad profesional.

Sus contadas declaraciones durante la época traducen el estado de ánimo, fluctuando entre el escepticismo y la socarronería. Por supuesto se ensaña con los actores:

> Con ellos, el secreto es hacerles solo primeros planos el primer día de rodaje, incluso sin película en la cámara. Así te los ganas y te consideran un director maravilloso, y desde el día siguiente te obedecen en todo (...). A menudo me han impuesto actores de los que no recuerdo ni el nombre. Por otra parte, olvidarlos es una obra de caridad cristiana[117].

---

[117] *Op. cit.,* véase nota 11.

Reivindicando en cambio su trabazón con el género:

> Me gusta en especial. Soy tan miedoso e incluso cobarde en la vida que me excita el terror en la pantalla. Debe ser un modo indirecto para vencer el pánico. Por otra parte, mis pesadillas siempre son horribles. Quiero a mi hija más que a cualquier otra cosa en el mundo, pero cuando aparece en mis sueños siempre le falta un pie. También tengo una pesadilla recurrente, en la cual un violinista toca una serenata a su amada, utilizando como cuerdas los nervios de su brazo descarnado[118].

Por razones de supervivencia, trabaja en los bien pagados Caroselli televisivos, a cargo de los trucajes, así como, en el mismo cometido, y sin acreditar, para una escena, concretamente la del billar, del *western* cómico *Ya le llaman Providencia (La vita, a volte, è molto dura, vero Provvidenza?,* Giulio Petroni, 1972).

Mientras, abortan otros proyectos, tan dispares como *Porno giove,* ambientado en la Roma de la decadencia del imperio, *L'apocalisse,* inspirado libremente en el *Apocalipsis* de D. H. Lawrence y que representaba su reencuentro con el Alberto Bevilacqua que participase en los guiones de *Las tres caras del miedo* y *Terror en el espacio,* y *C'era una foglia,* una comedia de terror cuya primera versión había escrito Bava en persona (en un castillo, unos fantasmas procuran regenerar moralmente al malvado último heredero de la familia).

Y si el género gótico está agonizando en la producción italiana, el *giallo* ha degenerado lo indecible, bien poco después de iniciarse el filón. En resumen de Javier G. Romero:

---

[118] *Op. cit.,* véase nota 11.

El subgénero sufrió una mutación paulatina al basarse cada vez más en el puro exceso, en el simple capricho, generándose una balsa pestilente sobre la que flotaban las ideas más abyectas de productores, realizadores y guionistas: la provincia del *Giallo* atesoró en pocos años un nivel de embrutecimiento y zafiedad tales (en todos los sentidos: ético, artístico) que el cansancio recomendó, prudentemente, marginar al prolífico asesino de arma blanca tras media década de actividad[119].

En tal tesitura, Bava solo consigue volver al cine aceptando ponerse a las órdenes de un productor tan dudoso como los previos de su filmografía, Roberto Loyola, para incorporarse en el nuevo género en boga, el *poliziesco*. Desgraciadamente, esta aclimatación vernácula del *thriller*, a la áspera sombra de los tremendos *anni di piombo* que martirizaron a la nación italiana, incluyendo un par de abortados golpes de Estado militares, en realidad apenas esgrimía más ingredientes, por ende, que una violencia desaforada, a menudo hasta grotesca, en el seno de una ideología desgarradoramente nihilista, la cual, por lo común y de puertas afuera, era tachada de fascista, de forma fácil, precipitada y burda. Por supuesto, el *poliziesco* contó con numerosas viejas glorias del cine anglosajón en el reparto (sobre todo el exótico e inquietante Henry Silva, pero también Lee J. Cobb, Joseph Cotten, Arthur Kennedy, James Whitmore, Richard Conte, Martin Balsam, Jack Palance, Telly Savalas, Woody Strode y James Mason, nada menos) e irrefutablemente arrojó algunas películas de altísimo interés, sobre todo las que Fernando di Leo produjo/dirigió/escribió con base en la literatura de Giorgio Scerbanenco —*I ragazzi del massacro* (1970), *Milán, calibre 9 (Milano, calibro 9,* 1971), y *Nuestro hombre de Milán (La mala ordina,* 1972)— que en cierto modo propicia-

---

[119] Javier G. Romero, «Giallo», *Quatermass,* núm. 7, 2008.

ron el *boom* —así como *Revólver (Revolver,* Sergio Sollima, 1973), *Milán tiembla: la policía pide justicia (Milano trema, la polizia vuole giustizia,* Sergio Martino, 1974) o *Con la ley y con el hampa (Il trucido e lo sbirro,* Umberto Lenzi, 1975), la cual introdujo un personaje de tal calado popular que conocería continuidad (Monnezza, un desastrado antihéroe que encarnó Tomás Milian, con ecos del Cuchillo Sánchez que tan brillantemente interpretara diez años atrás para dos *westerns* del gran Sergio Sollima). Pero la etapa de auténtico interés del *poliziesco* fue tan efímera como la del *giallo,* año más o menos, y dentro de sus moldes si existía un cineasta italiano que no encajase... ese era Mario Bava.

La contribución de Bava al *poliziesco,* titulada *Cani arrabbiati,* aparece durante la efervescencia del género, en 1974. Curiosamente, en lugar de partir de ideas propias o adaptar escritores nacionales, como era común en el género, se inspira en un relato anglosajón, en concreto de Ellery Queen (seudónimo del dúo compuesto por Manfred Barrington Lee y Frederic Dannay), publicado en Italia en la longeva y emblemática colección Giallo Mondadori. Por iniciativa del productor Loyola, el guión lo escriben entre Alessandro Parenzo y Cesare Frugoni, con el título inicial de *L'uomo e il bambino;* en este caso, Bava lo acepta sin retocarlo, solo los proverbiales ajustes de director con vistas al rodaje. Para el reparto, se contrata en el rol estelar a Al Lettieri, un gran actor americano, de origen italiano, que había destacado en papeles secundarios dentro de películas tan importantes y exitosas como *La huida (The Getaway,* Sam Peckinpah, 1972) o *El padrino (The Godfather,* Francis Ford Coppola, 1972). El trío de maleantes corre a cargo de Don Backy (llamado realmente Aldo Caponi, que al inicio de su carrera compaginaba el cine con la canción y perteneció al clan de Adriano Celentano), George Eastman (ídem Luigi Montefiori, poco después inseparable del prolífico y temible Joe D'Amato, o sea, Aristide Massaccessi) y Maurice Poli, que había traba-

Maurice Poli, Lea Lander y Riccardo Cucciolla en *Cani arrabbiati* (1974).

jado con Bava en *Cinco muñecas para la luna de agosto*. La actriz es Lea Lander, vista como Lea Kruger en *Seis mujeres para el asesino*.

La historia, minimalista, versa sobre la forzada convivencia entre tres delincuentes —jóvenes, desastrados y descerebrados dos de ellos, astuto y de mayor edad el tercero— y los rehenes que toman tras un sangriento atraco (un maduro burgués con su hijo, y una joven); la huida no será menos sangrienta, a lo largo de carreteras secundarias en plena canícula, con el botín tentador de por medio. Tal como puede deducirse de la sinopsis, el film se plantea con un presupuesto mínimo, presupuesto muy ajustado y pocos técnicos. Pero se revela gafado desde el primer momento. Según recuerda Lamberto Bava: «Se empezaba a rodar el lunes, se paraba el martes porque no había dinero, se reiniciaba el viernes... Una tragedia»[120]. Por si los incum-

---

[120] *Op. cit.,* véase nota 14.

plimientos económicos del productor representaran poco problema, el permanente estado de embriaguez de Al Lettieri determinó que el financiero americano en la sombra del proyecto le despidiera; curiosamente, Lettieri no volvió a Estados Unidos, sino que encadenó acto seguido varias películas italianas, que de hecho fueron las que cerraron su carrera, pues falleció al año siguiente. Dicha expulsión de Lettieri provocó un paréntesis de una semana, mientras se captaba un actor que aceptase sustituirlo. Lo hizo Riccardo Cucciolla, nada inferior, y ante todo debieron rodarse de nuevo los planos que había interpretado Lettieri. Finalmente, cuando el rodaje había concluido casi por entero, a trancas y barrancas, el productor Loyola quebró definitivamente, y el material filmado, en consecuencia, fue embargado, archivándose hasta nueva orden judicial. Considerada perdida para siempre durante años, no obstante al decenio siguiente, después de fallecer Bava, la película pudo recuperarse mediante las oportunas maniobras legales, durante la euforia del vídeo doméstico, fue montada y se le incorporó una banda sonora compuesta por Stelvio Cipriani (el músico de *Bahía de sangre* y *Gli orrori del castello di Norimberga).* Desde entonces, existen nada menos que cinco versiones disponibles en dvd, con los correspondientes retoques, ninguno fundamental; una de ellas a cargo de Alfredo Leone, otra de Lamberto Bava (que rodó con su hijo Roy planos nuevos)...

Entristece saber que, tras la imperdonable masacre sufrida por *El diablo se lleva los muertos,* Mario Bava, por añadidura, debió sufrir los problemas antes resumidos en su siguiente película. Y es perfectamente lícito especular con el resultado de *Cani arrabbiati* si las condiciones de trabajo hubiesen sido mejores, mínimamente controladas y razonables, aun tratándose de un proyecto tan modesto. Ahora bien, una buena película, de todos modos, nunca habría sido: se cae por su peso.

En principio, la aspereza de la formalización, descartemos ahora las tremendas condiciones de rodaje, tal vez podría haber repercutido a favor, valorándose también la novedad de que Bava ascendiera a director de fotografía a su operador de cámara, Emilio Varriano, como hiciera en los años sesenta con Ubaldo Terzano y Antonio Rinaldi. Tal como recuerda el propio Varriano:

> Fue muy cansada de rodar, siempre dentro del coche, con la cámara a mano, que era una Arriflex, con el gran angular. Todo para conferirle el máximo realismo, al contrario que las previas películas de Bava, donde él siempre quería una fotografía refinada[121].

Sin embargo, este espontaneísmo agreste, entraña de la película, lejos de cuajar en la pretendida crudeza expositiva, constituye un dechado de soez *bruttezza,* en triste sintonía con los peores defectos de la coetánea producción italiana de género, del peor *poliziesco* en particular, si se quiere: *zooms* por doquier, panorámicas temblorosas, objetivos de cámara deformantes; primerísimos-primeros planos a modo de trallazo; reencuadres injustificados; cámara en mano casi de continuo, cual reportaje televisivo; hiriente luz natural sin ecualizar; violencia desaforada; sordidez gratuita; personajes caricaturescos... en suma, un feísmo agresivo, tan sistemático y monocorde que satura en lugar de angustiar, harta y no inquieta. Lo peor, con todo, es la carencia de puesta en escena, de planificación, de sentido del encuadre, en un cineasta que precisamente había sobresalido por tales virtudes. Parece una película de realización improvisada, en la peor acepción del concepto, con momentos incluso *amateur,* por lo cual poca admiración despierta el hecho de que

---

[121] *Op. cit.,* véase nota 14.

los guionistas, mediante esa destreza típicamente mediterránea, consiguieran obtener un metraje convencional de un cuento de apenas cuatro páginas. Y de nada (de nada positivo, se entiende) sirve recordar que su autor había esgrimido este planteamiento argumental itinerante, *road movie* en la terminología americana, en *La strada per Fort Alamo,* y coqueteó con la narración en tiempo real en *Operazione paura,* porque *Cani arrabbiati* ni parece una película de Mario Bava ni se sostiene por sí misma.

¿Hubiera quedado mejor en manos de cineastas como Fernando di Leo, Enzo G. Castellari o Umberto Lenzi, sobresalientes en el género? Probablemente. Al menos, no se echaría de menos al autor de filigranas tan excelsas como *La máscara del demonio* y *Seis mujeres para el asesino,* que no es poco. Por ejemplo, en el mismo año *El ciudadano se rebela (Il cittadino si ribella,* Enzo G. Castellari, 1974) también mostraba tres atracadores pura ferocidad y sordidez, con el acierto de diferenciarlos por el acento y/o la procedencia regional en sus respectivos intérpretes (Nazzareno Zamperla, toscano; Romano Puppo, veneciano; Massimo Vanni, napolitano), en un film zafio, ciertamente, pero superior al de Bava. Por último, el retruécano que brinda *Cani arrabbiati* en el desenlace, destinado a notificar que la gente en apariencia selecta y respetable puede ser tan malvada como los más repulsivos delincuentes habituales, si bien ciertamente sorprende (aparecía ya en el relato original, de todos modos), en cambio parece la sempiterna triquiñuela final destinada a justificar, en emoción e ideología, un desarrollo previo sin mayores méritos ni sustancia, tal como ocurriría poco después en otro bodrio italiano con más de un punto de contacto, *El cínico y la casada (Autostop rosso sangue,* Pasquale Festa Campanile, 1976). A propósito, el propio Riccardo Cucciolla que protagoniza *Cani arrabbiati* en el decenio anterior había intervenido en una película, *Diamantes a go-gó (Ad ogni costo,* Giuliano Montaldo, 1968), por el contrario excelente, que brindaba una conclusión homologable con la de aquellas, pero procediendo con la debida eficacia y el necesario rigor, mediante un estilo exquisito y sin trampas baratas.

* * *

Tras un año largo sin trabajo de ningún tipo, Mario Bava compensa económica y laboralmente las penalidades sufridas por causa de *El diablo se lleva los muertos* y *Cani arrabbiati* encargándose de la segunda unidad y los efectos especiales de una costosa serie televisiva que conocerá un remontaje para salas, *Moisés (Mosé,* Gianfranco De Bosio, 1976). Un caso similar a *Las aventuras de Ulises*. Se rueda principalmente en Marruecos, con el protagonismo de nada menos que Burt Lancaster e Ingrid Thulin, y la producción a cargo de RAI, en colaboración con varios entes televisivos extranjeros.

Mientras, sigue barajando proyectos para el cine, por supuesto. La mayor parte abortará, alguno para bien *(Baby Kong,* urdido por el modesto productor Luigi Borghese para beneficiarse del lujoso *King Kong* producido por Dino De Laurentiis en el cual precisamente Bava rechazó participar, como se recordará), otros para mal *(L'uomo topo,* producido por Francesco Merli y escrito por uno de los guionistas de *Cani arrabbiati,* Cesare Frugoni, en el cual el monstruo protagonista nunca sería visto, procedería por norma mediante planos subjetivos). Cuajará en cambio, en 1977, el otro proyecto que Dardano Sacchetti escribiera para Bava en la época de *Bahía de sangre,* con el título provisional de *Il padrone di casa.* Además, en manos de un productor de cierta relevancia, Turi Vasile.

El guión definitivo lo escriben entre el antedicho Sacchetti, uno de los guionistas de *Cani arrabbiati* (Alessandro Parenzo, que opta por utilizar el seudónimo de Paolo Brigenti) y el propio hijo de Bava, Lamberto:

Desde finales de los años sesenta los guiones con que trabajaba mi padre no se sostenían. Mis pinitos en escribir fueron ayudarle a corregirlos, para que en pantalla pudieran funcionar. Digamos que mi primer guión de verdad fue el de *Shock,* que escribí junto con Sacchetti y que conoció muchas vueltas[122].

Por cierto, Lamberto Bava también afirma ser responsable de parte de la realización, confirmado por diversos intérpretes, aunque sin unificar el porcentaje de las escenas o planos a su cargo en sus declaraciones a lo largo del tiempo. Comparando unas y otras, bien puede aceptarse, a la postre, esta, bien simpática y nada disparatada, cuando se conoce el sector: «Mi padre me dijo "yo ruedo por la mañana, y tú después de comer"»[123]. En cuanto a la filmación, la organiza Giuseppe Mangogna bajo el título provisional de *Al 33 di Via Orologio fa sempre freddo,* con unos técnicos ajenos a la filmografía previa de Bava (Alberto Spagnoli como director de fotografía, Giuseppe Maccari de operador, Francesco Vanorio en la escenografía, etc.), y tiene lugar básicamente en una villa romana propiedad del prestigioso actor-director Enrico Maria Salerno; el hijo de este, Nicola, encarna al espectro del primer marido de la protagonista, además de contribuir con labores en la producción y los decorados. El reparto, exiguo como nunca lo fue en una película de Bava, está presidido por Daria Nicolodi, a la sazón novia de Dario Argento, y de cierta popularidad nacional gracias a la primera película en que colaboraron, *Rojo oscuro*. Además intervienen el inglés John Steiner, entonces muy activo en Italia, Ivan Rassimov, que efectuó uno de sus primeros trabajos ante la cámara para *Terror en el espacio,* y el niño David Colin Jr., en su segunda y última

---

[122] *Op. cit.,* véase nota 11.
[123] *Op. cit.,* véase nota 14.

incursión en el cine, tras otra película italiana de terror, *Poder maléfico (Chi sei?,* Oliver Hellman, 1974), una de las primeras estelas europeas de *El exorcista*. No hay más personajes, salvo estos cinco.

La historia se centra en una viuda relativamente joven (Nicolodi), que, siete años después de la muerte del esposo (Salerno), vuelve a instalarse en su antigua casa, con el hijo (Colin Jr.) y el nuevo marido (Steiner). Dado que este es piloto de aviación, apenas pasa tiempo en esa casa que, por tanto, deben compartir madre e hijo sin más compañía. De inmediato, el niño comienza a sufrir trastornos de personalidad, siempre a peor...

Afloraba finalmente, en efecto, esa vieja y acariciada ilusión del autor. Es decir, una película con la acción concentrada en un escenario claustrofóbico, donde apenas hubiera un protagonista y la casa fuera su antagonista. Sin embargo, para plasmar el proyecto por desgracia Bava ha debido aceptar un guión ajeno a sus manos y muy malo, todavía menos riguroso y coherente que el de cualesquiera de sus previas películas de terror, además en oportunista línea con éxitos coyunturales de Hollywood, en cabeza *La profecía (The Omen,* Richard Donner, 1976), y su personaje de despiadado niño maligno, y *Carrie (Carrie,* Brian De Palma, 1976), con la telequinesis en primer término. Por añadidura, se ve impelido a incorporar asimismo la influencia de la muy sobrevalorada *Rojo oscuro,* patente no solo en lo que comporta retomar a su actriz, sino también en determinadas referencias argumentales (el muro delator, el carillón inquietante) y el concepto musical, plasmado en una banda sonora horrible, no por azar compuesta por determinados miembros del grupo de rock sinfónico «I Goblin», vinculados entonces con Argento, que para la ocasión firman como «I Libra». Añádase lo que implica un rodaje precario, en un contexto industrial donde, para colmo de males, predomina ese tipo de técni-

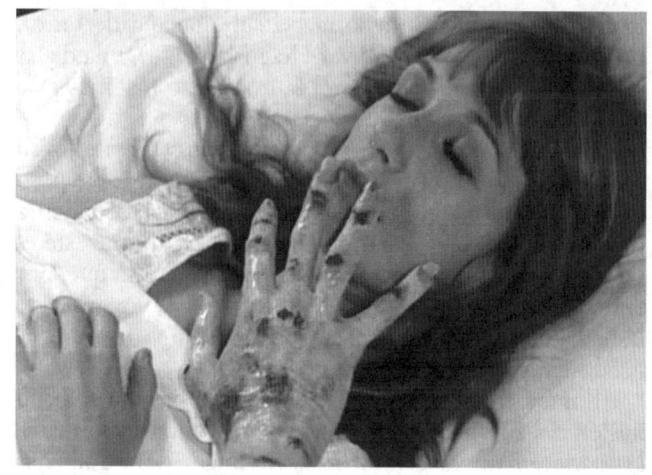

Daria Nicolodi en *Shock* (1977).

ca desmañada que Bava debió desplegar, sin ir más lejos, en *Cani arrabbiati*, y que está anegando incluso a cineastas nacionales tan diversos, y ajenos al *horror*, como Luchino Visconti o Dino Risi.

Demasiados inconvenientes, contra un autor prematuramente envejecido y de todo punto desilusionado. Puede entenderse, por tanto, que Bava se centrara en rodar las secuencias que le motivaban de verdad, esas que verifican su identidad y prolongan su obra de los quince años anteriores, dejando el resto para que el hijo fuera curtiéndose en la realización. Puesto que si Mario Bava posee una película desigual, desde luego es *Shock*. Y la decepcionante trayectoria que emprenderá Lamberto Bava, tras debutar en la realización tres años después, autoriza a sospechar, por no decir a sostener, que los aciertos de *Shock* proceden estrictamente del padre.

El inicio, digamos los veinte primeros minutos, es tan ramplón que fastidia, y nadie puede creerse que esté rodado por Mario Bava. Acto seguido, el film reflota, al reconocerse al autor, y con cegadora nitidez. Desmejorado, ciertamente, pero aún personal, y dispuesto a batallar una vez más, en nombre de un planteamiento que siempre quiso plasmar. Se palpa, sobre todo, en la intensidad mediante la cual Bava recrea su familiar planteamiento de la mujer en peligro, a la cual todo se vuelve en contra, de modo amenazador, letal, con culpa o sin ella, de forma real y/o sobrenatural *(La muchacha que sabía demasiado, La frustra e il corpo,* el primer y tercer episodio de *Las tres caras del miedo).* Se siente en la morbosidad aplicada para enriquecer un elemento argumental importante (el marido muerto revive en el niño, lo cual confiere al postulado psicoanalítico del complejo de Edipo un añadido de escabrosidad realmente sucio y específicamente mediterráneo). Se aprecia en la valoración tétrica de ciertos elementos escenográficos (el sótano y sus vericuetos, el muro que guarda el secreto último, es decir, que el marido muerto fue asesinado por su propia esposa), en la concepción visual de las escenas de alucinación (evocando las de *Un hacha para la luna de miel),* en los apuntes surrealistas (un muro que sangra, un piano que ríe, cabellos rebelándose contra la fuerza de la gravedad), en las citas culturales (Edgar A. Poe, Henry James), en las puntuales referencias propias (la protagonista se columpia, al final fallece degollándose sin aclararse si fue decisión propia), en la relevancia fetichista del arma blanca y de otros objetos, entre los cuales brilla una aterradora «bestia de cinco dedos», por denominarla según esa gran película olvidada, en el envolvente sentido de lo macabro... en definitiva, en la personalidad que despliegan determinados elementos de la trama, concepto, imagen, tono y estilo.

Ciertamente, en el muy irregular e intermitente desarrollo prevalece lo mediocre, lo burdo, la pobreza imaginativa. Además el montaje se revela un tanto televisivo, y la música llega a resultar tan insoportable como la actuación del niño (de los actores en cambio ni puede hablarse, porque apenas aparecen aparte de la protagonista). Sin embargo, las antedichas virtudes impelen a la indulgencia, justifican un juicio no del todo negativo. Sobre todo, cuando se considera que *Shock,* en particular, contiene dos escenas a la purísima altura de las mejores películas de Mario Bava: la manita del niño que se ve sustituida por la putrefacta zarpa del cadáver, con el sensual temblor de la protagonista bajo tan horrendas caricias; el magnífico cambio de eje visual en una escena del sótano, expresando el dominio, por fin triunfal, del muerto sobre los vivos.

Estrenada en el verano de 1977, cuatro años después en España, *Shock* pasa desapercibida. Nadie se acordaba ya de Mario Bava, o no quería acordarse, y en el cine fantástico italiano prevalecían las imitaciones de éxitos americanos. De hecho, idéntico destino sufrieron otras propuestas coetáneas personales e interesantes, sobre el papel no menos derivativas que *Shock,* por ejemplo *Poseída (L'obsceno desiderio,* Giulio Petroni, 1978) y *Un'ombra nell'ombra* (Pier Carpi, 1979), ambas con la Marisa Mell que diez años antes protagonizase *Diabolik* (la primera de protagonista absoluta, la segunda dentro de un reparto estelar donde figuraba asimismo John Phillip Law, como ya se indicó).

¿No existe ningún consuelo poético? Lo hay: la mejor interpretación de Daria Nicolodi late en *Shock,* no en ninguna película de Argento. ¿Otro? *Shock* es una obra maestra en comparación con *Rojo oscuro.* No es poco, en cuanto chistes, no tan privados, del declinante maestro hacia el imitador rampante. Aunque, valorados en la actualidad, encierran también un poso de melancolía, considerando que el maestro ya no podría realizar más películas, mientras que el imitador las haría con éxito y continuidad hasta la fecha, además mediante producción propia.

* * *

La situación de la industria fílmica italiana ha cambiado por completo, en todos los órdenes y sentidos, en todas y cada una de sus ramas, respecto a cuando Bava debutó en la realización. Y pensar que solo han transcurrido quince años... Según resume Giorgio Placereani:

> A partir de 1975 comienza el declive irreversible del cine italiano de género, a causa de la crisis de sus condiciones de producción y distribución: multiplicación de la oferta televisiva gracias a la aparición de los canales privados; desmantelamiento de la vasta red de cines rurales y de barrio, que constituían el pulmón de la distribución de estas películas; aumento brutal del poder de la producción-distribución americana; reducción de las ventas al extranjero de películas nacionales. Cambia el concepto; se acabó la «imitación creativa» de antes, y empieza la copia, no tanto de un *trend* cuanto de un éxito puntual[124].

Mutatis mutandis, se podría aplicar al cine español, en efecto.

Aborta, así, el siguiente proyecto de Bava, que debía producirlo, como *Shock,* Turi Vasile. Se trata de *Giungla domestica,* según el relato homónimo de Gilda Musa, publicado en el número 15 de la revista *Urania,* en 1975, y galardonado con el premio Italia al año siguiente; llegó a escribirse el guión, entre el propio Bava y su hijo Lamberto, y se centraba en la vida de las plantas, según la complicidad que establecen para combatir contra un grupo de maleantes. La misma negra suerte sufren otra adaptación, en este caso de la novela *Venus en la concha* de Philip José Farmer (firmada con el seudónimo de Kilgore Trout en homenaje al homónimo personaje creado por Kurt Vonnegut), destinada a representar el reencuentro de Bava con Fulvio Luci-

---

[124] En *Quatermass,* núm. 7, 2008.

sano, el productor de *Terror en el espacio* y *Le spie vengono dal semifreddo,* así como un guión original, también de ciencia ficción, escrito por Dardano Sacchetti, *Anomalia*.

Por consiguiente, Bava se ve impelido a regresar al medio televisivo, si bien esta vez, por lo menos, como director. Aunque comparte el cometido con Lamberto, ahora de forma oficial, reconocida en los créditos. Tal como recuerda este:

> Era un proyecto muy ambicioso, de RAIdue: relatos fantásticos escritos en el siglo XIX y elegidos por Italo Calvino (...) mi padre y yo escogimos el que consideramos más adecuado para trasladarlo a imágenes, *La Venus de Ille,* de Prosper Merimée, que sugería un desarrollo bastante fantástico y terrorífico. La RAI, a petición de mi padre, me confió el guión, a escribir con Cesare Garboli. Este quería utilizar algunas cosas que le gustaban mucho de las películas de mi padre, como el dualismo entre el bien y el mal en dos personajes femeninos de *La máscara del demonio*[125].

Circunstancias diversas determinaron que el proyecto a la postre cuajara en seis mediometrajes, agrupados bajo el título genérico de *I giochi del diavolo,* de los cuales *La venere d'Ille* es el más recordado, gracias a la categoría del director[126].

En cambio, este regreso de Bava al entrañable mundo del terror gótico según la soberbia literatura del siglo XIX (el cuento que inspiró *La máscara del demonio* fue publicado en 1835, *La Venus de Ille* en 1837) carece de toda consis-

---

[125] *Op. cit.,* véase nota 11.
[126] Los otros realizadores de la serie fueron Giulio Questi, Piero Nelli, Marcello Aliprandi, Tomaso Sherman y Giovanna Gagliarda, cuyos episodios adaptaban a E. T. A. Hoffmann, Henry James, Gérard de Nerval, Robert L. Stevenson y H. G. Wells, respectivamente. La serie se emitió en la primavera de 1981, o sea, un año después de fallecer Mario Bava.

tencia. El guión, como cabía esperar, basa su propuesta en extremar la confusión dramática entre la protagonista y la estatua, bastante sutil en el magnífico cuento de base, de apenas cuarenta páginas, con vistas a conferir al conjunto una espectacularidad inquietante, que además remita a la citada ópera prima del director, no en vano esta abrió el género en Italia. Sin embargo, la estrategia, válida sobre el papel, no funciona en la pantalla, empezando por el protagonismo de Daria Nicolodi, tan entregada y verosímil en *Shock,* pues resulta inoperante y por momentos hasta ridícula en su forzada mimesis de Barbara Steele, por no hablar del resto de los intérpretes, muy mediocres. Todo se revela plano y adocenado, demasiado contenido en el tono y harto previsible en el desarrollo, de acuerdo con los parámetros, tristemente reconocibles, de las producciones televisivas coetáneas con ambientación de época y académico marchamo de «calidad», sin que sirva de contrapeso algún momento afortunado (el protagonista viendo la estatua reflejada en su ventana, como si aquella se encontrara dentro de la alcoba), seguramente fruto de las, pocas, partes del guión que rodó Bava en persona. Incluso resulta largo el metraje, aun sin alcanzar la hora de duración.

Irrefutable y poéticamente, *El diablo se lleva los muertos* entrañaba el testamento artístico ideal, perfecto, de Mario Bava, antes que este anodino telefilm. Hasta *Shock* resultaba preferible en este sentido.

* * *

El decenio de los setenta va expirando, y en lo que respecta a Mario Bava lo hace mediante tres sucesos bien particulares, los dos primeros bastante inesperados, el tercero previsible: el reencuentro con Massimo De Rita (director de producción en *La máscara del demonio, La furia de los vikingos* y *La muchacha que sabía demasiado,* recuérdese),

Bava con Dario Argento en el rodaje de *Inferno* (1979).

que ha escrito un guión, *Star Express,* con vistas a que Bava lo lleve a la pantalla; su trabajo en una película de Argento, *Inferno (Inferno,* 1979); el debut de Lamberto Bava en la realización, en solitario, *Macabro (Macabro,* 1980).

Star Express pretendía proponer una combinación de intriga, ciencia ficción y farsa, con base en el auge del género galáctico y partiendo de un argumento en deuda con *Diez negritos,* bien que desarrollado de forma que no recordase a *Cinco muñecas para la luna de agosto* y evocara *Alien* (en un futuro indeterminado, en una nave espacial destinada a restablecer el suministro de agua en la Tierra, van siendo asesinados los tripulantes y se ignora la identidad del homicida, recayendo las sospechas sobre un misterioso niño extraterrestre). La producción correría a cargo de Italo Zingarelli y Roberto Palaggi, y el rodaje estaba previsto que comenzara en la primavera de 1980. El inesperado fallecimiento de Bava echó por tierra el proyecto.

Inferno suponía una especie de secuela de *Suspiria (Suspiria,* 1977), la exitosa película mediante la cual Argento se desmarcó del *giallo,* al cual empero volvería años más tarde, con ánimo de añadir diversos ingredientes esotéricos y sobrenaturales en su cultivo del *horror.* Dado que Argento había entablado amistad con Mario y Lamberto Bava durante el rodaje de *Shock,* pues lo visitó varias veces, dado que su novia era la protagonista, contrató al segundo como ayudante para *Inferno.* Y este le pidió al padre que les resolviera algunos trucajes, en su línea artesanal (una maqueta del *Sky Line* neoyorquino y la transformación de Irene Miracle en la Muerte, básicamente). Inesperadamente, esta primera y última colaboración entre maestro y discípulo representó el trabajo final de Bava para el cine, por añadidura sin acreditar. A propósito, *Inferno* es la película de Argento que mejor acusa la influencia de Bava, en tono, espíritu y, sobre todo, cromatismo. Será casualidad. En cualquier caso, constituye uno de los pocos films de Argento con interés, cuando menos respetables, aunque su diversidad de ambiciones, y pretensiones, desborda la capacidad del director, incapaz de potenciar o trascender ciertos defectos de base que precisamente Bava por lo común había logrado superar (guión pobre, diálogos horribles, intérpretes malos), a los cuales añade otros de palpable cosecha propia (música hortera, falta de ritmo, efectismos gratuitos, ampulosidad huera). Con todo, algunas secuencias son inolvidables; por ejemplo, aquella en que la susodicha Irene Miracle bucea en un pozo subterráneo y acaba hallando, amén de un esqueleto aterrador, una mansión sumergida. *Caltiki, il mostro inmortale* contenía una escena similar, eso también es verdad.

Por último, *Macabro* surgió así, en recuerdo de su director:

> Un día recibí una llamada de la oficina de Pupi Avati, a quien entonces yo no conocía. En cambio, sí conocía a su

hermano Antonio, porque fue auxiliar mío en una película donde yo era el ayudante. En principio, pensaba que me llamaban para ser el ayudante de la siguiente película de Pupi. Sin embargo, ¡me ofrecieron dirigir mi primera película en solitario! Nos pusimos de acuerdo y escribimos la historia entre cuatro: Pupi y Antonio Avati, Roberto Gandus y yo[127].

Según parece, Mario Bava no se inmiscuyó para nada; se conformó con opinar que el proyecto le parecía válido y asistir al estreno. Sin embargo, *Macabro* acusa su influencia de forma irrefutable, sobre todo de *Shock,* en la cual Lamberto, precisa y significativamente, había colaborado en el guión y contribuido a la realización, recuérdese, empezando por el concepto dramático (una mujer claustrofóbicamente encerrada con su demencia progresiva). Se trata, en cualquier caso, de una película estimable, en la cual la escabrosidad argumental, inspirada por un suceso verídico (una mujer convive con la cabeza de su amante, al no admitir que este haya fallecido), conoce un tratamiento donde la sugerencia prima sobre el efectismo (por indicación de Avati, dicho sea de paso), a lo largo de un desarrollo que consigue mantener el interés aun contando una trama que, en rigor, permitía poco más que un cortometraje[128]. Se des-

---

[127] Reproducido de Daniele Terzoli, «Lamberto Bava. Oficio de familia», *Quatermass,* núm. 7, 2008.
[128] Curiosa y casualmente, también en 1980, el año en que fallece Mario Bava y debuta Lamberto Bava, sobreviene la última película de Riccardo Freda, *Follia omicida*. Por desgracia, es un engendro, cuyo visionado resulta hasta embarazoso y del cual el propio Freda jamás quería hablar. Su zafia e informe mezcolanza de *giallo*, gótico y *soft* terminó de firmar la defunción del cine italiano de terror. Encima, uno de sus actores es John Richardson, el héroe de *La máscara del demonio,* lo cual acentúa el carácter mortuorio-terminal del bodrio. Desde entonces, el género se degradó en Italia a más no poder, en manos tan temibles como las de

pertaron, por ende, unas esperanzas en Lamberto Bava que tristemente serían desmentidas de inmediato, puesto que su labor, tras la prometedora ópera prima, a caballo entre el cine y la televisión, ha fluctuado entre lo inocuo y lo inicuo; baste indicar que su trabajo más célebre es el bochornoso díptico compuesto por *Demons (Demoni,* 1984) y *Demons II (Demoni II,* 1986), por cierto con Argento en la producción y Sacchetti en el guión. En cuanto al influjo estético del padre en la obra del hijo, sobra, por caridad, con recordar el *remake* de *La máscara del demonio,* con la neumática Deborah Caprioglio, última esposa de Klaus Kinski, relevando a Barbara Steele. Significativamente, Lamberto Bava declaró: «Mi padre era Mario Bava y yo soy Lamberto Bava (...) llevo dentro la herencia de mi padre, pero a estas alturas la he superado y digerido. Ya no tengo ninguna relación de reverencia: él era él y yo solo llevo su apellido. Esto es todo»[129]. No menos significativamente, el hijo apenas ha recurrido a profesionales que trabajaran con el padre (algunos intérpretes puntualmente, como Erika Blanc, William Berger o Bruno Corazzari, amén de Daria Nicolodi, o Massimo De Rita y Dardano Sacchetti, para ciertos guiones).

* * *

El 26 de abril de 1980 moría Mario Bava, a causa de un infarto. Los medios de comunicación no prestaron la importancia debida al suceso, en absoluto. Por añadidura, el hecho de que tres días después falleciera Alfred Hitchcock terminó de eclipsar el óbito del gran cineasta

---

Lucio Fulci, Joe D'Amato, Michele Soavi... y Dario Argento. Excepción hecha de las aportaciones de Pupi Avati, siempre inteligentes y personales, cuando menos.

[129] *Op. cit.,* véase nota 11.

italiano. Morían casi al mismo tiempo el autor de *El hombre que sabía demasiado* y el de *La muchacha que sabía demasiado*...

Desde entonces, Bava ha representado una gloria difícil de asumir, por el cine italiano e incluso mundial. Por tanto, a lo largo de muchos años ha predominado la definición fácil, el encasillamiento estereotipado, la coletilla banal e indocumentada. Afortunadamente, durante el último decenio su consideración ha mejorado mucho, a raíz de esa reivindicación global del cine europeo de género, en la que tanto ha contribuido el peculiar cineasta americano Quentin Tarantino, así como otros de la generación anterior, en particular John Carpenter y Joe Dante. Resumiendo, si Mario Bava todavía carece de la merecida reputación de «clásico» cuando menos es «de culto»; por ende, ya cuenta con una cierta bibliografía en su honor. No es poco, si bien la valoración «de culto» está extendiéndose tanto, y de forma tan indiscriminada y poco rigurosa, que bien pronto perderá su valor, su sentido, depreciándose en sí misma. En cualquier caso, Mario Bava posiblemente disfrutará pronto del puesto que le corresponde en la historia del Séptimo Arte, de un prestigio análogo al que poseen ya Robert Siodmak, en el cine occidental, o Seijun Suzuki, en el oriental, otros dos grandes creadores de formas, que supieron ser visual y formalmente geniales dentro de géneros despreciados por la *intelligentsia*.

«Yo no soy un director, soy un hombre normal. Un técnico, que conoce varios trucos de la cámara»[130], declaró en cierta ocasión, con su modestia y campechanería proverbiales. ¿No es conmovedor que un coloso del cine, un autor *vero e propio,* se defina en tales términos, con sinceridad purísima y sin pose prefabricada, en un contexto domina-

---

[130] *Op. cit.,* véase nota 11.

do por la competitividad, el arribismo, la vanidad, la petulancia?

Al respecto, cómo olvidar esta otra opinión suya, ya citada: «Un director de cine debe ser realmente un genio». Desde luego él lo fue, pero posiblemente falleció sin saberlo.

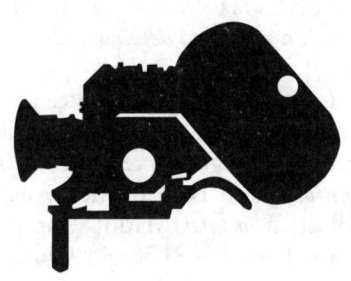

Filmografía

DIRECTOR

A) Cine

Cortometrajes documentales

1946 *L'Orecchio.*
1947 *Anfiteatro.*
Santa notte.
Leggenda sinfonica. Codirigido por Riccardo Melani.

1949 *Variazioni sinfoniche.*
1950 *L'Amore nell'arte.*

Largometrajes

1960. LA MÁSCARA DEL DEMONIO
(La maschera del demonio)

Producción: Lionello Santi para Galatea y Jolly Film (Italia). *Guión:* Ennio De Concini, Mario Serandrei, Marcello Coscia y Mario Bava, según el relato *El Viyi,* de Nikolai Gogol. *Fotografía:* Mario Bava (blanco y negro). *Música:* Roberto Nicolosi. *Montaje:* Mario Serandrei. *Operador:* Ubaldo Terzano. *Decorados:* Giorgio Giovannini. *Efectos especiales:* Eugenio Bava y Mario Bava. *Vestuario:* Tina Loriedo Grani. *Ayudante de dirección:* Vana Caruso. *Duración:* 85 minutos. *Intérpretes:* Barbara Steele (Asa/Katia), John Richardson (Andrej Gorobek), Andrea Checchi (Chomà Kruvajan), Arturo Dominici (Yavutich), Ivo Garrani (Vaja), Enrico Oliveri, Antonio Pierdeferici, Tino Bianchi, Clara Bindi, Germana Dominici.

1961. ERCOLE AL CENTRO DELLA TERRA

Producción: Achille Piazzi para SPA Cinematografica (Italia). *Guión:* Alessandro Continenza, Duccio Tessari, Mario Bava y Franco Prosperi. *Fotografía:* Mario Bava (color). *Música:* Armando Trovaioli. *Montaje:* Mario Serandrei. *Operador:* Ubaldo Terzano. *Decorados:* Franco Lolli. *Efectos especiales:* Mario Bava. *Vestuario:* Mario Giorsi. *Ayudante de dirección:* Franco Prosperi. *Duración:* 91 minutos. *Intérpretes:* Reg Park (Hércules), Christopher Lee (Lico), Leonora Ruffo (Deianira), Giorgio Ardisson (Teseo), Franco Giacobini (Telémaco), Marisa Belli, Ida Galli, Gaia Germani, Raf Baldasarre, Mino Doro, Rosalba Neri.

1961. La furia de los vikingos
(Gli invasori / La ruée des vikings)

Producción: Lionello Santi y Ferruccio De Martino para Galatea y Criterion Film / Société Cinématographique Lyre (Italia-Francia). *Guión:* Piero Pierotti, Mario Bava y Oreste Biancoli. *Fotografía:* Mario Bava (color). *Música:* Roberto Nicolosi. *Montaje:* Mario Serandrei. *Operador:* Ubaldo Terzano. *Decorados:* Giorgio Giovannini. *Vestuario:* Mario Giorsi y Tina Loriedo Grani. *Ayudante de dirección:* Franco Prosperi y Tonino Ricci. *Duración:* 98 minutos. *Intérpretes:* Cameron Mitchell (Iron), Giorgio Ardisson (Erik), Ellen Kessler (Daia), Alice Kessler (Rama), Françoise Christophe (reina), Folco Lulli, Andrea Checchi, Raf Baldasarre, Franco Giacobini, Joe Robinson, Franco Ressel, Enzo Doria.

1961. Le meraviglie di Aladino
(Les mille et une nuits)

Codirigida por Henry Levin.
Producción: Joseph E. Levine y Massimo Patrizi para Lux Film-Lux Compagnie Cinématographique de France (Italia-Francia). *Guión:* Franco Prosperi, Marco Vicario, Pierre Véry, Paul Tuckaoe, Duccio Tessari, Luther Davis y Silvano Reyna. *Fotografía:* Tonino delli Colli (color). *Música:* Angelo Francesco Lavagnino. *Montaje:* Maurizio Lucidi. *Operador:* Franco delli Colli. *Decorados:* Flavio Mogherini. *Efectos especiales:* Mario Bava. *Vestuario:* Giorgio Desideri. *Ayudante de dirección:* Franco Prosperi y Alberto Cardone. *Duración:* 99 minutos. *Intérpretes:* Donald O'Connor (Ala-

dino), Noëlle Adam (Djalma), Vittorio De Sica (genio de la lámpara), Aldo Fabrizi (el sultán), Michèle Mercier (Zaina), Mario Girotti, Fausto Tozzi, Milton Reid, Franco Ressel, Raymond Bussières, Alberto Farnese.

1962. LA MUCHACHA QUE SABÍA DEMASIADO
(La ragazza che sapeva troppo)

Producción: Lionello Santi, Ferrucio De Martino y Massimo De Rita para Galatea/Coronet (Italia). *Guión:* Ennio De Concini, Sergio Corbucci, Eliana De Sabata, Mario Bava, Franco Prosperi y Mino Guerrini. *Fotografía:* Mario Bava (blanco y negro). *Música:* Roberto Nicolosi. *Montaje:* Mario Serandrei. *Operador:* Ubaldo Terzano. *Decorados:* Giorgio Giovannini. *Vestuario:* Tina Loriedo Grani. *Ayudante de dirección:* Franco Prosperi. *Duración:* 89 minutos. *Intérpretes:* John Saxon (Marcello Passi), Leticia Roman (Nora Davis), Valentina Cortese (Laura Traven-Torranti), Dante di Paolo (Andrea Landini), Robert Buchanan (inspector Alessi), Jim Dolen, Gianni di Benedetto, Lucia Modugno, John Stacy, Gustavo De Nardo, Shana Coubert, Milo Quesada, Tiberio Murgia.

1963. LA FRUSTRA E IL CORPO
(Le corps et le fouet)

Producción: Ugo Guerra, Federico Magnaghi y Alfredo Leone para PIX Vox Film / Leone Film / Francinor / PIP (Italia-Francia). *Guión:* Ernesto Gastaldi, Ugo Guerra y Luciano Martino. *Fotografía y operador:* Ubaldo Terzano (color). *Música:* Carlo Rustichelli. *Montaje:* Roberto Cinquini. *Decorados:* Ottavio Scotti. *Vestuario:* Anna-Maria Palleri. *Ayudante de dirección:* Ernesto Gastaldi. *Duración:*

88 minutos. *Intérpretes:* Daliah Lavi (Nevenka), Christopher Lee (Kurt Menfield), Tony Kendall (Cristiano), Ida Galli (Kathia), Harriet White Medin (Georgia), Alan Collins, Gustavo De Nardo, Jacques Herlin.

1963. Las tres caras del miedo
(I tre volti della paura / Les trois visages de la peur)

Producción: Lionello Santi para Galatea / Emmepi Cin / Alta Vista (Italia-Francia). *Guión:* Alberto Bevilacqua, Mario Bava, Ugo Guerra y Marcello Fondato, según los relatos *El teléfono,* de F. G. Snyder; *La familia Wurdalak,* de Alexei Tolstoi, y *La gota de agua,* de P. Kettridge. *Fotografía:* Ubaldo Terzano (color). *Música:* Roberto Nicolosi. *Montaje:* Mario Serandrei. *Operador:* Enrico Fontana. *Decorados:* Giorgio Giovannini. *Vestuario:* Tina Loriedo Grani. *Ayudante de dirección:* Giuseppe Berta. *Duración:* 93 minutos. *Intérpretes: El teléfono:* Michèle Mercier (Rosy), Lydia Alfonsi (Mary), Milo Quesada (Frank); *La familia Wurdalak:* Boris Karloff (Gorca), Mark Damon (Vladimir), Susy Andersen (Sdenka), Massimo Righi (Pietro), Glauco Onorato (Giorgio); *La gota de agua:* Jacqueline Pierreux (Helen), Milli Monti (la doncella), Harriet White Medin (Srta. Perkins), Gustavo De Nardo (inspector).

1964. Seis mujeres para el asesino
(Sei donne per l'assassino / Six femmes pour l'assassin / Blutige Seide)

Producción: Massimo Patrizi y Alfredo Mirabille para Emmepi Cin / Productions Georges de Beauregard / Top Films-Monachia Film (Italia-Francia-Alemania). *Guión:* Marcello Fondato, Mario Bava y Giuseppe Barillà. *Fotogra-*

fía: Ubaldo Terzano (color). *Música:* Carlo Rustichelli. *Montaje:* Mario Serandrei. *Operador:* Mario Mancini. *Decorados:* Arrigo Breschi. *Vestuario:* Tina Loriedo Grani. *Ayudante de dirección:* Priscilla Contardi. *Duración:* 86 minutos. *Intérpretes:* Eva Bartok (condesa Cristiana), Cameron Mitchell (Morlacci), Thomas Reiner (inspector), Massimo Righi (Marco), Dante di Paolo (anticuario), Claude Dantes, Mary Arden, Harriet White Medin, Francesca Ungaro, Arianna Gorini, Alan Collins, Franco Ressel, Lea Krüger.

1965. La strada per Fort Alamo
(Arizona Bill)

Producción: Achille Piazzi, Pier Luigi Torri y Robert de Nesle para Protor Film / Piazzi Produzione y Comptoir Français du Film (Italia-Francia). *Guión:* Enzo Gicca Palli, Franco Prosperi y Livia Contardi. *Fotografía:* Ubaldo Terzano (color). *Música:* Piero Umiliani. *Montaje:* Mario Serandrei. *Operador:* Claudio Ragona. *Decorados:* Demofilo Fidani. *Vestuario:* Mila Vitelli. *Ayudante de dirección:* Franco Prosperi. *Duración:* 89 minutos. *Intérpretes:* Ken Clark (Bud), Jany Clair (Janet), Michel Lemoine (Carson), Kirk Bert (Slim), Gustavo De Nardo (sargento), Andreina Paul, Antonio Gradoli, Gerard Herter, Claudio Ruffini, Pietro Tordi.

1965. Terror en el espacio
(Terrore nello spazio)

Producción: Fulvio Lucisano para Italian International Film / Castilla Cooperativa Cinematográfica (Italia-España). *Guión:* Ib Melchior, Calisto Cosulich, Alberto Bevilacqua, Mario Bava, Rafael J. Salvia y Antonio Román, se-

Evi Marandi y Norma Bengell en *Terror en el espacio* (1965).

gún el relato *Una notte di 21 ore,* de Renato Pestriniero. *Fotografía:* Antonio Rinaldi (color). *Música:* Gino Marinuzzi Jr. *Montaje:* Romana Fortini. *Operador:* Saverio Diamanti. *Decorados:* Giorgio Giovannini. *Efectos especiales:* Mario Bava y Carlo Rambaldi. *Vestuario:* Gabriele Mayer. *Ayudante de dirección:* Serena Canevari y Lamberto Bava. *Duración:* 89 minutos. *Intérpretes:* Barry Sullivan (capitán Markary), Norma Bengell (Shanya), Ángel Aranda (Wess), Evi Marandi (Tiona), Massimo Righi (Nordeg), Fernando Villena, Stelio Candelli, Mario Morales, Franco Andrei, Ivan Rassimov, Federico Boido, Alberto Cerenini.

1966. Dr. Goldfoot and the Girl Bombs
(Le spie vengono dal semifreddo)

Producción: Louis M. Heyward y Fulvio Lucisano para American International Pictures e Italian International Film (EE.UU.-Italia). *Guión:* Robert Kaufman, Franco

Castellano y Pipolo. *Fotografía:* Antonio Rinaldi (color). *Música:* Coriolano Gori. *Montaje:* Federico Muller. *Operador:* Saverio Diamanti. *Decorados:* Gastone Carsetti. *Vestuario:* Ugo Pericoli. *Ayudante de dirección:* Antonietta Fiorito y Lamberto Bava. *Duración:* 99 minutos. *Intérpretes:* Vincent Price (Dr. Goldfoot), Fabian (Bill Dexter), Franco Franchi (Franco), Ciccio Ingrassia (Ciccio), Laura Antonelli (Rossana), George Wang, Francesco Mulè, Moana Tahi, Mario Bava.

1966. Operazione paura

Producción: Nando Pisani y Luciano Catenacci para F.U.L. (Italia). *Guión:* Romano Migliorini, Roberto Natale y Mario Bava. *Fotografía:* Antonio Rinaldi (color). *Música:* Carlo Rustichelli. *Montaje:* Romana Fortini. *Operador:* Saverio Diamanti. *Decorados:* Sandro Dell'Orco. *Vestuario:* Tina Loriedo Grani. *Ayudante de dirección:* Lamberto Bava. *Efectos especiales:* Mario Bava y Eugenio Bava. *Duración:* 84 minutos. *Intérpretes:* Giacomo Rossi Stuart (Doctor Essen), Erika Blanc (Monica), Fabienne Dali (Ruth), Giovanna Galletti (baronesa Graps), Piero Lulli (comisario Kruger), Luciano Catenacci, Micaela Esdra, Franca Dominici, Giuseppe Addobbati, Mirella Pamphilli, Valerio Valeri.

1966. Los cuchillos del vengador
(I coltelli del vendicatore)

Producción: Saro Patanè para Sider Film (Italia). *Guión:* Alberto Liberati, Giorgio Simonelli y Mario Bava. *Fotografía:* Antonio Rinaldi (color). *Música:* Marcello Giombini. *Montaje:* Otello Colangeli. *Operador:* Saverio Diamanti. *Decorados:* Piero Filippone. *Vestuario:* Giorgio Desideri. *Ayudante de di-

John Phillip Law y Marisa Mell en *Diabolik* (1967).

rección: Roberto Giandalia. *Efectos especiales:* Eugenio Ascani. *Duración:* 84 minutos. *Intérpretes:* Cameron Mitchell (Rurik), Fausto Tozzi (Hagen), Giacomo Rossi Stuart (Harald), Luciano Polletin (Moki), Lissa (Karen), Amedeo Trilli, Renato Terra, Sergio Cortona, Goffredo Unger, Bruno Arié.

1967. DIABOLIK
(Diabolik)

Producción: Dino De Laurentiis Cinematografica / Marianne Production (Italia-Francia). *Guión:* Dino Maiuri, Mario Bava y Adriano Baracco, según el cómic de Angela y Luciana Giussiani. *Fotografía:* Antonio Rinaldi (color). *Música:* Ennio Morricone. *Montaje:* Romana Fortini. *Ope-*

rador: Salvatore Caruso. *Decorados:* Flavio Mogherini. *Efectos especiales:* Carlo Rambaldi. *Vestuario:* Luciana Marinucci, Piero Gherardi y Giulio Coltellacci. *Ayudante de dirección:* Guidarino Guido y Lamberto Bava. *Duración:* 105 minutos. *Intérpretes:* John Phillip Law (Diabolik), Marisa Mell (Eva Kant), Michel Piccoli (inspector Ginko), Adolfo Celi (Valmont), Terry-Thomas (ministro), Annie Gorassini, Claudio Gora, Renzo Palmer, Andrea Bosic, Edward Febokelleng, Caterina Boratto, Lucia Modugno, Federico Boido.

1969. Quante volte... quella notte?

Producción: Zelyko Kunkera, Dick Randall y Alfredo Leone para Delfino Film-Hape Film (Italia-Alemania). *Guión:* Mario Moroni y Carl Ross. *Fotografía:* Antonio Rinaldi (color). *Música:* Coriolano Gori. *Montaje:* Olga Petrini. *Operador:* Salvatore Caruso. *Decorados:* Romeo Constantini. *Vestuario:* Anna Mode. *Ayudante de dirección:* Claudio Rainis y Lamberto Bava. *Duración:* 86 minutos. *Intérpretes:* Brett Halsey (Gianni), Daniela Giordano (Tina), Pascale Petit (Esmeralda), Michael Hinz (Sergio), Dick Randall (portero), Rainer Basedow, Brigitte Skay, Valeria Sabel, Calisto Calisti, Huguette Vernon.

1969. Cinco muñecas para la luna de agosto
(Cinque bambole per la luna d'agosto)

Producción: Luigi Alessi para Produzioni Atlas Consorziate (Italia). *Guión:* Mario di Nardo. *Fotografía:* Antonio Rinaldi (color). *Música:* Piero Umiliani. *Montaje:* Mario Bava. *Operador:* Emilio Varriano. *Decorados y vestuario:* Giuseppe Aldobran y Giulia Mafai. *Efectos especiales:* Enrico Catalucci. *Ayudante de dirección:* Mario Bianchi. *Dura-

ción: 87 minutos. *Intérpretes:* William Berger (Farrell), Ira von Fürstemberg (Trudi), Teodoro Corrà (George), Edwige Fenech (Mary), Howard Ross (Nick), Maurice Poli, Ely Galleani, Edith Meloni, Helena Ronée, Mauro Bosco.

1970. Roy Colt y Winchester Jack
(Roy Colt & Winchester Jack)

Producción: Luigi Alessi y Mario Bregni para Produzioni Atlas Consorziate / Tigielle 33 (Italia). *Guión:* Mario di Nardo. *Fotografía:* Antonio Rinaldi (color). *Música:* Piero Umiliani. *Montaje:* Olga Pedrini. *Operador:* Emilio Varriano. *Decorados:* Giulia Mafai. *Vestuario:* Oscar Capponi. *Ayudante de dirección:* Lamberto Bava. *Duración:* 92 minutos. *Intérpretes:* Brett Halsey (Roy Colt), Charles Southwood (Winchester Jack), Marilù Tolo (Mahila), Teodoro Corrà (reverendo), Isa Miranda (Lizzy), Lee Burton, Bruno Corazzari, Federico Boido, Mauro Bosco, Piero Morgia, Franco Pesce, Pietro Torrisi.

1970. Un hacha para la luna de miel
(Il rosso segno della follia)

Producción: Manuel Caño para Pan Latina Films / Mercury Produzione (Italia-España). *Guión:* Santiago Moncada. *Fotografía:* Mario Bava (color). *Música:* Sante Romitelli. *Montaje:* Soledad López. *Operador:* Emilio Varriano. *Decorados:* Giulia Mafai y Jesús María Herrero. *Vestuario:* José María Treserra. *Ayudantes de dirección:* Ricardo Walker y Lamberto Bava. *Duración:* 93 minutos. *Intérpretes:* Stephen Forsyth (John Harrington), Dagmar Lassander (Helen), Laura Betti (Mildred Harrington), Jesús Puente (inspector), Femi Benussi (Alice), Alan Collins, Gerard Tichy,

Elina de Witt, Pasquale Fortunato, Bruno Boschetti, Silvia Lienas, Verónica Llimerá, Antonia Más.

1971. Bahía de sangre
(Reazione a catena / Ecologia del delitto)

Producción: Giuseppe Zaccariello para Nuova Linea Cinematografica (Italia). *Guión:* Dardano Sacchetti, Mario Bava y Filippo Ottoni. *Fotografía:* Mario Bava (color). *Música:* Stelvio Cipriani. *Montaje:* Carlo Reali. *Operador:* Emilio Varriano. *Decorados:* Sergio Canevari. *Efectos especiales:* Carlo Rambaldi. *Vestuario:* Enrico Sabbatini. *Ayudante de dirección:* Lamberto Bava. *Duración:* 87 minutos. *Intérpretes:* Claudine Auger (Renata), Luigi Pistilli (Alberto), Claudio Volonté (Simone), Laura Betti (Anna), Leopoldo Trieste (Paolo), Isa Miranda, Chris Avram, Anna Maria Rosati, Brigitte Skay, Nicoletta Elmi.

1972. Gli orrori del castello di Norimberga

Producción: Alfredo Leone para Euro International / Dieter Geissler Filmproduktion (Italia-Alemania). *Guión:* Willibald Eser y Mario Bava. *Fotografía:* Antonio Rinaldi (color). *Música:* Stelvio Cipriani. *Montaje:* Carlo Reali. *Operador:* Emilio Varriano. *Decorados:* Enzo Bulgarelli. *Efectos especiales:* Franco Tocci. *Ayudante de dirección:* Lamberto Bava. *Duración:* 96 minutos. *Intérpretes:* Joseph Cotten (barón Von Kleist), Elke Sommer (Eva), Antonio Cantafora (Peter), Massimo Girotti (Karl), Umberto Raho (inspector), Alan Collins, Rada Rassimov, Nicoletta Elmi, Gustavo De Nardo, Rolf Halwich, Dieter Tressler, Kathy Leone.

1973. El diablo se lleva los muertos
(Lisa e il diavolo / Der teuflische)

Producción: Alfredo Leone y José G. Maesso para Euro International / Tecisa / Roxy Film (Italia-España-Alemania). *Guión:* Roberto Natale, Giorgio Maulini, Romano Migliorini, José G. Maesso, Leonardo Martín y Mario Bava. *Fotografía:* Cecilio Paniagua (color). *Música:* Carlo Savina (más extractos del *Concierto de Aranjuez*, de Joaquín Rodrigo). *Montaje:* Carlo Reali. *Operador:* Emilio Varriano. *Decorados:* Nedo Azzini y Rafael Ferri. *Efectos especiales:* Franco Tocci, Manuel Baquero y Antonio Molina. *Ayudante de dirección:* Lamberto Bava. *Duración:* 89 minutos. *Intérpretes:* Telly Savalas (Leandro), Elke Sommer (Lisa/Elena), Alida Valli (condesa), Alessio Orano (Massimiliano), Sylva Koscina (Sophia), Gabriele Tinti, Eduardo Fajardo, Espartaco Santoni, Franz von Treuberg, Kathy Leone.

Dos años después conoció un remontaje titulado *La casa dell'exorcismo*. Las escenas nuevas fueron rodadas entre el productor italiano y el ayudante de dirección, respectivamente Alfredo Leone y Lamberto Bava, e incluían a la protagonista, Elke Sommer, más Robert Alda y Carmen Silva. Esta nueva versión, repudiada por Bava, se estrenó atribuyéndose la realización al inexistente Mickey Lion.

1974. Cani arrabbiati

Producción: Roberto Loyola para Loyola Films (Italia). *Guión:* Alessandro Parenzo y Cesare Frugoni, según un relato de Ellery Queen. *Fotografía y operador:* Emilio Varriano (color). *Música:* Stelvio Cipriani. *Montaje:* Carlo Reali. *Efec-

tos especiales: Sergio Chiusi. *Ayudante de dirección:* Lamberto Bava. *Duración:* 87 minutos. *Intérpretes:* Riccardo Cucciolla (Riccardo), Lea Lander (María), Maurice Poli («dottore»), Don Backy («bisturi»), George Eastman («trentadue»), Maria Fabbri, Luigi Guerra, Emilio Bonucci, Francesco Ferrini.

1977. Shock
(Shock)

Producción: Turi Vasile para Laser Film (Italia). *Guión:* Dardano Sacchetti, Lamberto Bava y Paolo Brigenti (Alessandro Parenzo). *Fotografía:* Alberto Spagnoli (color). *Música:* «I Libra». *Montaje:* Roberto Sterbini. *Operador:* Giuseppe Maccari. *Decorados:* Francesco Vanorio. *Vestuario:* Massimo Lentini. *Ayudante de dirección:* Lamberto Bava. *Duración:* 94 minutos. *Intérpretes:* Daria Nicolodi (Dora), John Steiner (Bruno), David Colin Jr. (Marco), Ivan Rassimov (psiquiatra), Nicola Salerno (Carlo), Paul Costello.

B) Televisión

1978. La venere d'Ille

Codirigida por Lamberto Bava, pertenece a la serie *I giochi del diavolo. Storie fantastiche dell'otto-cento.*
Producción: Franca Franco y Carlo Tuzii para Pont Royal Film TV / RAI 2 (Italia). *Guión:* Lamberto Bava y Cesare Garboli, según el relato de Prosper Merimée. *Fotografía:* Nino Celeste (color). *Música:* Ubaldo Continiello. *Montaje:* Fernanda Papa. *Operador:* Franco Conversi. *Decorados:* Sandro Dell'Orco. *Duración:* 59 minutos. *Intérpretes:* Marc Porel (Mathieu), Daria Nicolodi (Claudia), Fausto di Bella

(Alphonse), Adriana Innocenti (criada), Mario Maranzana, Diana De Curtis.

OTROS COMETIDOS

A) Cine

Operador

1939 *Il socio invisibile,* de Roberto Roberti.
1940 *La comédie du bonheur (La comedia de la felicidad),* de Marcel L'Herbier.
1941 *La compagnia della teppa,* de Corrado D'Errico.
     Uomini sul fondo, de Francesco De Robertis.
     La nave bianca, de Roberto Rossellini.
1942 *Alfa Tau,* de Francesco De Robertis.
     Capitan Tempestá (El capitán tormenta), de Corrado D'Errico.
     Il leone di Damasco, de Corrado D'Errico y Enrico Guazzoni.

Director de fotografía

1939 *Fantasia sottomarina,* de Roberto Rossellini. Cortometraje.
     Il tachino prepotente, de Roberto Rossellini. Cortometraje.
1940 *La vispa Teresa,* de Roberto Rossellini. Cortometraje.
1942 *Sant'Elena piccola isola,* de Renato Simoni y Umberto Scarpelli.
1943 *L'avventura di Annabella,* de Luigi Menardi.
     Uomini e cieli, de Francesco De Robertis.

Aldo Fabrizi y Totò en *Guardias y ladrones* (1951).

1946 *Il barbiere di Siviglia (El barbero de Sevilla)*, de Mario Costa.
Donne belle nella pittura italiana, de Rafaelle Saitto. Cortometraje.
Paolo Veronese, pittore della gioia e del fasto, de Raffaelle Saitto. Cortometraje.
1947 *L'elisir d'amore*, de Mario Costa.
Natale al campo 119, de Pietro Francisci.
Il mito di Giorgione, de Rafaella Saitto. Cortometraje.
Cristo in Gerusalemme, de Pietro Francisci. Cortometraje.
Musica nell cielo, de Pietro Francisci. Cortometraje.
Passaggio del mar, de Pietro Francisci. Cortometraje.
La resurrezione, de Pietro Francisci. Cortometraje.
1948 *Il trucco nel tempo*, de Elio Picconi. Cortometraje.
L'auto nel tempo, de Fernando Pisani. Cortometraje.
Una lezione di geometria, de Leonardo Sinisgalli y Virgilio Sabel. Cortometraje.
I pagliacci, de Mario Costa.
Follie per l'opera (Una noche de locura), de Mario Costa.
1949 *Fantasie di statuine*, de F. Telloli. Cortometraje.
Porcellana nell'arte, de F. Telloli. Cortometraje.
Il vangelo del beato Angelico, de F. Telloli. Cortometraje.
Le porte d'oro, de Ricardo Melani. Cortometraje.
Il demoniaco nell'arte, de Carlo Castelli. Cortometraje.
Arte nella porcellana, de N. Pasqualini. Cortometraje.
Miss Italia, de Duilio Coletti.
Antonio di Padova (Antonio de Padua), de Pietro Francisci.
Quel bandito sono io! (Aquel bandido soy yo), de Mario Soldati.
1950 *Disastri della guerra*, de Luciano Emmer. Cortometraje.

La festa di Sant'Isidro, de Luciano Emmer. Cortometraje.
Il pittore di Trastevere: Bartolomeo Pinelli, de G. Bagnani. Cortometraje.
I nuraghi, de Marino Girolami. Cortometraje.
L'ospedale del delitto, de Luigi Comencini. Cortometraje.
Sulle orme di Esculapio, de Augusto Petrone. Cortometraje.
Canzone di primavera, de Mario Costa.
Vita da cani, de Steno y Mario Monicelli.
È arrivato il cavaliere, de Steno y Mario Monicelli.

1951 *La leggenda della croce,* de Giuseppe Massani. Cortometraje.
Il pittore della primavera, de Giuseppe Massani. Cortometraje.
Amor non ho... però... però, de Giorgio Bianchi.
Guardie e ladri (Guardias y ladrones), de Steno y Mario Monicelli.
La famiglia passaguai (¡Qué familia!), de Aldo Fabrizi.

1952 *Perdonami! (¡Perdóname!),* de Mario Costa.
Gli eroi della domenica (Los héroes del domingo), de Mario Camerini.
Papa diventa mamma (Papá se convierte en mamá), de Aldo Fabrizi.
Una croce senza nome, de Tullio Covaz.
La famiglia passaguai fa fortuna, de Aldo Fabrizi.

1953 *Viale della speranza,* de Dino Risi.
Balocchi e profumi, de Natale Montillo y F. M. De Bernardi.
Terza liceo, de Luciano Emmer.
Villa Borghese (Villa Borghese), de Gianni Franciolini.
Cose da pazzi, de G. W. Pabst.

1954 *Hanno rubato un tram (Han robado un tranvía),* de Mario Bonnard y Aldo Fabrizi.

Le avventure di Giacomo Casanova, de Steno.
Graziella, de Giorgio Bianchi.
Buonanotte avvocato!, de Giorgio Bianchi.
1955 *La donna più bella del mondo (La mujer más guapa del mundo)*, de Robert Z. Leonard.
Non c'e amore più grande (No hay amor más grande), de Giorgio Bianchi.
Orlando e i paladini di Francia (Orlando), de Pietro Francisci y Renato del Frate.
1956 *Alto Lazio pintoresco*, de Fernando Pisan. Cortometraje.
Copiando la natura, de Viviana Pasqualini. Cortometraje.
Mio figlio Nerone, de Steno.
Città di notte, de Leopoldo Trieste.
1958 *Agi Murad, il diavolo bianco (El diablo blanco)*, de Riccardo Freda.
1960 *Esther and the King (Esther y el rey)*, de Raoul Walsh.

Director de fotografía y efectos especiales

1957 *I vampiri*, de Riccardo Freda.
Le fatiche di Ercole (Hércules), de Pietro Francisci.
1958 *Ercole e la regina di Lidia (Hércules y la reina de Lidia)*, de Pietro Francisci.
La morte viene dallo spazio, de Paolo Heusch.
1959 *Caltiki, il mostro inmortale*, de Riccardo Freda.
La battaglia di Maratona (La batalla de Marathon), de Jacques Tourneur.

Colaborador en los efectos especiales

1965 *Ringo de Nebraska / Ringo del Nebraska*, de Antonio Román.

1972 *La vita, a volte, è molto dura, vero Provvidenza? (Ya le llaman Providencia)*, de Giulio Petroni.
1979 *Inferno (Inferno)*, de Dario Argento.

B) Televisión

1968 *Le avventure di Ulisse,* de Franco Rossi. Colaborador en los efectos especiales y director de la segunda unidad del episodio *Polifemo.* Conoció un remontaje para distribución cinematográfica fuera de Italia, *Las aventuras de Ulises.*
1976 *Mosé,* de Gianfranco De Bosio. Colaborador en los efectos especiales y director de la segunda unidad. Conoció un remontaje para distribución cinematográfica fuera de Italia, *Moisés.*

Bibliografía

Obras monográficas

Libros

Acerbo, Gabriele y Pisoni, Roberto (eds.), *Kill Baby Kill! Il cinema di Mario Bava,* Roma, Un Mondo a Parte, 2007.
Cozzi, Luigi, *Mario Bava, i mille volti della paura,* Roma, Mondo Ignoto, 2001.
Familiari, Antonio F., *Mario Bava,* Reggio Calabria, Liriti, 2007.
Howarth, Troy, *The Haunted World of Mario Bava,* Godalming, Fab Press, 2002.
Leutrat, Jean-Louis (ed.), *Mario Bava,* Lieja, Céfal, 1994.
Lucas, Tim, *Mario Bava: All the Colors of the Dark,* Cincinnati, Video Watchdog, 2007.
Martinet, Pascal, *Mario Bava,* París, Edilig, 1984.
Pezzotta, Alberto, *Mario Bava,* Milán, Il Castoro Cinema, 1995.

Revistas

Balbo, Lucas, «Mario Bava, Il maestro italiano», *Horror Pictures,* s/n, 1990.
Gomarasca, Manlio y Pulici, Davide (eds.), «Genealogia dell delitto: il cinema di Mario e Lamberto Bava», *Nocturno Dossier,* núm. 24, 2004.

Michel, Jean-Claude, «Mario Bava, l'onirisme crépusculaire», *Horror Pictures,* s/n, 1990.
Moutier, Norbert, «Mario Bava», *Monster Bis,* sin fecha.

Entradas en libros

Aguilera, Álex, «Mario Bava», en *Directores del género fantástico. 1904-2004,* Hospitalet de Llobregat, Editorial 2001, 2004.
Aknin, Laurent, «Mario Bava», en *Cinema Bis. 50 ans de cinéma de quartier,* París, Nouveau Monde, 2007.
Bassa, Joan y Freixas, Ramón, «Mario Bava, deseo y escalofrío», en *El Giallo italiano,* Madrid, Nuer, 2001.
Bruschini, Antonio, «Mario Bava, Maestro of the Macabre», en *Horror all'italiana, 1957-1979,* Florencia, Glittering Images, 1996.
Bruschini, Antonio y Tentori, Antonio, «Mario Bava, profondo gotico», en *Operazione paura. Registi del gotico italiano,* Bolonia, Punto Zero, 1997.
Fischer, Dennis, «Mario Bava», en *Horror Film Directors. 1931-1990,* Jefferson, MacFarland, 1991.
Frank, Alan, «Mario Bava», en *The Horror Film Handbook,* Londres, B. T. Batsford, 1982.
Hogan, David J., «Mario Bava», en *Who's Who of the Horrors and Other Fantasy Films,* San Diego, Barnes, 1981.
Lupi, Gordiano, «Mario Bava», en *Storia del cinema Horror italiano,* vol. 1, Piombino, Il Foglio, 2011.
Molina Foix, Juan Antonio, «Mario Bava, el fotógrafo del miedo», en *Cine fantástico y de terror italiano. Del Giallo al Gore,* San Sebastián, Semana de Cine Fantástico y de Terror, 1997.
Novell-Smith, Geoffrey, «Mario Bava», en *The Companion to Italian Cinema,* Londres, Cassell, 1996.
Poppi, Roberto, «Mario Bava», en *Dizionario del cinema italiano. I registi, dal 1930 ai giorni nostri,* Roma, Gremese, 1993.
Sabatier, Jean-Marie, «Mario Bava», en *Les classiques du cinéma fantastique,* París, Balland, 1973.
Serrano Cueto, José Manuel, «Mario Bava», en *Horrormanía. Enciclopedia del cine de terror,* Madrid, Alberto Santos, 2007.

SILVER, Alain y URSINI, James, «Mario Bava», en *Horror Film Reader,* Nueva York, Limelight, 2000.
WINGROVE, David, «Mario Bava», en *The Science Fiction Film Source Book,* Essex, Longman, 1985.
WRIGHT, Gene, «Mario Bava», en *Horrorshows,* Devon, David & Charles, 1987.

ARTÍCULOS

AGUILAR, Carlos, «Necrológica», *Morpho,* núm. 2, 1980.
— «Mario Bava. "El arte, la magia, la libido"», *Quatermass,* núm. 7, 2008.
BATTLE, Jordi, «De Bava y otras babas del cine italiano», *De Zine,* núm. 1, 1990.
BAVA, Lamberto y FALUCCHI, Graziella (eds.), «Omaggio a Mario Bava», *La Lettura,* núm. 47, 1980.
CAMÍN, Antonio, «Los hombres de la fantasía: Mario Bava», *Terror Fantastic,* núm. 16, 1973.
COLOMBO, Maurizio, «Mario Bava: operazione paura», *Dylan Dog-Almanacco della paura,* 1996.
COZZI, Luigi, «Mario Bava, l'evocatore d'ombre», *New Cinema,* núm. 11, 1970.
— «In ricordo di... Mario Bava», *Profondo Rosso,* especial núm. 2, 1991.
— «Il creatore di mostri: Mario Bava», *Il Giaguaro,* núm. 2, 2000.
— «Mario Bava, terrestre nello spazio», *Mystero,* núm. 10, 2001.
DERDERIAN, Stéphane, «Mario Bava», *Monster Bis. Special Giallo,* fuera de colección, 1994.
— «Mario Bava, le conteur des ténèbres», *Fantastyka,* núm. 6, 1994.
EISENSCHITZ, Bernard, «Les trois dernières films de Mario Bava», *Midi Minuit Fantastique,* núm. 8, 1964.
FREIXAS, Ramón, «Mario Bava, el rey de la máscara roja», *Dirigido por,* núm. 75, 1980.
GANS, Christophe, «Mario Bava: 1914-1980», *Rhésus Zero,* núm. 6, 1980.

GIOVANNINI, Fabio, «Mario Bava, il grande precursore», *Profondo Rosso,* especial núm. 2, 1991.
GUASTELLA, Antonio, «Sangue baviano», en *Vampiria. Nocturno Dossier,* núm. 1, 2002.
LUCAS, Tim, «Mario Bava's Necrology», *Cinefantastique,* vol. 10, núm. 2, 1980.
— «Terror Pioneer. Mario Bava, Italy's Maestro of the Macabre», *Fangoria,* núms. 42 y 43, 1985. Traducidos en la versión española de la revista, con el título «El pionero del terror», en los núms. 5 y 6.
— «Mario Bava: Maestro of the Macabre», *The Dark Side,* núm. 23, 1992.
LUPI, Gordiano, «Mario Bava. I mille volti della paura», *La Soglia,* núm. 2, 2002.
MOULLET, Luc, «La peur et le stupeur», *Cahiers du Cinéma,* núm. 486, 1994.
NAVARRO, Antonio J., «Estudio Mario Bava», *Dirigido,* núms. 346 y 347, 2005.
NAZZARO, Giona Antonio, «Il mondo non basta: della lotta vana di Mario Bava con(tro) il cinema», *Filmcritica,* núms. 571-572, 2007.
PERKS, Marcelle, «Bravo, Mario Bava», *Shivers,* núm. 55, 1998.
PETIT, Alain, «Mario Bava», *Mad Movies,* núm. 19, 1980.
PEZZOTTA, Alberto, «Mario Bava, tra fizione e realtà», *Filmcritica,* núm. 218, 1984.
— «Mario Bava, paura e sberleffo», *Duel,* núm. 13, 1994.
ROSS, Philippe, «Mario Bava, le maître méconnu du cinéma fantastique italien», *L'Écran Fantastique,* núm. 14, 1980.
SABATIER, Jean-Marie, «Un homme à faire taire», *Vampirella,* edición francesa, núm. 9, 1973.
SAFAD, Louis, «Un cinéaste d'outre-tombe», *Libération,* 7 de mayo de 1980.
SALZA, Giuseppe, «Mario Bava: il brivido sottile di crudeli leggende», *Segnocinema,* núm. 13, 1984.
SILVER, Alain J. y URSINI, James, «Mario Bava, the Illusion of Reality», *Photon,* núm. 26, 1975.
TÉBAR, Juan, «Pureza e impureza de Mario Bava», *Terror Fantastic,* núm. 1, 1971.

Torres, Sara, «Mario Bava, precursor y mártir», *2.000 Maníacos,* núm. 9, 1992.

Toullec, Marc, «L'univers macabre de Mario Bava», *Star Cine Video,* núm. 2, 1983.

Entrevistas

Aguilar, Carlos, «Bava desde Bava. Selección de declaraciones», en *Cine fantástico y de terror italiano. Del Giallo al Gore,* San Sebastián, Semana de Cine Fantástico y de Terror, 1997.

Castelli, Alfredo y Monego, Tito, «La maschera del demonio: Intervista con Mario Bava», *Horror,* núm. 1, 1969.

Cozzi, Luigi, «Operazione Paura: Mario Bava Interview», *Horror,* núm. 13, 1971.

Volta, Ornella, «Mario Bava habla para *Terror Fantastic*», *Terror Fantastic,* núm. 3, 1971.

— «Entretien avec Mario Bava», *Positif,* núm. 138, 1972.

Textos de Mario Bava

«Il cinema è un fumetto: note di regia», *Horror,* núm. 13, 1971.

«Mario Bava», en *La città del cinema. Produzione e lavoro nel cinema italiano 1930-1970,* Roma, Napoleone, 1979.

«Mario Bava», en Franca Faldini y Goffredo Fofi (eds.), *L'avventurosa storia del cinema italiano raccontata dai suoi protagonisti. 1960-1969,* Milán, Feltrinelli, 1981.

Bibliografía complementaria

Profesionales

Libros

Aguilar, Carlos y Haas, Anita, *John Phillip Law. Diabolik Angel,* Bilbao, Quatermass/ScifiWorld, 2008.

Atkin, Laurent, *Riccardo Freda, l'imagination au grand galop,* Cahors, Gérard Noel, 1993.

Balbo, Lucas, *Eurogirls Illustrated,* Huntingdon, Midnight Media, 1998.

Della Casa, Stefano, *Riccardo Freda, un homme seul,* Crisnée, Yellow Now, 1993.

Della Casa, Stefano y Martini, Emanuella, *Riccardo Freda,* Bérgamo, Bergamo Film Meeting, 1993.

Familiari, Antonio, *Riccardo Freda. L'esteta dell'emozione,* Roma, Mondo Ignoto / Profondo Rosso, 2004.

Freda, Riccardo, *Divoratori di celluloide. 50 anni di memorie cinematografiche e non,* Milán, Emme, 1981.

Gili, Jean A., *Riccardo Freda,* Roma, Cinecittà, 1991.

Gomarasca, Manlio y Pulici, Davide (eds.), *99 donne. Stelle e stelline del cinema italiano,* Milán, Media World, 1999.

Mell, Marisa, *Coverlove,* Viena, Strahalm, 1990.

Mistretta, Gaetano y Palmerini, Luca M., *Spaghetti Nightmares. Il cinema italiano della paura e del fantastico visto attraverso gli occhi dei suoi protagonisti,* Brescia, M&P, 1996.

Pluhar, Erika, *Marisa: Rückblenden auf eine Freundschaf,* Hamburgo, Hoffman/Campe, 1996.

Poindron, Eric, *Riccardo Freda, un pirate a la caméra: Entretiens,* Arles, Institut Lumière, 1995.

Tornatore, Giuseppe, *Il quarto moschettiere. Quattro chiacchiere con Riccardo Freda,* Taormina, Taormina FilmFest, 2007.

Upchurch, Alan, *Barbara Steele, An Angel for Satan,* Cahors, Gérard Noel, 1991.

Entradas en libros

Beck, Calvin Thomas, «Barbara Steele», en *Scream Queens,* Nueva York, Macmillan, 1978.

Donahue, Suzanne y Sovijardi, Mikael, «John Phillip Law», en *Gods in Polyester,* Ámsterdam, Succubus, 2004.

Frank, Alan, «Barbara Steele», en *The Horror Film Handbook,* Nueva York, Barnes & Noble, 1982.

Hogan, David J., «High Priestess of Horror: Barbara Steele», en *Dark Romance,* Jefferson, McFarland, 1986.
Jenks, Carol, «The Other Face of Death: Barbara Steele and La maschera del demonio», en *Necronomicon,* Book One, Londres, Creation Books, 1996.
Wright, Gene, «Barbara Steele», en *Horrorshows,* Devon, David & Charles, 1987.

Artículos

Aguilar, Carlos, «Marisa Mell. Vida y películas», *Morpho,* núm. 2, 1980.
— «John Phillip Law», *Visión 3,* 1987.
Alexander, Chris y Valle, David del, «The Maiden Behind the Mask: Barbara Steele», *Rue Morgue,* 30, 2002.
Barbier, Francis, «Lamberto Bava: certains l'aiment Bis», *Mad Movies,* núm. 65, 1990.
Billiottet, Olivier, «Marisa Mell», *Cine Zine Zone,* núms. 83-84, 1994.
Caen, Michel y Romer, Jean-Claude, «Barbara Steele», *Midi Minuit Fantastique,* núm. 17, 1967.
Camín, Antonio, «Los hombres de la fantasía: Barbara Steele», *Terror Fantastic,* núm. 20, 1973.
Caunce, Ian, «The Abdicated Queen of Italian Gothique», *Giallo Pages,* núm. 3, 1994.
Chamorro, Antonio, «Marisa Mell, Eva Kant y Diabolik», *Morpho,* núm. 2, 1980.
Charles, Pierre, «Barbara Steele», *Cine Zine Zone,* núm. 50, 1991.
Cozzi, Luigi, «Eva Kant e Marisa Mell», *Il Giaguaro,* núm. 5, 2001.
Denis, Eric, «Barbara Steele», *Scream,* núm. 4, 1990.
Dupea, Bobby, «Moving Pictures: Barbara Steele», *Fiesta,* vol. 20, núm. 3, 1986.
Esposito, Gilles, «L'horreur en héritage», *Mad Movies,* núm. 170, 2004.
Farmer, Donald, «Cameron Mitchell», *The Bloody Best of the Splatter Times,* s/n, 1994.

Hughes, Howard, «Barbara Steele. The Woman Who Haunted Herself», *Cinema Retro*, vol. 4, núm. 11, 2008.

Miller, Mark, «Barbara Steele: Dark Diva», *Shivers*, núm. 49, 1998.

Missiaen, Jean-Claude, «Barbara Steele. Faire l'amour avec la mort», *Le Nouveau Cinémonde*, núm. 1.770, 1968.

Moix, Terence, «Barbara Steele fue diosa del terror», *Terror Fantastic*, núm. 1, 1971.

Petkovich, Anthony, «Steele Erotica: The Paradoxical Beauty of Barbara Steele Reigned in Horror Films of the 60's», *Hustler Erotic Video Guide*, vol. 8, núm. 7, 1993.

Pezzotta, Alberto, «Gli occhi alla De Chrico di Barbara Steele», *Nocturno*, núm. 9, 1999.

Radek, Eva, «Barbara Steele, la rose noire», *Cine Fantastic*, núm. 1, 1977.

Romero, Javier G., «John Phillip Law, de Diabolik a Simbad», *ScifiWorld*, núm. 9, 2008.

Thompson, Jeff, «The Films of Barbara Steele», *Movie Club*, núm. 7, 1996.

Toullec, Marc, «Enquête sur un démon au dessous de tout soupçon: Lamberto Bava», *Mad Movies*, núm. 46, 1987.

Upchurch, Alan, «The Dark Queen», *Film Comment*, vol. 29, núm. 1, 1993.

Warren, Bill, «Barbara Steele, Princess of Darkness», *Fangoria*, núm. 102, 1991.

Entrevistas

Aguilar, Carlos y Haas, Anita, «John Phillip Law, estrella errante», *Quatermass*, núm. 7, 2008.

Beckman, Peter y Dietrich, Christopher, «The Barbara Steele Interview», *Video Watchdog*, núm. 7, 1991.

Beddiar, Fathl, «John Phillip Law. La gloire était au rendez vous» y «John Phillip Law. L'aventurier du cinéma perdu», *Mad Movies*, núms. 157 y 158, 2003.

Benson, Raymond, «L. A. Law. A Hundred Lives in a Lifetime», *Cinema Retro*, vol. 3, núm. 7, 2007.

CAEN, Michel, «Entretien avec Barbara Steele», *Midi Minuit Fantastique,* núm. 12, 1965.

CAEN, Michel y ROMER, Jean-Claude, «Entretien avec Riccardo Freda», *Midi Minuit Fantastique,* núm. 7, 1963.

CARPINETA, Emiliano, «Parole di Bava», *Cinema SFX,* núm. 13, 1997.

CHABROL, Laurent; CHABROL, Jean-Marc, y POUILHAS, Patrick, «Barbara Steele, incarnation malefique des années soixante», *Mad Movies,* núm. 27, 1983.

CRAWLEY, Tony, «Interview with Barbara Steele», *Halls of Horror,* núm. 3, 1983.

GOMARASCA, Manlio, «L'angelo diabolico. Intervista a John Phillip Law», *Nocturno Dossier,* núm. 10, 2003.

— «Il sogno gotico: Barbara Steele», *Nocturno Dossier,* núm. 36, 2007.

GRMEK GERMANI, Sergio, «Barbara Steele. Un encuentro con la reina», *Quatermass,* núm. 7, 2008.

JONES, Alan, «John Phillip Law Talks about Working in "Danger: Diabolik"», *Starbust,* vol. especial núm. 46, 2000.

KARANI, Kathy, SCHLOCKOFF, Alain y SCHLOCKOFF, Robert, «Entretien avec Lamberto Bava», *L'Écran Fantastique,* núm. 88, 1988.

LUCAS, Tim, «Requiem for a Viking. Cameron Mitchell on His Films with Mario Bava», *Video Watchdog,* núm. 25, 1994.

MOOREHEAD, Audrey, «John Phillip Law. My Date with Diabolik», *Il Guaguaro,* núm. 4, 2001.

SALZA, Giuseppe, «Lamberto Bava: l'heure du bilan?», *L'Écran Fantastique,* núm. 78, 1987.

TERZOLI, Daniele, «Lamberto Bava. Oficio de familia», *Quatermass,* núm. 7, 2008.

VALLE, David del, «Barbara Steele: Out of Shadows», *Chiller Theatre,* núm. 1, 1994.

Temas

Libros

BRUSCHINI, Antonio; MORROCCHI, Riccardo, y PISELLI, Stefano, *Cinefumetto,* Florencia, Glittering Images, 2008.

Bruschini, Antonio y Piselli, Stefano, *Giallo & Thrilling all'italiana*, Florencia, Glittering Images, 2010.

Bruschini, Antonio y Tentori, Antonio, *Profonde Tenebre: Il cinema Thrilling italiano 1962-1982*, Bolonia, Granata Press, 1992.

— *Mondi incredibili. Il cinema fantastico-avventuroso italiano*, Bolonia, Granata Press, 1994.

— *Guida al cinema giallo e thrilling made in Italy*, Roma, Mondo Ignoto, 2010.

Cammarata, M. Domenico, Jr., *Il cinema Peplum*, Roma, Fanucci, 1997.

Chiara, Francesco di, *I tre volti della paura: il cinema horror italiano 1957-1965*, Ferrara, Unipress, 2009.

Codelli, Lorenzo y Lippi, Giuseppe, *Fant'Italia 1957-1966: Emergenza, apoteosi e riflusso nel fantastico nel cinema italiano*, Trieste, Festival della Fantascienza, 1976.

Colombo, Maurizio y Tentori, Antonio, *Lo schermo insanguinato: il cinema italiano del terrore 1957-1989*, Chieti, Solfanelli, 1990.

Curti, Roberto, *Fantasmi d'amore. Il gotico italiano, tra cinema, letteratura e tv*, Turín, Lindau, 2011.

España, Rafael de, *El Peplum*, Barcelona, Glénat, 1998.

Fossatti, Franco, *Guida al Giallo*, Roma, Gammalibri, 1980.

Giordano, Michele, *Giganti buoni*, Roma, Gremese, 1998.

Giusti, Marco, *Dizionario dei film italiani Stracult*, Roma, Frassinelli, 2004.

Kessler, Christian, *Das Wilde Auge. Ein Streifzug durch den Italianischen Horrorfilm*, Meitingen, Corian, 1997.

Koven, Mikel J., *La dolce morte. Vernacular Cinema and the Italian Giallo Film*, Metuchen, Scarecrow, 2006.

Rea, Luca, *I colori del buio. Il cinema thrilling italiano dal 1930 al 1979*, Florencia, Igor Molino, 1999.

Smith, Adrian, *Delirium: The Complete Guide to Italian Exploitation Cinema 1970-1979*, Londres, Media Pub, 1994.

— *Blood and Black Lace. The Definitive Guide to Italian Sex and Horror Movies*, Cornwall, Stray Cat, 1999.

Solomon, Jon, *The Ancient World and the Cinema*, Yale, University, 2002 (ed. española: *Peplum. El mundo antiguo en el cine*, Madrid, Alianza, 2002).

Entradas en libros

Aguilar, Carlos, «Páginas amarillas», en Antonio J. Navarro (ed.), *El Giallo italiano,* Madrid, Nuer, 2001.
— «Italia: Lilith vive y pide», en Antonio J. Navarro (ed.), *El demonio en el cine,* Madrid, Valdemar, 2007.
— «Casi se ve, casi se toca. Esclava, novia, golfa, diosa», en Javier G. Romero (ed.), *Hecho en Europa. Cine de géneros europeo. 1960-1979,* Gijón, Fundación Municipal de Cultura, 2009.
Bassa, Joan y Freixas, Ramón, «Morir, tal vez sufrir. De la mujer como víctima», en Antonio J. Navarro (ed.), *El Giallo italiano,* Madrid, Nuer, 2001.
— «Giallo: especialidad italiana», en Javier G. Romero (ed.), *Hecho en Europa. Cine de géneros europeo. 1960-1979,* Gijón, Fundación Municipal de Cultura, 2009.
Catelli, Daniela, «Italian Blood», en *Ciak si trema,* Roma, Theoria, 1996.
Curci, Loris, «¡Giallo! Los maestros del thriller italiano», en *Cine fantástico y de terror italiano. Del Giallo al Gore,* San Sebastián, Semana de Cine Fantástico y de Terror, 1997.
Curti, Roberto, «Fantasmas de amor. El gótico italiano entre literatura, cine y televisión», en Antonio J. Navarro (ed.), *Pesadillas en la oscuridad,* Madrid, Valdemar, 2010.
Della Casa, Stefano, «Mostri, donne assassine, volti macabri, orribili segreti», en *Storia e storie del cinema popolare italiano,* Turín, La Stampa, 2000.
Lafond, Frank (ed.), «Cauchemars italiens», en *Le cinéma fantastique,* vol. 1, París, L'Harmattan, 2011.
Latorre, José María, «La escuela italiana del terror», en *El cine fantástico,* Barcelona, Fabregat, 1987.
Mora, Teo, «Elegia per una donna vampiro. Il cinema fantastico in Italia 1957-1966», en *Storia del cinema dell'orrore,* vol. 2, Roma, Fanucci, 2002.
— «Esorcismi made in Italy. Il cinema fantastico italiano 1967-1978», en *Storia del cinema dell'orrore,* vol. 3, Roma, Fanucci, 2003.

Palacios, Jesús, «Killing Me Softly», en Antonio J. Navarro (ed.), *El Giallo italiano,* Madrid, Nuer, 2001.

Paniceres, Rubén, «El gótico italiano», en *Cara a cara. Una mirada al cine de género italiano,* Gijón, Semana Negra, 2004.

Pedrero Santos, Juan A., «Italia: el horror y la belleza», en *Terror Cinema,* Madrid, Calamar, 2008.

Pitassio, Francesco, «L'orribile segreto dell'horror italiano», en *L'arte del risparmio: stile e tecnología. Il cinema a basso costo in Italia negli anni sessanta,* Roma, Carocci, 2005.

Romero, Javier G., «El Giallo: una perspectiva histórica. 1962-1982», en Antonio J. Navarro (ed.), *El Giallo italiano,* Madrid, Nuer, 2001.

Sala, Ángel, «El fantástico, un género a la italiana», en *Cine fantástico y de terror italiano. Del Giallo al Gore,* San Sebastián, Semana de Cine Fantástico y de Terror, 1997.

Troiano, Francesco, «L'Horror», en *Prima della revoluzione: schermi italiani 1960-1969,* Venecia, Marsilio, 1989.

Monográficos de revistas

«Il fantastico italiano», *Cineforum,* núm. 299, 1990.
«Giallos Italian Thriller», *European Trash Cinema,* vol. 2, núm. 6, 1992.
«Made in Hell. A Pictorial Voyage Through the Italian Horror», núm. especial *Amarcord,* 1997.
«Le cinéma d'épouvante italien», *Cine Zine Zone,* núm. 104, 1997.
«Solamente Giallo», *Nocturno Book,* núm. 7/8, 2001.
«La forza del mito. Dei ed eroi nel cinema Peplum italiano», *Nocturno Dossier,* núm. 33, 2005.
«La stazione delle streghe», *Nocturno Dossier,* núm. 80, 2009.

Artículos

Aguilar, Carlos, «El Peplum», *Fotogramas,* núm. 1.849, 1997.
Bruschini, Antonio, «Italian Thrilling», *Amarcord,* núm. 1, 1996.

— «Le dimore del male: case e castelli infestati nell'horror italiano», *Amarcord,* núm. 5, 1997.
— «Carnalità sanguigna», *Amarcord,* núms. 8-9, 1997.
— «Gótico italiano», *Quatermass,* núm. 7, 2008.
Cozzi, Luigi, «Brivido all'italiana», *Civiltà dell'immagine,* núm. 2, 1967.
Fofi, Goffredo, «Terreur in Italie», *Midi Minuit Fantastique,* núm. 7, 1963.
García, David, «El Peplum fantástico», *Monster World,* 2.ª época, núm. 1, 2005.
Ledbetter, Craig, «The Color of Giallo», *European Trash Cinema,* vol. 2, núm. 6, 1992.
Legrand, Gérard, «Le Peplum et la cape», *Positif,* núms. 50, 51 y 52, 1963.
Marino, Stefano di, «L'avventurosa storia del Thrilling», *SuperGiallo Mondadori,* núm. 38, 2008.
Mati, Tito, «Pour les Hercules du cinéma, tous les chemins —pavés d'or— ménent à Roma», *Cine Revue,* núm. 42, 1962.
Moutier, Norbert, «Hercule, le dieu du Peplum», *Monster Bis,* núm. 10, 1981.
Petit, Alain, «À la découverte du Thriller italien», *Vampirella,* ed. francesa, núm. 18, 1974.
Pezzotta, Alberto, «Doppi di noi stessi. Il gotico-horror italiano degli anni sessanta», *SegnoCinema,* núm. 85, 1997.
Placereani, Giorgio, «Historia del cine fantástico italiano», *Quatermass,* núm. 7, 2008.
Romero, Javier G., «Giallo. El placer de matar», *Quatermass,* núm. 7, 2008.
Siclier, Jacques, «L'Âge d'or du Peplum», *Cahiers du Cinéma,* núm. 131, 1962.
Troiano, Francesco, «Un po' di italian horror», *Cinema 60,* núm. 165, 1985.
Whitehall, Richard, «Days of Strife and Nights of Orgy», *Films and Filming,* vol. 9, núm. 6, 1963.
Zimmer, Jacques, «Les peplums», *Image et Son,* núm. 196, 1966.

Índice

Agradecimientos	9
El amor mata, pero no muere	11
Aprendiendo a matar (1914-1959)	37
Ha nacido un autor (1960-1962)	55
De colores se engalana la muerte (1963-1964)	119
Del futuro imposible al pasado improbable (1965-1966)	167
Del amor limpio a la sangre sucia (1967-1971)	203
Aprendiendo a morir (1972-1980)	255
Filmografía	297
Bibliografía	317

Colección
Signo e Imagen / Cineastas

Títulos publicados

1. *Ingmar Bergman,* Juan Miguel Company (4.ª ed.).
3. *Stanley Kubrick,* Esteve Riambau (5.ª ed.).
4. *Luis Buñuel,* Agustín Sánchez Vidal (5.ª ed.).
5. *John Ford,* Patxi Urkijo (4.ª ed.).
6. *Eric Rohmer,* Carlos F. Heredero y Antonio Santamarina (2.ª ed.).
7. *Fritz Lang,* Quim Casas (4.ª ed.).
8. *Billy Wilder,* Claudius Seidl (3.ª ed.).
9. *George Cukor,* Augusto Martínez Torres.
10. *S. M. Eisenstein,* Jesús González Requena (2.ª ed.).
11. *John Cassavetes,* Thierry Jousse.
12. *Akira Kurosawa,* Manuel Vidal Estévez (3.ª ed.).
13. *David Lean,* Ramón Moreno Cantero.
14. *Alain Tanner,* Christian Dimitriu.
15. *Federico Fellini,* Pilar Pedraza y Juan L. Gandía (2.ª ed.).
16. *Steven Spielberg,* Marcial Cantero (2.ª ed.).
17. *Kenji Mizoguchi,* Antonio Santos.
18. *Joseph L. Mankiewicz,* N. T. Binh.
19. *Nicholas Ray,* Jean Wagner.
20. *Pedro Almodóvar,* Antonio Holguín (3.ª ed.).
21. *Jean-Luc Godard,* Suzanne Liandrat-Guigues y Jean-Louis Leutrat.
22. *Vincente Minnelli,* Augusto Martínez Torres.
23. *Roberto Rossellini,* Ángel Quintana.
24. *Peter Greenaway,* Jorge Gorostiza.

25. *Sam Peckinpah*, Francisco Javier Urkijo.
26. *Víctor Erice*, Carmen Arocena.
27. *Vicente Aranda*, Enrique Colmena.
28. *Tomás Gutiérrez Alea*, José Antonio Évora.
29. *Fernando Birri (El alquimista poético-político)*, Fernando Birri.
30. *Michael Curtiz*, Pablo Mérida.
32. *Luchino Visconti*, S. Liandrat-Guigues.
33. *Nelson Pereira dos Santos*, Helena Salem.
34. *Carl Theodor Dreyer*, Manuel Vidal Estévez.
35. *Luis García Berlanga*, Francisco Perales (2.ª ed.).
36. *Francis Ford Coppola*, Esteve Riambau (2.ª ed.).
37. *David Wark Griffith*, José María Marzal.
38. *Arturo Ripstein (La espiral de la identidad)*, Paulo Antonio Paranaguá.
39. *Jean Renoir*, Ángel Quintana.
40. *Mario Camus*, José Luis Sánchez Noriega.
41. *Satyajit Ray*, Alberto Elena.
42. *Woody Allen*, Jorge Fonte (5.ª ed.).
43. *Wim Wenders*, Iñigo Marzabal.
44. *Pier Paolo Pasolini*, Silvestra Mariniello.
45. *Claude Chabrol*, Aldo Viganò.
46. *Martin Scorsese*, José Enrique Monterde.
47. *Jacques Tati*, Carlos Cuéllar.
48. *Elia Kazan*, Efrén Cuevas.
49. *Alfred Hitchcock*, José Luis Castro.
50. *Charles Chaplin*, Esteve Riambau.
51. *Brian De Palma*, Marcial Cantero.
52. *Robert Bresson*, Santos Zunzunegui.
53. *Patricio Guzmán*, Jorge Ruffinelli.
54. *Samuel Fuller*, Quim Casas.
55. *Michael Powell y Emeric Pressburger*, Llorenç Esteve.
56. *Rainer Werner Fassbinder*, Yann Lardeau.
57. *Glauber Rocha*, José Carlos Avellar.
58. *Abbas Kiarostami*, Alberto Elena.
59. *Michelangelo Antonioni*, Domènec Font.
60. *Manuel Gutiérrez Aragón*, Vicente Molina Foix.
61. *John Huston*, Marcial Cantero.

62. *David Cronenberg*, Jorge Gorostiza y Ana Pérez.
63. *Tim Burton*, Marcos Marcos Arza (3.ª ed.).
64. *Howard Hawks*, Francisco Perales.
65. *Yasujiro Ozu*, Antonio Santos.
66. *Orson Welles*, Santos Zunzunegui (2.ª ed.).
67. *John Frankenheimer*, Francisco Javier Urkijo.
68. *Takeshi Kitano*, Luis Miranda.
69. *Milos Forman*, César Ballester.
70. *Douglas Sirk*, Jesús González Requena.
71. *David Lynch*, Quim Casas (2.ª ed.).
72. *Buster Keaton*, Joan M. Minguet.
73. *Oliver Stone*, Jorge Fonte.
74. *Frank Capra*, Ramon Girona.
75. *Clint Eastwood*, Carlos Aguilar (2.ª ed.).
76. *Robert Aldrich*, Jaime Iglesias Gamboa.
77. *Otto Preminger*, Antonio García-Berrio Hernández.
78. *François Truffaut*, Luis García Gil.
79. *Sergio Leone*, Carlos Aguilar.
80. *Fernando Fernán-Gómez*, José Luis Castro de Paz.
81. *Julio Medem*, Zigor Etxebeste.
82. *Andrei Tarkovski*, Carlos Tejeda.
83. *Joseph Losey*, Joaquín Vallet.
84. *Jerry Lewis*, Pablo Pérez Rubio.
85. *Jesús Franco*, Carlos Aguilar.
86. *Alexander Mackendrick*, Asier Aranzubia Cob.
87. *Tod Browning*, José Manuel Serrano Cueto.
88. *Aki Kaurismäki*, Pilar Carrera.
89. *Robert Zemeckis*, Jorge Fonte.
91. *Joel y Ethan Coen*, Antonio Santamarina.
92. *Alejandro Jodorowsky*, Diego Moldes.
93. *John Lasseter*, Jorge Fonte.
94. *Mario Bava*, Carlos Aguilar.
95. *Peter Weir*, Nekane E. Zubiaur.